共和国大案侦破纪实

李 动 主编

文匯出版社

目 录

"爱丁堡"前的枪声 张 劲 / 1

  这是一起曾在重庆轰动一时的涉黑枪案,震惊了山城,引起了公安部、重庆市委、市政府的高度重视,也促使警方以雷霆万钧之势提前拉开了声势浩大的"重庆打黑除恶专项斗争"的大幕。

中国假邮第一案 张 劲 / 13

  就连邮票鉴定专家也咋舌:世间居然有制作如此精良的假邮票;就连刑侦专家也瞠目:哪见过如此之多的假邮票——堆起来足有半间屋高,称一称足有半吨多,算一算市值超过1.6亿。奇,奇案,绝对是"中国第一"。

罗彩霞:公安把彩霞还给你 杨远新 陈双娥 / 26

  王佳俊冒名顶替罗彩霞上大学事件,一度被媒体和网络炒得沸沸扬扬,这是因其背后有着深厚的社会土壤和复杂的时代背景。在波澜已趋平静后,本文披露了冒名顶替的真实内幕——

影星吴若甫绑架案追踪 王希泉 / 39

  2005年盛夏,中央电视台影视频道黄金时间隆重推出号

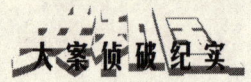

称"中国007"的电视剧《国家机密》，著名演员吴若甫扮演主角——智勇双全的冷峰。

也就是电视剧热播的同时，曾经将吴若甫绑架的犯罪团伙十名罪犯，正在接受北京市中级人民法院的二审。

挖出真凶，刑侦队长洗刷十四载耻辱　张国庆　/ 55

这是一段往事。2001年夏，天津市津南区轰动一时的"孟晓云失踪案"告破，隐藏14年的犯罪嫌疑人落入法网，而参与挖出此案真凶的刑侦大队长王钰民，14年前竟是被蒙冤审查的重点"嫌疑人"……

公安部通缉要犯回归之路　田永源　/ 66

一个罪恶累累的黑社会团伙骨干分子，在逃亡路上整容、减肥、改名换姓、东躲西藏，做过药品推销员，上过高等院校，当过三年"毛脚女婿"，最终在强大的追逃风暴的压力下，在人性和亲情的感召下，走上了投案自首的回归之路……

故宫盗宝案　穆玉敏　/ 77

故宫这座世界上最大的宫殿，历经了580多年的沧桑，里面的珍宝对人的诱惑力是巨大的。1949年建国以来，北京警方有记载的故宫盗宝案发生了5起。

追踪"天元皇太后玺"纪实　郭　群　/ 103

公元1400年前用黄金铸成的北周武德皇后"天元皇太后玺"，被盗墓贼意外盗取，流传于黑市之间。陕西省咸阳警方循迹追踪，稀世国宝终于完璧归赵。新华社、中央电视台及海内外诸多媒体竞相报道了这一重大发现。

绝代妙墨蒙难记　张学余　陈卫东　/ 117

沪西一座极普通的新工房里，有户不寻常的杨姓人家，其祖辈系辛亥革命功臣。辛亥革命80周年前夕，杨家发生一起震惊沪上、涉及京城的特大文物字画被盗案件。长宁警方百日马不停蹄，南征北战，终将女贼杨某抓获；被盗的王羲之、赵孟頫、徐悲鸿等大师15件珍品在京追回，重归失主。

目录

冷血　高红十　/ 133

这是一个罕见的"谋财害命互助组"——奸夫姘妇+姘妇的丈夫！三个冤家一条心，或色诱，或诓骗，勾舞伴，搭牌友，柔情蜜语中痛下杀手。天网恢恢有定数，下水管道中浮出人肉！警方顺藤摸瓜，挖出了三个冷血杀手，四女一男5条人命啊！

兵布钻石楼　高红十　/ 151

发案时间：元旦；地点：五星级宾馆；死者：男性，上海人……奇了怪了，本市人有家不住，宿高级宾馆做啥？原来，此人在股市里发了财，好端端地听信命相大师的点拨：为避下半年血光之灾，有家不归，三天两头换住所，12月31日中午，为了最后一天避灾，住进市中心一家五星级宾馆，以为这样够安全了！孰料深夜12时许，三个乱闯的小毛贼持刀登门了……

惊天牛案　杨远新　/ 173

本案起源于一头常见的黄母牛，但由于少见的巧合和其他因素，导致案情扑朔迷离。警方苦苦侦查两年之久，省、市、县兽医专家数次鉴定，均未使涉案人信服。警方迫不得已采取强制措施，涉案人及亲友、群众不服，引发了数千群众与警方对抗、冲突，"万民申诉书"惊动党和国家领导人。警方狠下决心，调整部署，乔装下乡，深入群众，终于使真相大白。此案虽小，却内涵丰富，令人深思。

刘少奇文物馆西周青铜编钟被盗案　杨远新　陈双娥　/ 216

湖南省宁乡县花明楼是已故国家主席刘少奇的故乡。刘少奇文物馆珍藏西周青铜编钟等珍贵文物。一个风雨之夜，盗贼从天而降，盗走一批无价之宝。盗贼是谁？文物藏匿何处？警方面临重重困难。名探赵丁山乔装侦查，山穷水尽之际获得了重要的线索……

惊天凶案，公安部发出A级通缉令　杨远新　陈双娥　/ 228

2003年4月18日，中华民族文化促进会副会长、泰国华人总商会会长、著

名旅泰爱国侨领陈世贤与其司机兼保镖,在租住的澳门葡京大酒店贵宾室被劫匪抢去价值730万元的财物,陈世贤因被捆绑而窒息死亡。其遇害引起了公安部的高度重视。4月19日,公安部向湖南警方发出了限期破案的指令。湖南警方众志成城,撩开重重疑雾,排除道道险关,十一天后,终将犯罪嫌疑人抓获……

张宁之子被害案始末　王　琦　姜　雷 / 244

她是老红军后代,曾是某大军区歌舞团出类拔萃的舞蹈演员,美貌出众,技艺超群。林彪父子命丧温都尔汗,使无辜的她一度坠入深渊。生活平静后好景不长,心爱的幼子突然遇害,谁是凶手?为什么如此狠毒?……种种迷雾弥漫古城南京。南京警方缜密侦查,一个可疑男子浮出水面……

新中国反间谍第一案　穆玉敏 / 259

斗转星移,时过境迁。这宗轰动一时的图谋炮轰天安门案件现在成了历史旧案。60年后再来解读这起案件,读者还能体会到建国初期公安工作的艰难与光荣。这个新中国反间谍第一案,端庄地记录在《中国通史》上。

智取第一刺客　穆玉敏 / 271

据我潜伏港台的情报人员送回的情报反映,国民党国防部情报局局长毛人凤得知毛泽东出访苏联的电报后,派出特务段云鹏秘密来京,与潜伏的谍报员计兆祥接头,企图炸毁毛泽东主席的专列。毛泽东获悉后,电令在他回国前必须破案。

历史的麦田——"原63军副军长余洪信事件"真相揭密　胡　玥 / 284

余洪信,一个军方高级干部,曾经在1972年5月搅得国人惊慌不安。他因生活问题面临处分而情绪失控,在军部大院持枪行凶后潜逃。公安部向全国发出通缉令追捕。民间传言纷纷,军方设卡严查,公安部刑侦专家乌国庆等人冒险侦办……山西榆次一麦田内那个携双枪的死者将揭密真相。

"爱丁堡"前的枪声

张 劲

> 这是一起曾在重庆轰动一时的涉黑枪案。然而,就在犯罪嫌疑人归案后,侦查员却发现案件背后其实另有隐情……

两声枪响,一起命案。

警方出击,凶手落网。

人们大多以为,这不过又是一起恶性刑事案件。哪曾想,这起案件的背后竟是黑帮之间争权夺利的血腥杀戮:昔日的贩毒大佬"栽"在了一帮黑道新人手上,曾经趾高气扬的贩毒老大李明航居然死不瞑目。

"爱丁堡"小区门前的枪声震惊了山城,引起了公安部、重庆市委、市政府的高度重视,也促使警方以雷霆万钧之势,提前拉开了声势浩大的"重庆打黑除恶专项斗争"的大幕。从这一刻起,7 000名公安将士夜以继日地战斗在打黑除恶的锋线上……

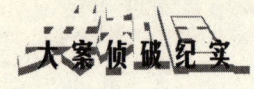
大案侦破纪实

凌晨枪响　毒老大命丧"爱丁堡"

　　2009年6月3日凌晨2时许,李明航与妻子王某驾驶一辆宝马760轿车回到重庆市江北区爱丁堡小区车库。
　　车库离李明航暂住的房子隔着一条公路。两人把车停放好后,经过车库门外一段缓坡朝小区走去。快到小区门口时,突然从公路边黑暗处冲出一名男子,举着手枪径直朝李明航冲过来,当两人相距约一米时,男子连开两枪,将李明航当场打死。
　　这突如其来的变故让王某惊呆了。短暂的发懵后,她"哇"地一声大叫起来,忙弯下腰扶着中弹倒地的丈夫,大声哭喊:"杀人啦,杀人啦!"
　　枪声和哭喊声打破了深夜的宁静,也惊醒了附近熟睡的居民。他们有的迅速起床出门,跑到现场探个究竟;有的则披上衣服,爬在自家窗户或阳台上向下张望;更有网民将案发的情况上了互联网……
　　趁着王某哭喊着去搀扶李明航之际,持枪男子拔腿顺着公路朝鸿恩寺公园方向逃窜,并很快消失在夜色里。
　　案发后,重庆市公安局主要领导在第一时间赶赴现场,指挥调度……通过两次尸体解剖检验,法医发现了死者生前长期吸毒。这一重要线索的发现,对确定案件性质、明确侦破方向起到了至关重要的作用。
　　重庆警方调集相关警种的精兵强将成立专案组,并以案发现场为中心全面展开调查访问,进行武装排查,并围绕枪、毒、赌、黑可疑人员进行重点排摸。
　　通过调查走访和分析,警方确定"6·3"持枪杀人案是一起黑恶团伙之间因犯罪纠葛而引起的报复杀人案。随后,专案民警根据线索兵分三路,分赴重庆万州区、四川成都市和湖北利川市,先后将犯罪嫌疑人张孟军、吴川江、付仕培等20余名涉案人员抓获归案。
　　经过审讯,吴川江、张孟军、付仕培对杀死李明航的犯罪事实供认不讳。

据枪手吴川江交代：他与死者李明航是在贩毒中相识的，因李私吞了他6万元购毒款而心生恨意，去年秋天偶然在重庆解放碑附近发现李明航后，便邀约万州同乡张孟军、付仕培合伙作案。

根据吴川江等人的交代，警方很快查获了几人作案后遗弃的桑塔纳轿车和作案用的捷克CZ759 mm手枪套筒、枪机座、击发机和7发子弹，同时，还在张孟军一亲戚家中搜查出包括冲锋枪、手枪等在内的一大批枪支弹药。

犯罪嫌疑人已经落网，对犯罪事实供认不讳，作案枪支也被起获，似乎"6·3"枪案可以就此画上一个完美的句号。然而，重庆市公安局主要领导在听取专案民警的案侦情况汇报后指出：这件枪案是一起黑社会性质犯罪，吴川江极有可能在为该犯罪团伙幕后老大作掩护。枪案的侦破，掀开的只是这个犯罪组织的冰山一角，必须彻底将其从组织上摧毁、从经济上打掉、从保护伞上深挖，防止其死灰复燃、东山再起！

于是，一个新问题摆在了专案民警面前：谁是枪案的真正主谋？

其实，从吴川江道出他的杀人动机开始，专案民警便对这个牵强附会的说法持怀疑态度：

其一，李明航是贩毒大佬，曾经一次贩卖海洛因达60多公斤，他怎么可能为了区区几十克毒品而自毁形象、自砸饭碗？

其二，李明航作为贩毒的重量级人物，不可能、也没有必要与吴川江这样的"无名小卒"直接进行毒品交易，而且还干出类似"私吞"下家购毒款这样在道上都被称为"下三滥"的事情来。

其三，吴川江等人对作案及缴获的枪弹来源、数量、品种等说法不一，相互矛盾，从他们使用、藏匿和丢弃枪弹等一系列犯罪行为来看，他们身后似乎有一双隐秘的黑手在操控。

其四，专案民警通过对已经到案的20多名犯罪嫌疑人审查的情况进行综合分析后发现，吴川江在这个犯罪团伙中顶多只能算骨干，他不具有一呼百应的号召力和震慑力。

……

为了让市民及时了解警方的侦破进展情况,麻痹并最终揪出幕后黑手,警方在召开"6·3"枪案新闻通报会时,有意引用了吴川江所说的作案动机,对外释放了一颗"烟幕弹"。

抽丝剥茧　揪出枪案背后黑手

尽管已抓捕归案的吴川江口风很紧,但警方还是通过对其他犯罪嫌疑人的审讯获得了一条重要信息:6月9日,樊奇杭在离开重庆时,特意叮嘱和指使张孟军等人将"6·3"枪案使用的枪弹赶快丢弃……

说起樊奇杭,重庆"道上"的人感觉有些陌生,因为在圈中大家都叫他樊华,他手下的马仔则称他"樊哥"。樊奇杭出生在万州区,39岁,2001年曾因寻衅滋事罪被万州区人民法院判处有期徒刑一年零六个月。

审讯还在继续。

……

"张茂才,你别在这里绕圈子了,'6·3'案的组织、策划都不关你的事,你在这里充啥好汉……"当张茂才又一次被押进审讯室时,负责审讯的民警趁其立足未稳之际,抢先发话打了他一个措手不及。

张一听此话,顿时愣在那里了。为不给其喘息的机会,审讯的民警接着说道:"你心里也清楚,这不是一般的命案,你个头太矮了,撑不起你们组织的天,没有人给你说,你知道枪该往哪里丢?"

经民警这么一点,张茂才越发觉得心慌,因为从民警的话中,他已嗅出了个中的滋味。之后,他权衡再三,终于说道:"我干的这些事,都是樊哥交待的……"

之后,张生林、张孟军等人的交代不仅与张茂才的交代大致吻合,同时也证实了樊奇杭在犯罪团伙中的地位和作用。

有了同伙的交代,专案民警再次提审吴川江就容易多了。当民警直截了当点明其枪杀李明航是受人指使时,吴忙打断民警的话说:"你先别说,让我好好整理一下思想……"在沉思良久后,他长叹一口气说道:枪杀李明航是受张孟军所指使干的,之前他并不认识李明航,也没有与其进行过所谓的毒品交易,最初交代的犯罪动机是他与张孟军商量后编造出来的,因为觉得"张孟军这个兄弟很耿直",因而在被警方捉获后假充好汉,企图让真正的主谋和同伙蒙混过关。

樊奇杭浮出水面后,成为"6·3"涉黑专案能否深入的一个关键。然而,樊自6月9日逃离重庆后,先后在青岛、福州等地短暂逗留,尔后便不知去向。

其时,樊奇杭已悄然窜到北京。为防止暴露行踪,他特地让当地一个朋友帮忙去宾馆开房,并叮嘱这个朋友要用他人的证件去登记。

"老天要灭谁,谁也挡不住。"没想到这句话竟在樊奇杭身上应验了。樊的这个朋友为其办事真是不遗余力,在去宾馆登记前,专门去黑市做了一个假身份证,尔后拿着这张假证到一家星级饭店开了房。之后,樊奇杭拿着房卡,大摇大摆地住进了这家饭店。

6月25日凌晨5时许,当地派出所民警突然敲开了樊奇杭的房间门,他打开房门,一见是警察,心里不由一惊:"你们是不是搞错了,我是……"

"你不用说什么了,穿上衣服跟我们到派出所去一趟吧……"等到了派出所,他才知道民警能找到他可谓"歪打正着",事情就坏在那张假身份证上。原来,朋友为樊登记住宿时用的那张假身份证个人信息凑巧是一名在逃人员的。因此,在樊奇杭入住饭店不久,北京警方便"按图索骥"将其抓获。等带回派出所上网一查,发现樊奇杭正是重庆警方通缉的一名网上逃犯。

当晚,樊奇杭被专案民警押解回渝。

樊奇杭被捕归案,对推进"6·3"涉黑犯罪团伙案件的侦破工作意义重大。专案民警通过对樊奇杭及其手下的审讯,使涉案线索进一步扩大,更多的涉案人员相继落入法网。

经过艰苦的追捕、强力的审讯,专案民警进而发现,樊奇杭在该黑社会组织中的地位虽然重要,但他的"大哥"却是重庆黑道上赫赫有名的人物——龚刚模。

警方查明,龚刚模自2005年以来,通过提供大量资金让樊奇杭发放高利贷、无偿将"保利夜总会"40%股份转让给樊奇杭等方式,资助樊奇杭组织的不断发展壮大,逐渐形成了以龚刚模、樊奇杭为组织领导者,以张孟军、李仕军、吴川江、张茂才、谭华为骨干成员,以付仕培、张生林等人为积极参加者的黑社会性质组织。该组织枪毒赌杀无恶不作,为非作歹,称霸一方,严重扰乱了当地社会生活秩序。

为扩大地盘和壮大实力,该组织花费20余万元从外地非法购进包括冲锋枪、唧筒式猎枪、手枪等各类枪支16支、子弹557余发、手榴弹2颗,其数量之多、品种之全、质量之高,在重庆警方近年来侦破的黑恶势力犯罪中十分罕见。

"6·3"枪案则是该组织众多犯罪中最残忍、最疯狂的一起。这场由龚刚模策划、樊奇杭组织实施的黑道杀戮,将"杀人生产队"的残暴与血腥发挥到极致,着实让他们在黑道上露了脸。不过,黑帮成员的"集中"、"闪亮"登场,也加速了龚刚模、樊奇杭经营多年的黑社会性质犯罪组织的彻底覆灭。

结拜兄弟 沆瀣一气"展宏图"

要说清楚龚刚模、樊奇杭为首的黑社会性质犯罪组织,还得从两人各自的经历和相识说起。

樊奇杭在万州原本只是一个做水果买卖的小摊贩,他争强斗狠的性格,使其经常为一些小事与别人大打出手。2001年,他因寻衅滋事罪被判刑一年半。

出狱后,樊奇杭来到成都,跟随当地一名黑老大混江湖,见黑老大混得不好,樊奇杭决定回重庆发展,一来这里离家近,有啥事一帮狐朋狗友还能帮上忙,二来想在重庆黑道上新找一位大哥来帮衬自己。

樊奇杭回到万州后不久便承接了滨江路三个标段的回填土工程,以及当地的华尔街铝合金改造、外墙漆、环卫所和垃圾站等多项工程,赚得上百万元。

有了这"第一桶金"后,2005年,樊奇杭从万州来到重庆主城,经"道上"朋友的介绍,认识了重庆黑道上的知名人物龚刚模。

龚刚模在重庆"摩帮"中声名显赫,他曾经担任某摩企销售公司总经理,被摩托车行业誉为"销售奇才"。之后,他与黑道人物陈坤志共同成立的重庆万贯财务公司,成为其施展"财技"的指挥中心。除此之外,他还是重庆万贯科技有限公司、重庆亿隆漆业有限公司等多家企业的董事长。这些令人炫目的头衔和传奇的经历,让刚到主城的樊奇杭佩服得五体投地。

不久,樊奇杭、龚刚模和另一名叫明星的人结拜为兄弟,龚成为三人的大哥。

樊奇杭是个很要面子的人,自打来到主城区后,"道上"与龚刚模齐名的大哥按说也认识不少,可他只称龚刚模为"大哥",他曾不止一次地对手下人说:"我这人就只认龚大哥,大哥的事就是我的事,也是你们的事。"

跟着大哥,有吃有喝。对樊奇杭来说,认识了龚刚模这个大哥,岂止是有吃有喝?自认识龚刚模后,他在主城区的发展可谓如鱼得水:做工程差资金,龚刚模慷慨相助。仅两年时间,龚刚模先后以现金、工程、股份等方式给樊奇杭的资产就有上千万元。而且,道上谁不给樊面子,只要龚大哥一出面,立马就能摆平。对此,樊奇杭是感激涕零。

为报答龚刚模的知遇之恩,樊奇杭特地安排自己的得力干将张茂军去给龚刚模做保镖。于是,龚刚模走到哪里,张茂军就跟到哪里。

樊奇杭为大哥配了专职保镖仍不放心,2008年2月的一天晚上,樊奇杭来到龚家,将一支银白色的勃朗宁手枪送给他防身。为了表忠心,2009年大年初一,当听说龚刚模要回老家祭祖时,樊奇杭与手下亲信一同前往。龚刚模在父亲的坟前点香、烧纸、跪拜后,樊奇杭不仅自己按此方式进行了祭拜,还让其手下也跟着祭拜。之后,樊奇杭才回万州老家过年。

财大气粗的龚刚模对樊奇杭这个忠心耿耿的小弟也毫不吝惜,在其专门用于"放水"的重庆万贯科技有限公司里,他让樊奇杭占了干股。2009年2月,奥体中心附近一家餐厅因借了龚刚模的高利贷无法偿还,便以餐厅作抵押。随后,龚让樊的手下去住,说这样可以不交房租,能为樊省去一大笔开销。

专项培训　杀手也办培训班

龚刚模、樊奇杭同流合污,为了扩充自己的势力,非法敛财,网罗了一批以万州籍为主的社会闲杂人员达100余人,通过成立"杀人生产队",开设"杀手培训班",使一些成员成为该组织违法犯罪的急先锋。

吴川江,外号"阿龙",是该组织的一名重要骨干。吴川江心狠手辣,人送外号"江湖杀手"。2000年,他因寻衅滋事被劳动教养三年。2002年夏天,他在万州与另一团伙的恶斗中,持猎枪将对方一人打死。之后,吴川江侥幸逃脱,后一直躲藏在成都市。

樊奇杭通过张孟军认识了吴川江,特别青睐吴。为使组织中多一些像吴川江这样的"人才",樊奇杭还专门派人前往成都,向吴川江跟班学习。

在"杀手培训班"上,吴川江俨然像大师一样,他拿出一大篮子核桃来,每天让"学员们"拿着核桃在手里转,说这样可以"增强指力",扣动枪机时不会发抖。

为了提高几名"学员"的"实战能力",吴川江还专门找来BB弹,进行实弹射击训练。结合自己多年的"实战经验",吴川江对他们说:打手枪时千万别去瞄,因为对手不会给你瞄准的时间,而且这样也打不准。打手枪关键是要打手风,这就要求拔出枪后对着目标就要扣动扳机,只有这样练习,才能达到既快又准的实战要求。

张孟军虽然到"培训班"报到的时间较晚,但其较高的"悟性",使其在众多学员中脱颖而出,成为最早的"出徒"者。他极为抢眼的表现,以及出众的组织策划和超强的执行能力,甚至已超过了他的师傅吴川江,颇得龚刚模、樊奇杭的赏识,并视其为心腹,直接接受他们的授意和指令。枪杀贩毒老大李明航,便是张孟军在接受龚、樊二人的密旨后,邀约吴川江等人一起所交的第一篇"作业"。

黑道恩怨　毒老大为何遭黑枪

如果要问龚刚模、樊奇杭为啥要指使手下杀死李明航,这还得从李明航的发迹史说起。

李明航入道前做的是麻油生意,经过几年艰苦的打拼,也有了点积蓄,不过,这与他一夜暴富的想法还是相差太大。

2000年后,因麻油生意不好做,李明航在一夜暴富的想法刺激下,开始走上贩毒之路。他从贩毒的马仔到握有小本钱的老板,从合伙贩毒到独自联系境外毒枭、雇请马仔贩毒,只用了不到三年的时间。

在贩卖传统毒品的同时,李明航还伙同境外毒枭"阿峰"大量购进制毒原材料,在重庆市内开设新型毒品"麻古"加工厂。

2004年6月,李明航化名"王老四",单独与境外毒枭联系,以低价购进60多公斤毒品海洛因,将其秘密运至广东,然后以每克高出进价8倍的价格在当地大肆进行贩卖。不久,手下被广州警方抓获,李明航独自携带贩毒所获毒资700余万元潜逃回渝。自马仔被抓后,为了避风头,李明航的贩毒行为有所收敛,但恶习难改的他不久又重操旧业。

2006年至2007年,李明航化名李良泽,伙同刘某在成都秘密办起K粉加工厂。李明航在刘某加工制造毒品过程中偷偷学艺,很快便自立山头单干起来。

……

李明航通过朋友在夜总会里认识了龚刚模和樊奇杭。尽管龚刚模的很多生意也是做非法的,但他从骨子里瞧不起李明航这样的暴发户,加之李一见面就诈诈唬唬,一点没有"层次",龚刚模与他只是维持着一般关系。

捅破龚刚模与李明航之间那层窗户纸的人是李的马仔徐某。2008年8月的一天晚上,龚刚模在高新区某酒店办公室时,徐某给龚打来电话,说他的老板李明航想找其借点钱。

龚刚模认为徐"不懂规矩",不客气地在电话里对徐说:"要借钱叫你们老大直接跟我说,你他妈算哪根葱!"说完,龚气愤地挂断了电话。

见龚刚模一脸不快,樊奇杭上前询问:"大哥,是不是出了啥事?看你一脸不高兴的。"

龚刚模气愤地说:"一个疯子打电话来找我闹事。"之后,龚刚模等人一起在夜总会玩耍至凌晨3点多钟。当他走出电梯时,正好碰上徐某等人。

已经有些醉意的徐某上前指着龚刚模说:"龚大哥,找你借点钱就不得了……"一旁的樊奇杭见状,赶紧上前隔在二人中间,然后对徐说:"这是我大哥,你说话客气点。"

徐某借着酒劲,一把将樊奇杭推开:"你就是那个万州傻儿嗦,也不屙泡尿自己照照,敢来拦老子。"之后,在众人的劝解下,才避免了矛盾的进一步激化和升级。

事后,樊奇杭认为徐故意来闹事是因为龚刚模未参加李明航的婚礼,因而故意指使徐某来挑衅。樊当即表示要对李明航进行报复,龚对此表示默认,并先后向樊提供了徐某和李明航的电话号码。

随后,樊奇杭指使张孟军等人查找李明航的办公和住家地,并先后三次提供资金共35万元和作案枪支供张孟军使用。张按照樊的指使和安排,邀约吴川江作枪手、付仕培开车接应,并于2009年6月3日凌晨2时许实施了犯罪。

樊奇杭得知李明航身亡后，通过张生林指使张孟军对作案枪支进行转移并销毁。张孟军遂将该手枪拆卸后连同余下的子弹丢弃在万州区高峰水库。

龚刚模、樊奇杭等人虽然通过残忍的手段灭掉了黑道上的一个劲敌，但同时也为自己敲响了丧钟。

无恶不作　枪赌毒杀"遍地开花"

龚刚模、樊奇杭黑社会性质组织成员中，很多人有犯罪前科，有的甚至是心狠手辣、杀人成性的"冷血杀手"。

2002年6月12日凌晨，项祖平等人在"芭啦啦"迪吧喝酒时同张茂吉发生纠纷，王某得知后邀约吴川江和陈万平、唐江携带着刀、猎枪，乘车前往寻仇，后张茂吉抢救无效死亡。

2002年2月8日晚，程云与乔光波等人在万州区红花市场"漓城莞OK厅"玩耍时，因乔光波向坐台小姐邹某提出到外面"包夜"被拒绝，服务员孙某送邹某离开，程云见状，遂打电话邀约王清平前来对孙某进行报复。孙某被砍伤，一名无辜的路人被砍死。

2002年11月28日下午，程某因其女友在万州区蓝天职介所应聘时交纳押金未能退还，遂邀约王清平帮忙找蓝天职介所退还押金，王清平又邀约付仕培等人同往。付仕培等人到了职介所后，与易欣发生争执并对其进行殴打，易欣被打成重伤。

2008年7月17日中午，张孟军在渝北区聚贤茶楼停车时，与林达发生争执，张孟军随即持猎刀对林达左肩、左腹进行砍刺，将林达砍伤后逃离现场。经法医鉴定，林达损伤程度为重伤。

为了扩大组织的影响力，樊奇杭还千方百计地为团伙成员购置枪支弹药。2000年以来，樊奇杭先后购得唧筒猎枪一支、银色勃朗宁手枪一支、捷克CZ75手枪一支、五四式自制手枪一支、五六式冲锋枪两支、手榴弹一枚、子弹

400余发。樊奇杭将这批枪弹存放在两个密码箱中，于2008年交给张孟军保管。2009年6月9日，张孟军在"6·3"案发后，电话联系张生林转移枪弹。

黑社会恶势力犯罪大都与赌、毒有关，该组织同样也逃不出这个定律。

2007年，该组织为了获取非法暴利，分别在五洲大酒店、渝北区逸安茶楼等处开设赌场进行赌博和放高利贷。自2008年底以来，该组织更是长期租用金科大酒店客房，由李仕军负责日常管理，网罗社会闲杂人员以麻将、"三公"、"托尔八"等方式大肆进行赌博。2009年6月11日，专案民警在金科大酒店客房当场抓获正在以500至6 000元为赌注、打麻将方式进行赌博的李仕军、丁勇、崔吉云、高纯清等人，当场缴获赌资16万余元。

樊奇杭为了给组织聚敛起更多的非法资金，从2007年开始，就与成都一姓程的毒贩建立起一条秘密地下贩毒通道，共购买冰毒8公斤。为了笼络组织成员，更好地为组织卖命，龚刚模、樊奇杭等人多次在赌博场所、夜总会等地提供毒品、容留组织成员吸食毒品。6月3日凌晨，张孟军、吴川江、付仕培在枪杀李明航后，还专门跑到保利夜总会包房吸食了毒品。

为了获取暴利，龚刚模还与陈坤志成立重庆万贯财务咨询公司，以高额利息对外发放高利贷，其非法经营涉案金额高达数亿元。

警方通过侦破"6·3"枪案，共抓获龚刚模、樊奇杭黑社会性质犯罪组织涉案人员125人，破获刑事案件25起，缴获各类枪支16支、子弹557余发、手榴弹2颗、弓弩1把和管制刀具17件，扣押现金150.98万元，冻结银行涉案资金46.44万元，查封房产15处，扣押涉案车辆15台。

2010年2月10日上午，龚刚模、樊奇杭等34人涉黑案在重庆市第一中级法院公开宣判。龚刚模犯组织、领导黑社会性质组织罪、故意杀人罪、开设赌场罪、容留他人吸毒罪等9项罪，但龚因有检举李庄伪造证据、妨害作证的立功表现，法院一审对龚刚模判处无期徒刑，剥夺政治权利终身，并处没收个人全部财产；樊奇杭、吴川江被判处死刑，张孟军等6人被判处死刑，缓期两年执行；其余被告人分别被判处无期徒刑至有期徒刑10个月不等的刑罚。

中国假邮第一案

张 劲

> 即使邮票鉴定专家也咋舌:世间居然有制作如此精良的假邮票,而且假邮票之多,堆起来足有半间屋高,称一称也足有半吨多,算一算市值竟然超过1.6亿。奇,奇案,绝对是"中国第一"。

邮票是一个国家或地区邮政部门发行的邮资缴费凭证,它是一种特殊的有价票证,因而被世界邮界称为"国家名片"。

伴随着英国第一枚"黑便士"邮票的问世,"克隆"珍稀邮票便成为一个多世纪以来让世界邮坛颇感头疼的问题。然而,由于条件所限,过去的假邮票大多是手工制作,这其中虽然不乏"以假乱真"的上乘之作,但由于制作工艺落后、周期太长,加之价钱昂贵,因而对邮市的冲击有限。

1999年3月17日,面对堆满半间屋、市值超过一亿六千万元的假邮票(品),中国邮票博物馆两位资深的邮票鉴定专家手执专用放大镜,一一对照

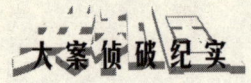

邮票暗记后,不禁拍案惊呼:"做得太像了!假如这些假邮票流失出去,不知会给中国邮市带来多大的冲击!"

> 肖建军这个名字,自上世纪八十年代起便被全国,
> 甚至日本、泰国等地的集邮爱好者所熟知,
> 他曾是重庆的"邮市老大"和"西南邮商第一人"

肖建军原姓唐,排行老大,只因家中兄妹五个,父母便将其过继给了姨妈,于是他改随姨父姓肖。

集邮是肖建军从小的爱好。他家里面虽然没有一个人懂邮票,当时也没有"炒邮"一说,但这一点也不妨碍他对邮票的痴迷。在那个以黑和灰为主色调的年代,他喜欢邮票主要源于上边鲜艳的色彩和漂亮的图案。于是,身上只要有几分钱,他便会夹着一个笔记本,利用放学或星期天走路来到当时最早的城区小什字邮市,买别人的盖销票,或用手上富余的邮票与别人交换。这样,到他初中毕业时,手头居然也有了几本厚厚的邮册。

随着年龄的增长,他对邮票的兴趣就不仅局限于上边的色彩和图案了。从街头换邮票的人群中,他知道了邮票中许多鲜为人知的故事。不过,马路边听来的东西有些也是似是而非的,有时还不免让他一头雾水,真假难辨。为此,他专门订了一份集邮报和一本集邮杂志,这在当时可是花了大本钱的,为订这些书报,他每月不得不少买好些邮票。

然而,肖建军认为这笔钱花得值。至少,在他的眼里集邮已不再是为了好玩。他随着这一枚枚小小的邮票,走进了既琳琅满目,又充满悲欢离合的大千世界,体味到的是酸甜苦辣的人生百态。通过这些书报,他不仅从邮票中了解到丰富的历史、地理、军事、文化等方面的知识,而且还从中获得了很多邮票专业知识,以及辨别邮票真伪的一些方法。

有些时候,肖建军说他看书报的眼睛会突然变得模糊起来:从书报中走

出来的他西装革履,还挂着"全国著名的集邮家"的头衔,无论走到哪里,都受到人们的礼遇和欢迎。他以邮票为媒,认识了不少的集邮爱好者,这其中还有许多外国的朋友,他们拿出自己的邮票让他欣赏,还热情地邀请他去国外作客,传授邮票知识、交换珍贵邮品。国内外的集邮报刊都向他约稿,这些报刊上时常都会出现印着他名字的铅字文章。他的家更是成了集邮爱好者不断造访的地方,一些中小学生甚至嘴里不停地喊着"肖老师"、手里拿着集邮本追着让他给签名哩……

肖建军知道这只是一个美丽的梦,但他不觉得这是遥不可及的事。他喜欢听"铁杵成针"的故事,只要努力去干,是可以让好梦成真的。

如果说上世纪八十年代以前只是肖建军为成为真正的集邮行家在作准备的话,那么,从八十年代以后则是他正式步入邮市,施展自己浑身解数、实现其宏伟抱负的开始。

上世纪八十年代初,肖建军顶替姨妈进了重庆液压机厂,虽然工资不多,但总比以前靠父母给的零花钱要强,加之严格意义上的邮市也是从这个时候才开始兴旺。于是,他在收集邮票时,把眼光盯在了那些珍贵的邮票上。

"你们信不信,我曾经有五张《全国山河一片红》的邮票。"在看守所里,肖建军讲起自己辉煌的集邮史时,脸上泛着光,颇有几分得意和卖弄。

"你问这枚邮票为啥这么珍贵?嗨,这话说起来就长了。"肖建军的讲述,也仿佛把人带入那个疯狂的年代。

1968年11月25日,在全国准备发行《全国山河一片红》这枚邮票时,长春、石家庄等三个地方刚一上市,就发现邮票出了错,邮票居然把台湾省弄成了黑色,这不仅是笑话,更是一个政治问题。于是,中国邮票总公司赶紧下发紧急通知,让各地将还未来得及发行的邮票进行封存,发行了的也尽可能地收回。集邮的人都知道,这样的错票才值钱。因此,能够拥有这枚邮票,便成了集邮爱好者的一个共同向往。1997年,全国邮展在重庆举行时,这枚邮票的单枚拍卖价就高达23万元。甚至,全国性的邮刊上还登出一则

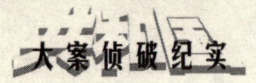

消息,一个《全国山河一片红》四方联在香港的拍卖价就是一百万港币。

因为肖建军进入邮市早,当时他买的一枚新的《全国山河一片红》邮票只花了500元,之后买到的2张盖销票和2张缺角票也只花了1 000元不到,不过这笔钱在当时已经不少了。到了1988年,不少集邮者整天来缠着他,非让他把这几枚邮票转让给他们。这样,肖建军就把那枚新的《全国山河一片红》以1万元卖给了一个香港人,2张盖销票也分别卖了5 000元,就连那2张缺角票也卖了3 000元。这在当时已经是天价了,可现在看来不仅是亏了,而且还亏大了!

肖建军从一个集邮爱好者变成了一个钻进"钱眼"的邮票贩子

肖建军刚参加工作时,每月仅有18块5的工资。虽说在随后的几年里他每年都能享受到加工资的优惠,然而,几块钱一级的工资,加了许多年也不过三四十块钱。钱不多也就罢了,厂子里还管得特严,迟到要扣钱、早退要扣钱,活没干好还要扣钱,这样七扣八扣,每月到他手的钱就跟没涨工资一样。这还不说,厂长、车间主任、班组长成天拿他当犯人似的,只要他在厂子里一出现,领导们的嘴巴便会落在他身上,让他觉得工作起来没劲透了!

1984年,肖建军终于熬出头了。这年厂里开始办停薪留职,但每月要缴钱回单位,否则就不为其保留工职。听说有这么好的事,肖建军第一个报了名,很快就办好了相关手续,成为邮市里一名真正的"自由人"。这样,为了生活,也为了家庭,他成天呆在邮市里,或抛出一些邮票赚点钱,或买回一些既有收藏价值,又有卖点的邮票,囤积居奇,以待日后卖个好价钱。

自离厂后,肖建军每月都按时将钱交回厂里,以期保住饭碗。然而,在交了一年多之后,由于他整天沉缅于邮市,频繁地进出邮票,渐渐地便把交钱给厂的事忘得一干二净,等他一年多后再想起这事回到工厂时,厂子里领导像不认识他似的盯他好半天,而后才硬梆梆地丢出一句话来:"你早就被开除了!"

"开除了?!"肖建军眼睛瞪得老大,不敢相信这是真的,但见厂里已没有回旋余地,他只得摇着头悻悻地走出厂门。"开除就开除吧,反正现在这样还不是跟开除一样。"如此一想,他心里一下子轻松许多。

肖建军是个"醒"得早的人。上世纪80年代初,他便为自己找到了爱的归宿。没多久,他们又有了"爱情的结晶"——儿子。儿子的出生虽使家庭有了稳定感,可除了儿子外,他的心思都放在了邮票上,放在了挣钱上,使妻子有一种被丈夫遗忘的感觉,家庭矛盾愈发激烈,大吵三六九,小吵天天有,最后两人都不想再吵了,就劳燕分飞。

两人分手后,儿子跟着肖建军过。从没有亲自操持过家务的他不仅感到从未有过的劳累,而且更感觉心累。可屋漏偏遇连夜雨。儿子生下来便得了一种怪病,随着年龄的逐渐增长,这病的症状便越发明显。经医院诊断为尿道下裂,医生说如果不及时治疗的话,可能会影响到今后的生活。这样,儿子便住进了医院,在打吊针的同时,医生每天还用管子为其进行尿道扩管,因而常常痛得儿子死去活来地在床上叫喊,天天嚷要回家。

每当看到儿子这个样子,肖建军心里便如刀绞似的难受。他与妻子的离异,已在儿子幼小的心灵上留下缺陷,如今儿子又不得不面对病痛的折磨,每次一见他撕肝裂胆般的哭喊,他便觉得对不起儿子,真想替儿子去吃这份苦、受这份罪。但是,他唯一能做的便是为儿子筹齐足够的医疗费用。为此,他不得不将好些珍贵的邮票拿去卖掉,治疗中使用的激素虽然消除了儿子的病痛,但也给这个小小的少年留下了后遗症——已18岁的小伙子只有1.5米高。

"唉,都是我害的啊,当初要是我多卖几张邮票,为他找家好点的医院,也许就不会落下这个后遗症了。"说起儿子,肖建军是痛心疾首,难以掩饰。

自第一次婚姻失败后,肖建军对待婚姻就犹如"一朝被蛇咬,十年怕井绳",一提起它就浑身打战,怕再被这根绳子给套住。然而,精力旺盛的他身边又不能没有一个女人,就如同吃肉一样,不能每顿都吃,但又不能不吃。

这样,第二个女人就进入了他的生活。

不久后,他的第二个儿子又来到世上。

两个儿子和一个没有工作的女人全都成了吃"张口饭"的人。他们靠着肖建军,可肖既没工作,又不会印钞票,一家人的吃喝拉撒睡就指望着他手里那堆邮票了。好在肖建军功力深厚,四口之家非但没有把他吃垮,反而让全家人吃得有滋有味,乐此不疲。他的女人知道他没有钱,但她知道他有一堆可以换很多钱的邮票。家里没钱买油盐柴米时,她温柔地对男人讲一声,男人就夹着集邮本出去转溜一阵,回来后便将一沓钞票交给她。

对肖建军来讲,他不清楚炒邮票以来自己到底赚了多少钱,但很多认识他的人说他起码赚了一百万。这个数字也许有些夸大,但他也从不否认,也从不在人前说自己没钱,因为他知道手里邮票的价值,也知道什么时候能卖个好价钱。

肖建军以邮票为媒介结交了许多邮友,这些邮友有的让他赚了不少钱,也有的成了他最终犯罪的同谋

由于肖建军在邮市闯荡多年,认识和结交了国内外众多的集邮爱好者。在上个世纪八十年代后期,他每个月平均要收到三四百封来信。凭着这张联系网和闯荡多年邮市练就的眼光,他嗅到了不少珍邮的线索。

1986年,肖建军从一名集邮爱好者不经意的言谈中获悉,贵州遵义有一位老收藏家在搞个人邮展,展完后便要出售这批邮票。随后,肖建军独自踏上去遵义的旅程。

当遵义这位老收藏家亮出自己积攒了多年的邮票时,肖建军一眼便相中了其中的一枚"红印花"邮票。这枚邮票是由英国邮务处印制、在清朝年间发行的,在老者那众多的清朝邮票中格外抢眼。老者称,他在这以前也卖了很多邮票,但这枚"红印花"却一直没舍得卖,现在自己身体不行了,加之身

边又没儿没女，于是才想出手的。

"老人家，恕晚辈冒昧，既然你想卖这枚'红印花'，那我先说个价，2 000块钱你看行不行？"肖建军在看了一会儿后，率先开了个价。

"不，不。"老者微笑着摆摆手。"年轻人哪，我看你也不是个外行，真人面前不说假话，在我这些邮票中，只有这枚'红印花'最值钱。你如果真想买，那我老头也来个麻花下酒——干脆！'红印花'8 000块你就拿走，剩下这些邮票你要的话，2 000块钱我不多要你一分！"

肖建军在翻看了带去的日本和中国大陆及香港的邮票目录后，便爽快地花一万块钱买下了老人手里的这些清朝邮票。回渝后，本地的集邮爱好者闻讯跑来"开眼"。于是，他又根据邮票的成色、图案等一枚枚地往外零售，那堆仅花2 000元买来的邮票，经他的手一出去，顿时翻了好几番。而那枚珍贵的"红印花"邮票，在他声声"不卖"的欲擒故纵的诱惑下，更是将众人的胃口高高地吊起来，最后以2万元的价格成交。

肖建军长期订阅一份香港的集邮杂志。在邮市里混久了，自然也会有一些心得体会。于是，他投稿寄给香港这家集邮杂志，居然还登载出来了。有的文章发表后，还受到编辑和集邮爱好者的好评。不过，这种投稿没有稿费，但却在每次稿件采用后，就可以享受一次50个字的免费征邮友广告。于是，几次征邮友广告下来，不仅使他国内的邮友猛增，而且还结交了国外和中国港、澳、台地区的集邮爱好者。渐渐地，他与境外的集邮者有了交往，双方或交换或买卖。他觉得日本人最精明、办事也最认真，每次寄钱来时，都会把当天邮市的比价贴在汇款单上，让人一看就明白。

那几年，肖建军经常收到外币，也时常到银行去兑换人民币。有一年，重庆发生一起日本游人巨款被盗的案件，结果，"既无固定工作，也没有海外关系、但却拥有大量日元"的肖建军成为重点审查对象，还因此在公安局里呆了一个晚上。起初，民警们对他说的话将信将疑，待带着他来到屋里查看后，便拍着他的肩说道："对不起，让你受委屈了。今天真让我们开了眼界，看来邮票这玩意儿还真的能发财哩。"

不过,肖建军也有被人蒙的时候。他曾与一名台湾的集邮者有过联系,并连续三次寄去了共计20多枚对方想要的邮票,想跟对方交换部分台湾的邮票。不料邮票寄去后就石沉大海。肖建军连写两封信去催问,可对方回信称没有收到过一枚邮票。

还有一次,一名美国的集邮者想买肖建军手里的中国邮票,而且开出了优厚的条件,按2元人民币兑换1美元进行买卖。肖建军试着寄了几枚过去,对方如数给他寄来了美元。拿着花花绿绿的钞票,肖建军兴奋不已。第一次成功让他有些得意忘形,当他第二次寄去更多的珍贵邮票时,他的发财美梦却在几个月苦苦等待中一点点地化为泡影。这时,他才知道自己碰到了洋骗子。

在肖建军所交的邮友中,邹胜强是一个不能不提的人,因为他俩先前是邮友,之后是狐朋狗友,到最后却成为关在同一个看守所里的牢友。

43岁的邹胜强是重庆某大学机械系82级的毕业生,他在读书期间便开始集邮。毕业后,他被分配至四川自贡起重机厂工作,在频繁的集邮交往中,认识了肖建军。

1988年,邹胜强从自贡起重机厂调到重庆第二起重机厂工作,与肖建军关系更加密切。看到肖建军整天在邮市里穿梭来往,邹胜强也不由心动,并于1992年辞职,做起"职业"的邮票贩子。由于有较高的文化垫底,他集邮的业绩也突飞猛进,尤其是有肖建军这个"邮老大"的帮助和提携,他很快也成为重庆邮市上响当当的人物,日进千金成了家常便饭。

有道是:男人有钱就变坏。有着大学文化的邹胜强也没逃出这个定律,甚至是有过之而无不及。有钱后的邹胜强一是好赌,二是好色。打麻将、压"金花"他样样都来,且下注金额也越来越大,一次输赢几千上万是常有的事。他不像那些有固定收入的人,每月几百上千的多少能进点账,他一输了钱便只能拿邮票"出气",如此这般,他手里的那点资本便一点点消失掉。到最后被警方抓获时,手里已没有多少值钱的真邮票(品)了。

大眼睛"钩"人,小眼睛迷人。邹胜强便属于这种"迷你型"的人,他眼睛不大，但从那骨碌碌不停转溜的眼神中，却不时闪现出让女人怦然心动的东西。邹胜强对第一次婚姻显然是不甚满意的，但因为多种原因，他这辈子又不得不认下这门婚姻。他说家里那位对他看得严，回家被盘问，出门被跟踪，让他觉得跟做贼似的。

邹胜强在家里找不到一个做丈夫和男人应有的尊严与感觉，他便偷偷在外寻欢。回到家里，他除了亲亲自己心爱的儿子外，对其他的事都不感兴趣。妻子让他做的"家庭作业"，他常借故"太累"而马虎了事；而对于"课外作业"，他则显得积极而认真，因而在外过夜的时间也越来越多。

有一段时间，邹胜强没回家或是下半夜才回来，妻子便在墙上的挂历上用笔画上一个圈。一个月下来，那挂历便被划得密密麻麻的。妻子指着挂历上的圈问他这些日子上哪去了，他支吾着说："上朋友家打牌去了。"妻子知道这话不全是真的，但她也不可能将男人拴在家里呀。虽然吵归吵、骂归骂，可吵完骂完她还得接受眼前这个现实，不为别的，只是为了他们的儿子。只是，挂历上的圈她还得照样画，这仿佛成为她发泄不满的唯一方式。到后来，挂历上的圈就跟刀刻似的，后边几页纸都能清楚地看到划圈后留下的印痕。

手里的珍贵邮票（品）日渐减少，而用钱的地方却逐渐增多，这使得肖建军和邹胜强不约而同地把目光盯在了制贩假邮票上

肖建军手里珍贵的邮票是卖一枚少一枚，而用钱的地方似乎是越来越多，他由此萌生了造假邮品的念头。1996年，他认识了渝中区一家印务公司的老板唐某和彭某，以印旅游纪念章的名义，在这家印务公司里两次印制了仿国外邮票图案而没有邮票面值的"花纸头"邮品，共计9种，各2 000版（每版28枚）。而后，他把这些东西带到广东等地，以每版1元的价格，销给了那些刚开始集邮的人，第一次从中尝到了甜头。

1997年10月，全国邮展在重庆南岸区举行，各地的集邮专家和集邮爱

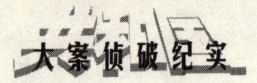

好者云集山城。邮展上展出的许多珍贵邮票令肖建军叹为观止。然而，眼睛特"毒"的他，却从中发现了不少的赝品。这对他无疑是一种刺激，堂堂的国家邮展也有这么多假邮票堂而皇之地摆在那里展览，而且居然没被人发现。"别人能搞得，我为啥搞不得？说不定我比他们搞得更逼真、更让人难以觉察！"肖建军心里暗自嘀咕着。

事后，肖建军将这一想法告诉了邹胜强。正愁钱愁得发慌的他眼前一亮。不过，做假邮票是个技术活，弄出来要有人掏钱买，起码要能骗过集邮者的眼睛才行。能不能做得以假乱真，邹胜强心里可没这个底。

肖建军看出了邹胜强的疑虑，轻松地说："这你放心，我们要做就做解放初期的邮票，这些票一般的集邮者手中都没有，他们又没这方面的知识，真品存世量也不多，集邮的人缺乏对照鉴别的样品，弄出来肯定好卖。还有，这个时期的邮票大多采用单色印刷，后边又没有背胶，因而市内一般的印刷厂都能印制……"

经肖建军这么一点拨，邹胜强顿时眉开眼笑，同时对肖更是佩服。于是，二人经过商议，决定由肖建军负责假邮票的制作和质量问题，邹胜强则主要负责提供仿制邮票的样本和假邮票的销售。

目标明确后，肖建军找到了位于李子坝的那家印务公司，将制版、晒版、印刷等全交给了该公司。为达到暗记和细微变化尽可能与原票接近，肖将原票胶片放大，对照原票进行修改后，再缩回到正常大小的图片。为掩人耳目，在刚开始印刷时，每版假邮票的旁边还印一些纪念图章的画面，到后来随着制假速度的加快，肖建军便干脆取消了这道没有实际意义的环节。

大量假邮票的半成品印出来后，肖建军将其弄回家中，然后用原始的方法对这些纸张非常新的"邮票"进行处理，变新为旧。为了使这些假邮票在外观上与解放初期的邮票相似，肖建军将假邮票一张张泡在茶水里，然后用瓷砖将假邮票上边的水吸干。至于茶水的浓度、浸泡的时间则完全是凭经验，茶水过浓或过淡，时间过长或过短，都难以达到旧邮票的那种感觉。

一张旧邮票制好后，还要打齿孔。开始时，肖建军便将针尖磨平，然后比着真邮票的齿孔一个个地扎。尽管扎的时候特别小心,但扎歪扎坏邮票的事仍时有发生,报废率很高。为提高效率和成功率,他跑了很多地方,终于买到一架高级打孔机,大大地提高了功效,也减少了损失。

做假自然不敢大张旗鼓,有时即使印刷质量达不到标准或收费太高,肖建军也只得默认了,可他又心有不甘。经过一番思考,他觉得这是没有引入竞争机制的缘故,如果将原来一家印刷厂承包的制版、晒版、印刷等一分为三,哪一段达到质量要求了,就支付哪一段的钱,不就可以降低成本、提高印刷质量了吗?于是,从1998年开始,他以180元一张胶片(4开)的价格将制版交给了南岸区一家印务公司,晒版则由江北区一家印务公司承担,而印刷则仍交给李子坝这家印务公司。

假邮票制作出来后,邹胜强便将其中一部分拿到邮市上去销售,而另一部分则通过邹本人办的集邮刊物《邮浪》和肖办的《邮谊》登出广告。集邮者看了广告后,写信或直接寄钱来求购。直至肖、邹两人被抓获,他俩根本不知道通过这种形式到底卖了多少假邮票出去,获得了多少非法收益。由于没有多少人直接报案,警方也难以查证肖、邹二人的获利情况。不过,在近一两年内不少的集邮报刊上,都不断登载出集邮爱好者的忠告和提醒:重庆的肖建军和邹胜强出售或交换的邮票全是假的,切勿上当!因而,近半年来要求他俩退钱的信函也如雪片般飞来。这本是他俩悬崖勒马、改邪归正的最后机会,可惜他们俩已被金钱欲刺激得昏了头,以致在犯罪的道路上越走越远。

3万多元的假邮票牵出"全国假邮票第一案"

1998年2月,集邮爱好者樊某在重庆九龙坡区杨家坪邮商谢某处购得9盒《中华全国集邮联合会第二次代表大会》小型张及两枚原封《华人成就博览会》邮资纪念明信片,邮品价值3万余元。因为手里缺钱,樊某于1999

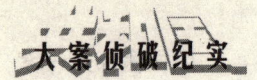

年2月将这些邮品拿到邮市上去变现,不料买家拆开原封后,发现里边全是拙劣的假货。樊某遂要求谢某退钱,自知理亏的谢某当即退还了樊某2万多元,并答应剩余的1万多元钱过几天归还。哪知几天后樊再见到谢某时,谢便一直推脱,到后来干脆就不知去向了。无奈之下,樊于2月16日来到重庆市邮政局保卫处报案。

案情迅速上报到重庆市公安局经济保卫侦查处,民警们赶到邮政局保卫处了解情况后,认为案情重大,并立即与邮政局保卫处组成联合专案组,着手开展调查。

当天下午,专案组民警在杨家坪找到邮商谢某。谢某承认这些邮品是帮邹胜强代销的。傍晚,民警们将在附近一茶馆内打牌的邹胜强捉获,并连夜进行审查。经过几个小时的较量,邹交代这些假邮票全是肖建军制作的。

次日凌晨,当专案组民警来到位于渝中区黄花园肖建军的家时,似乎早有预感的他并未显出特别的惊慌,倒是民警们看到屋里柜子里、箱子里、床底下、抽屉内到处都是塞满的假邮票后吃惊不小,他们花了三个多小时,从肖家搜出大量涉案物品:假邮戳82枚、地名戳427枚、加费戳84枚、假邮票胶片2 635张及大量成品和半成品假邮票,还有一些制假用的样票(真品)、切割机、页码机、打孔机等。随后,民警们又从邹胜强家中搜出8枚《全国山河一片红》和8枚《毛主席给日本工人题词》以及老纪特、花纸头等假邮品。

这些涉案物品用邮政局最大的1号邮袋装了满满9袋,其中票品8袋,作案工具1袋。民警们将9袋涉案物品往秤上一称,足有半吨重。

肖建军到底制作了多少假邮票,他自己也说不清楚。于是,民警们拿着邮票目录,让肖建军在上边作记号,民警们再进行核对。为了清理这些邮品,专案组专门成立了一个七人的清票小组,对照集邮书一样一样地登记,整整花了一星期的时间才登记完毕,光他们制作的假邮票品种就多达18种,抄下的清单也有189种,而据肖建军交代,还有一些胶片和假邮票已被其销毁。

此案的告破,无疑是我国邮品打假案的一个巨大胜利,此举有力地维护了集邮爱好者的合法权益。国家邮政总局在获悉重庆警方侦破数量如此之大的假邮票案的消息后,时任局长刘立清立即批示,要求国家邮票博物馆派专家全力配合开展工作,邮政总局票品处有关领导还专门打来电话,祝贺该案成功侦破。

据国家邮票博物馆的邮票鉴定专家介绍,制贩假邮票虽说不是什么新鲜事,全国每年也要侦破一批制贩假邮票的案件,但像这起邮票市值上亿元的案子他们还是第一次遇到。不仅如此,假邮票品种数量之多、仿制之逼真,在国内也十分罕见。两位资深的邮票鉴定专家面对一些制作精良的假邮票,也不敢仅凭肉眼查看或用手触摸就贸然下结论,因而,他们不得不将其带回北京,借助先进的仪器对假邮票的纸质、油墨等进行检验和分析,而后才作出了全是赝品的科学结论。

据不完全统计,自1998年3月至1999年2月,肖建军仅在李子坝这家印务公司就制了普1《天安门图》4种面值邮票9.6万枚、普3《天安门图》5种面值5.76万枚、普4《天安门》6种面值4.8万枚、普6《不同图案》5种面值4万枚、普8《工农兵》7种面值5.6万枚、普10《花卉图》3种面值2.4万枚、纪1《政协》4种面值5.7万枚、纪3《世纪工联》3种面值7.5万枚等,共计1.2526亿枚,按1997年出版的《中华人民共和国邮票目录》上的邮票指导价计算,这批邮票市值高达1.64亿元人民币。

在堆了重庆市邮政局保卫处半间会议室的假邮票(品)中,有假的《全国山河一片红》和《毛主席给日本工人题词》等"文革"时期的珍邮。一民警随手抓起一捆版票,竟也是珍贵的普8甲《冶金工人图》,每枚市价就是1 800多元,如果是真品的话,这一捆版标票价值就在千万以上。

1999年3月24日,肖建军、邹胜强因涉嫌伪造、倒卖伪造有价票证罪而被检察机关批准执行逮捕。2001年1月4日,重庆渝中区人民法院正式宣判,邹胜强犯有倒卖伪造的有价票证罪被判处有期徒刑,并处罚金。肖建军也因伪造有价票证受到了法律的严惩。

罗彩霞：公安把彩霞还给你

杨远新　陈双娥

> 王佳俊冒名顶替罗彩霞上大学事件，一度被媒体和网络炒得沸沸扬扬，这是因其背后有着深厚的社会土壤和复杂的时代背景。在波澜渐趋平静时，本文披露了冒名顶替事件的真实内幕——

南北两个罗彩霞，谁真谁假

2009年3月18日上午。湖南省公安厅人口与出入境管理局值班室。一阵电话铃声急剧地响起。电话那头传来一个女孩焦急、惶恐的声音："我的户口信息被盗了。我成了天吊户。我该怎么办？"电话这头的值班员惊呆了："你别急。请把详细情况形成材料，电传我局。"这头提供了传真号。14时59分41秒，传真机吐出了一份《报案申请》：

报案人：罗彩霞，性别：女，民族：汉族，籍贯：湖南省邵东县灵官镇，现

罗彩霞：公安把彩霞还给你

户口所在地：天津市河西区卫津路241号，现居住地址：天津市西青区天津师范大学5号楼322宿舍05历史文化传播学院旅游管理班。

涉案嫌疑人：王佳俊，家庭住址：湖南省邵东县红土岭中心派出所零散户市府路，现居地：广东。

陈述：2004年王佳俊同学以不正当手段，用我罗彩霞的身份信息和高考分数在贵州师大读书四年并取得学位证书，在此期间她办理了身份证，取得了教师资格证书等。因我没有接到录取通知书，复读一年以后考上了天津师范大学，其间也考取了教师资格证书，但因有人先于我申请教师资格证书而被取消，我现为大四学生，正面临毕业，各种就业机会皆因"她"的存在严重侵犯了我的姓名权、肖像权、人生自由权、荣誉权等，给我造成了很大的心理压力和心理阴影。虽公安局内部网络流通的信息与本人相符合，但内网之外的信息却与本人相违背，严重束缚了我的学习、生活和事业。

罗彩霞同时附上的有天津市教育委员会教师资格认定工作办公室3月16日出具的一纸书面《说明》：

罗彩霞于2008年7月在天津申请高级中学教师资格，材料审核合格，但其数据合并到网络版全国教师资格认定管理信息系统时，因当时系统数据库中已存在与其同姓名、同身份证号的申请人信息，故合并数据未成功，无法生成教师资格证书编号。特此说明。

同时传真过来的还有罗彩霞2008年2月27日在天津市公安局河西分局办理的二代身份证，2006年1月27日迁入天津的《常住人口登记卡》，以及罗彩霞在贵阳市公安局白云分局的二代身份证信息。南北两个罗彩霞的头像不一样。天津罗彩霞，短发齐眉，瓜子脸，双唇微张，露出两颗整齐的门牙，高领遮肩。贵阳罗彩霞，男式短发，脸形端庄，柳叶眉，丹凤眼，额头、耳朵、脖颈搭配匀称，双肩微露。南北两个罗彩霞，一个透出传统气质，一个略显现代韵味。谁真谁假？令值班员感到纳闷。他不敢有丝毫懈怠，立即通过信访流程上报。

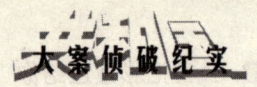

群众利益大于天,紧急核查

张陆军处长长期在户政管理岗位工作,堪称户政老兵。几十年来,他头一次遇到了这样的新鲜事。他认真研究罗彩霞提供的四大证据:

证据1:2009年3月1日,罗彩霞去天津市华苑一建设银行开通网上银行,被拒绝办理此业务,因身份信息核对不符,输入身份证号码,出现姓名、身份证号码等信息和她相符合,但头像是另一个女孩,颁证机关是贵阳市公安局白云分局。

证据2:2009年3月9日,罗彩霞去天津市教师资格证颁证中心,得知被取消教师资格证的原因是因为有同姓名同身份证号的人在贵阳申领了教师资格证,系统无法生成罗彩霞的资格证书。

证据3:2009年3月9日晚上,王佳俊的妈妈在邵东第三小学校长的见证下,向罗彩霞的姨妈李耕耘承认王佳俊冒名罗彩霞上大学的事实。

证据4:2009年3月10日,天津师范大学历史文化学院党委副书记杨庆告知罗彩霞若不解决此问题,系统将无法生成她的毕业学历证书。

张陆军觉得这简直是不可能的事情,然而报案人是有着较高文化、法律素养的人,提供了铁一般的证据。他立即向人口信息处处长张广超通报了以上情况,并商讨如何查明真相,尽快为罗彩霞讨回公道。张广超是个爱憎分明、眼里容不下沙子的人。罗彩霞被冒名顶替案所涉及的户籍档案、人口信息,全在他俩主管的业务范畴。无需多讨论,他俩拿出了一个初查方案。

湖南省公安厅办公楼606室,负责全省人口信息案事件查处工作的龙晓波一遍又一遍地检索全省人口信息,得知罗彩霞的户口于2005年迁往天津,王佳俊的户口仍在邵东,并办理了二代身份证。王佳俊是如何冒名顶替罗彩霞的呢?经过授权,他进入公安部人口信息管理系统查询,结果既令他震惊,又给了他一头雾水。

罗彩霞：公安把彩霞还给你

　　罗彩霞的户口迁往天津之前，没有迁出迁进的记载。然而，罗彩霞除了2005年落户天津的户口外，2004年还在贵阳落有一个户口，2008年将这一户口从贵阳迁入广州，个人头像则是王佳俊，天津、贵阳的罗彩霞为同一身份证号码只是区域号码不同。贵阳、广州罗彩霞的基本信息中均增加了曾用名：王佳俊。贵阳、广州罗彩霞均办理了二代居民身份证。

　　龙晓波又从湖南省第二代居民身份证全省通系统查询得知王佳俊的个人信息：1986年11月15日出生，住湖南省邵东县两市镇文体路，于2007年7月23日在邵东县红土岭派出所申请办理了二代身份证，并为加快证件。整个审批程序无可挑剔，完全合法。这说明，王佳俊的户口一直在邵东没有迁出。那么，贵阳、广州的罗彩霞，也即王佳俊的户口是从何而来的呢？

　　他向张广超、张陆军两位处长提出建议：从源头查起。"二张"予以采纳，并一起向主管户政、人口信息工作的副局长侯占先作了全面汇报。侯占先听完"二张"处长的汇报，指头在办公桌上狠狠地敲了一下："这还了得！严查严办！"他一阵旋风似地跨进局长赵赞训的办公室，提炼"二张"汇报的内容，简短几句话，既汇报了案情，又提出了工作方案。赵赞训觉得这是一起特殊案例，要求下属按特殊程序办理。

　　于是，侯副局长快速签发了《关于迅速核查王佳俊冒用罗彩霞户口信息的通知》，要求邵阳市公安局人口与出入境管理支队将核查结果速报省局人口信息工作处。

坚持一个假话不动摇

　　邵阳市公安局人口与出入境管理支队接到省局通知，立即采取紧急行动，委派副支队长杨丽娟、户政大队长李新华和副大队长王英赶赴邵东县，与该县公安局人口与出入境管理大队组成联合调查组，实地展开调查，了解相关情况。

调查首先从王佳俊的母亲、小学教师杨荣华开始。任凭调查组如何开导启发，杨则坚守一种回答。她说，2004年9月的一天，我接到一个长沙、湘潭口音男子的电话，他自称姓刘，说我知道你小孩今年高考成绩335分，没上二本线，他问我小孩想不想上二本，他有办法帮我解决。我不大相信，就说等几天再说吧，就把手机挂上了。后来我通过了解，确实有人分数没上线也上了大学，所以我又对这事将信将疑。我把这事打电话告诉了我男人王峥嵘，他要我不要上当，不要做傻事。过了两三天后，这个人又打来电话说帮我小孩上二本，他说电话里有些事讲不清，我们见面详谈。我就约他在学校门口见面。见面后他说，他有关系一定能办好。我说网上能查到吗？他说能，但不一定是你小孩的名字，不过入学半年后我可以帮你把小孩的名字改过来。我说那怎么行呢？那户籍怎么办？他说这一切都不要你管，你只要把你家人的名字和小孩的相片给我就行，你小孩只管放心去读书。最后，我们谈定价格为5万元，拿到录取手续先付3万，剩下的等小孩入学半个月后再付。过了十来天后，他真的拿来了那些东西。我查了一下，发现通知书是真的，就付了3万元给他，一星期后又付了两万元给他。当我小孩上学两个月后，我想提醒他不要忘记帮我小孩改名字的事，我反复打他的电话，手机停机，以后就再也联系不上他了。

调查组查阅红土岭派出所户籍迁移档案。为了稳妥起见，他们从1986年王佳俊出生之日查起，查遍所有户口迁移记录，未发现王佳俊在派出所办理过户口迁移手续，也无变更姓名、身份证号码等项目的记录，她的户口至今还在邵东县两市镇。

调查组再查罗彩霞的户籍迁移档案，与罗彩霞报案材料提供的情况不一样，2004年罗彩霞的户口仍在红土岭派出所，没有迁出。2005年8月16日，罗彩霞的户口才因大中专招生迁往天津师范大学。

邵阳市公安局人口与出入境管理支队派员赴长沙，向省局汇报了以上调查结果。省局提出：2004年10月在贵阳落户的罗彩霞从何而来？务必深入核查。

罗彩霞：公安把彩霞还给你

此时，罗彩霞在天涯网上发帖陈述自己的不白之冤，一时间引起了全国网民的极大关注，网民纷纷跟帖，强烈要求澄清事情真相。概括起来有以下主要观点：2004年，罗彩霞的高考成绩为514分，王佳俊的高考成绩为335分。王峥嵘是如何获取罗彩霞高考信息的？是通过什么手段替女儿王佳俊拿到罗彩霞的录取通知书？又是从哪条途径得到罗彩霞的身份信息并顺利办理户口迁移证的？这是一起典型的权力寻租事件，并非一人就能一手遮天，在这个环环相扣的操作链条中，其中任何一环都不可或缺，应挖出这个隐秘权力寻租链。网络热议，升级为轩然大波，引起了公安部、教育部的高度关注。

这给省、市、县三级公安机关带来了很大的压力。

不速之客来访

2009年4月21日，坐落在长沙市大河西先导区的户政科技园一如往常的宁静，这里是湖南省公安厅人口与出入境管理局的科技研发中心、证件制作中心，同时也是全省公安机关的培训中心。此时，湖南省公安人口信息专干培训班正在这里举行。上午10时许，培训班主持人之一龙晓波的办公室里来了一位不速之客，他自我介绍："我是王佳俊的父亲。"龙晓波盯着他，不胖不瘦的身材，长方脸，与同时代中年男子相比，不同的是两只活络的眼珠、溜光的脑门。他想：就是这样一个并不起眼的半老头，导演出了新中国高考史上暂时无法统计出场集的冒名顶替连续剧。他还没发问，这个人又说话了，表示要见张广超处长，有重要情况汇报。龙晓波把他带到张广超面前，说："他是王峥嵘，有事要见您。"

王峥嵘的声音很谦和、很有磁性，他说了很多，归根结底一句话：恳求张广超、龙晓波高抬贵手，注销王佳俊在邵东的户口，保留王佳俊在广州的户口。

张广超的耐心比任何时候都好,和颜悦色地向他解释:按照《中华人民共和国户籍管理法》规定,户口没有正当理由不能迁出。像王佳俊的户口既然没有迁出,就不能任意注销,否则是违法行为。

王峥嵘嘴里说是,却没有丝毫退意,他仍然反复恳求注销王佳俊在邵东的户口,越说越显出可怜巴巴的样子,他说自己一辈子都走得不顺畅,王佳俊是他下半辈子唯一的希望,他不想让这个希望破灭。他强调当初他妻子杨荣华让王佳俊冒罗彩霞之名上大学,也是出于对女儿的疼爱。可怜天下父母心,哪个做父母的不愿自己的儿女好。

张广超不软不硬地回了一句:"那罗彩霞的父母也希望自己的儿女好呀!"

王峥嵘大约十几秒钟没答上话,他端杯嘬了一口茶,说:都是因为女人头发长见识短,一时糊涂做出了那种蠢事。为了王佳俊上大学,家里已是一贫如洗,就盼着她工作了能有所回报。如果因为这事一下子什么都没有了,全家就没有活路了。他说到最后,几乎要掉眼泪。

张广超、龙晓波针锋相对地向他表示:不爱儿女的父母绝不是好父母。但这种爱,如果以牺牲他人的爱来换取,那就不是真正的爱。他俩义正辞严地对他说:"你当务之急是要以积极的态度,接受公安机关的调查,如实把事情的真相讲清楚,这样对王佳俊和罗彩霞都有好处。"

龙晓波做了一个送客的手势。

急电广东、贵州

4月23日,邵东县公安局致电贵州师范大学,要求提供罗彩霞从邵东迁往该校的户口迁移证原件。该校拒绝提供原件,但提供了迁移证的编号:湘迁字第00068350,迁出地公安机关名称:邵东县公安局红土岭派出所,迁出时间:2004年9月22日。

经查,此编号迁移证确属公安部治安管理局2002年监制。再查此迁移证的领取流程记载,却出现了新的问题。负责发放迁移证的同志告知:从2002年至今,办公场所经历了从河东到河西,又从河西到河东的往返搬迁,发放迁移证的登记簿不知散落何处,从而无法核实湘迁字第00068350号迁移证的领取单位。

5月6日9时,侯占先副局长签发湘公境传[2009]155号《关于请求广东省公安厅治安管理局注销罗彩霞虚假户口的函》。文中强调:王佳俊冒用他人身份和高考成绩就读大学、假迁户口、领取毕业证并参加工作,导致被冒名者合法权益不能正常享有,严重违反《居民身份证法》的有关规定。为严肃查处违法事件,维护法律、政策的严肃性,维护当事人的合法权益,特致函贵局请求注销王佳俊冒充罗彩霞在广州办理的假冒户口,收缴其在贵阳市、广州市等地办理的虚假居民身份证。

传真发往广东后,为了争取时间,张陆军又派人与广东警方联系,求证假罗彩霞从贵阳迁往广州的迁移证之真伪情况。

很快,广东方面反馈了两份迁移证,一份是贵阳迁往广州的,为手工填写,一份是邵东迁往广州的,为电脑打印,两份迁移证上的公民身份号码一模一样。

5月6日9时10分,侯占先副局长签发了湘公境传[2009]156号《关于请求贵州省公安厅治安警察总队协助核查罗彩霞户口迁移证真伪情况的函》。与此同时,龙晓波将广东警方提供的罗彩霞从贵阳迁往广州的迁移证彩色扫描,通过公安网发给贵州省公安厅治安总队户政处朱处长,请其鉴定真伪。朱处长给出的回答是肯定的:这个迁移证是真的。龙晓波继续求证:假罗彩霞从邵东迁往贵阳的迁移证是真还是假?朱处长回答:这只有你们湖南同志才能辨出真伪。朱处长还反馈了一条新的信息:罗彩霞的户口是从贵阳迁回邵东,并非直接迁往广州。这令龙晓波暗吃一惊。户口迁移本是严肃的法律行为,而王峥嵘却玩弄于股掌,随意迁出迁进。这个爱憎分明的汉子,拳头握得青筋直暴。

此时,各路传媒记者如八仙过海般云集邵阳,笔尖、鼠标、广角镜争相捕捉王佳俊冒名顶替罗彩霞上大学事件的幕后黑手。

专案组夜赴邵阳

5月6日晚，龙晓波送走了人口信息培训班的学员，轻松地舒了一口气。侯占先副局长示意专家楼加了几个菜，犒劳培训班的有功人员。他举起酒杯，开场白正说得兴起，突然手机急剧地鸣叫。他听完电话，对坐在他对面的龙晓波说："省委省政府主要领导高度重视罗彩霞被冒名顶替案的查证进展情况。厅领导决定成立赴邵阳专案组，你是专案组成员。今夜赶赴邵阳，开展工作。"

21时，一辆奥德赛小车驶出公安厅大院，穿越灯红酒绿的长沙城，朝邵阳急驰。途中，专案组成员、平时担负与新闻媒体联络沟通工作的宣传科长袁志强接到中央人民广播电台白记者的电话，要求对专案组组长、厅宣传处副处长刘绘锦就下一步工作如何展开作录音采访，将在5月7日7时整点新闻节目中播出。车上所有人都为之惊讶，因为专案组成员构成、出发时间、行动计划等等，都是高度保密的。专案组出发才一个多小时，行踪就被媒体记者掌握了。他们不得不钦佩新闻记者超出常人数倍的灵敏性。专案组成员、厅警务督察处科长蒋大辉感慨地说："多亏媒体和网友给予了重要的监督促进作用。"刘绘锦当即允诺：两个小时以后，接受白记者的录音采访。

21时30分，小车驶入邵阳市紫鑫大酒店。早已恭候在此的邵阳市公安局纪委贺书记向专案组汇报了王峥嵘、杨荣华夫妇对待调查所持的态度。

5月7日17时许，张陆军收到贵州省公安厅治安总队传真过来的湘迁字第00068350号《户口迁移证》，仅从传真件，难以判断其真伪。张陆军决定派陈志峰急飞贵阳，提取迁移证原件，以便作出真伪鉴别。

5月8日下午，陈志峰飞抵贵阳，上了贵州省厅户政处朱处长的警车，掏出手机,拨打贵州省纠风办的电话。他此行除了取回迁移证,还带有湖南省纠风办交给的任务,把罗彩霞在贵州师范大学的个人档案带回湖南。当晚23时,陈志峰完成任务,顺利回到长沙黄花机场。局里派出的汽车早就等候在航站楼出口,他上车直奔公安厅,与连夜从邵阳赶来的龙晓波等人会合,把各自带来的材料交给湖南省公安厅刑事科学研究所,要求尽快作出真伪鉴定。

联合调查组直抵邵东

5月9日下午3时,中共湖南省委常委楼第二会议室。省纪委、宣传部、教育厅、公安厅等单位负责人全到了,整个会议室里静谧严肃。

会议由省委常委、省委秘书长杨泰波主持。按照会议既定程序,轮到公安汇报有关情况后,省纪委副书记赵均田就罗彩霞案深入查处工作谈了看法。

省委常委、宣传部长陆建平就罗彩霞案的宣传报道工作讲了意见。

省委副书记梅克保当即指示:由省纪委牵头,省委宣传部、公安厅、教育厅派员参加,立即组成联合调查协调组进驻邵阳全面查清事实真相,严肃查处有关违规、违纪人员。

鉴于调查工作已由部门行为升级为党委、政府直接指挥的四部门联合调查,湖南省公安厅人口与出入境管理局向高度重视此案调查进展的公安部治安管理局发出电传,对前期调查工作进展情况和已查明的有关情况作了详细报告,对下一步工作开展表明了态度和决心。

5月10日,联合调查协调小组前往邵阳展开调查工作。出发前,他们得到一个消息:刑科所对龙晓波从邵东县红土岭派出所取回的当年使用的户口专用章、户口迁移证存根及户籍档案资料,与陈志峰前往贵州省调取的王佳俊冒充罗彩霞从湖南迁往贵州的户口迁移证原件汇总进行真伪鉴定,查清了户口迁移证、户口专用印章的真实面目。王佳俊冒充罗彩霞由邵东迁往贵州的户口迁移手续是假的,系非正常办理的户口迁移。其使用的《户口迁移证》系邵东县红土岭派出所于2003年2月11日从邵东县公安局人口管理大队领用的迁移证,涉及迁移证管理的责任人有:邵东县公安局红土岭派出所原所长姚亮生、原户籍内勤、户籍操作员。迁移证上的文字信息并非人口管理信息系统所打印。迁移证上所盖的"邵东县红土岭派出所户口专用章",经与2004、2005年邵东县红土岭派出所户籍档案资料所使用的印章及目前封存的红土岭派出所户口专用章比对鉴定,与红土岭派出所使用的户口专用章不一致。王佳俊于2008年在贵州师大毕业后,又以罗彩霞身份将户口迁往广州市天河区,又变更了公民身份号码。

联合调查协调小组成员都感到很兴奋,多亏先进的刑事科学技术鉴定,排除了笼罩此案的层层迷雾,明确了下一步调查取证的重中之重:《户口迁移证》是如何从红土岭派出所流出的?是如何流到王峥嵘手上的?是谁在上面制作打印了王佳俊冒充罗彩霞的身份信息?又是谁私刻伪造了迁移证上所盖的"邵东县红土岭派出所户口专用章"?

联合调查协调小组直抵邵东,首先与三名当事人,即邵东县公安局红土岭派出所原所长姚亮生、原户籍内勤、户籍操作员逐一谈话,了解《户口迁移证》是如何从红土岭派出所流出的?三个人的回答极其一致:时过境迁,记不清了。大家分析:存在两种可能,一是内外勾结,二是管理不善失窃。究竟是哪种可能?只有王峥嵘掌握真相。紧接着,联合调查协调小组与此案关键人物王峥嵘展开了面对面的较量。

此前,他们对王峥嵘的基本情况已了如指掌。2004年8月25日,王峥嵘由邵东县牛马司镇党委书记调任隆回县公安局政委;2006年5月,因其担任邵东县牛马司镇镇长、党委书记期间涉嫌受贿,被邵阳市纪委"双规";同年6月,王峥嵘被检察机关刑事拘留。2007年2月,王峥嵘被邵阳市中级人民法院以受贿罪终审判处有期徒刑3年,缓期5年执行;2007年2月,王峥嵘被免去隆回县公安局政委职务;2008年7月,王峥嵘被邵阳市

罗彩霞：公安把彩霞还给你

纪委开除党籍，目前，王峥嵘仍在服缓刑期间。多种迹象表明，王佳俊冒用罗彩霞身份信息上大学一案系他一手策划、操办。"狸猫换太子"事件曝光后，王峥嵘曾两次飞抵天津，企图找罗彩霞"协调解决"，第一次他要求罗彩霞更改她的身份证号码。这在罗彩霞看来简直难以置信，被断然拒绝。第二次他对罗彩霞软硬兼施，"我认识你，是你的荣幸。你以后无论遇到什么困难，我都可以帮你解决。"罗彩霞不但不愿接受，反而对他生出更大反感。

调查组就一系列问题对王峥嵘展开了追问。开始，王峥蝶一口咬定，王佳俊迁往贵州的户口迁移证系红土岭派出所出具的，上面所盖的户口专用章亦系红土岭派出所所盖。调查组将两枚复印放大的印章摆放在他面前，要他指认迁移证上盖的是哪一枚？他一会儿说这一枚，一会儿说那一枚，说着说着，额头冒出黄豆般大的汗珠，一串串直往下掉落。最终，他的心理防线崩溃，说出了事情真相。

王佳俊于2004年冒充罗彩霞在贵州省落户，用的是假迁移手续，并没有将罗彩霞的户口迁走。她使用的《户口迁移证》是从邵东县红土岭派出所民警手中得到的，迁移证上有关罗彩霞的文字信息也是从派出所人口管理信息系统中查到，然后请县城一家个体打字社套印上去的。迁移证上所盖的"邵东县红土岭派出所户口专用章"是他花钱请人私刻的。王佳俊毕业后又以罗彩霞身份迁往了广州市天河区，增加了曾用名"王佳俊"，东窗事发后，他通过关系将王佳俊原来的公民身份号码变更了一下。他自以为很聪明，将整个事情做得滴水不漏，天衣无缝，没想到聪明反被聪明误。他双手抱头，发出重重的哀叹："是我害了罗彩霞，更害了我女儿！"

2009年5月11日上午，"罗彩霞事件"关键人物王峥嵘因涉嫌伪造、变造国家机关公文、证件、印章罪被公安机关刑事拘留。随之经过一系列的深入调查，罗彩霞事件相关人员的违规操作相继浮出水面，罗彩霞、王佳俊当年的高三班主任张文迪也被邵东县纪委实施"双规"。

罗彩霞事件调查终结　三名涉案人员被查处

2009年6月2日,邵东县学生王佳俊冒用罗彩霞身份就读大学事件的联合调查组正式宣布该案件调查终结,王峥嵘被邵阳市人民检察院批准逮捕,司法机关将依法对其进行处理。张文迪和姚亮生被分别给予留党察看一年和行政降级处分。王佳俊冒名非法取得的大学毕业证、广州户籍均被依法注消。

罗彩霞,公安把彩霞还给了你。希望你在今后的人生旅途上一帆风顺,彩霞千里。

影星吴若甫绑架案追踪

王希泉

2005年盛夏,中央电视台影视频道黄金时间,隆重推出号称"中国007"的电视剧《国家机密》,著名演员吴若甫扮演主角——智勇双全的冷峰。

也就在电视剧热播的同时,曾经将吴若甫绑架的犯罪团伙十名罪犯,正在接受北京市中级人民法院的二审。

中午时分,自称"公安局的人"搞绑架

汪父遭受晴天霹雳般的打击,是在他刚踏进公安局刑警队门口的时候,一个小时前,据别人说,他24岁的儿子汪规被几个自称是"公安局的"人带走了,但他刚进公安局的门,手机响了,是儿子汪规打来的,他急忙把手机贴

在耳朵上,听到了儿子颤抖的声音:爸,我被人绑架了……

汪规只说了这一句,就传来陌生人声音:准备300万赎人,不许报警,报警我也不怕。你放明白点,我们就是图钱。

电话就这样挂断了。

此时是2003年9月1日。

案发当天正午1时30分,在京城某地街头,汪规和他的好友陈某来到一家发廊内坐下剪头,也就是十分钟的时间,突然,发廊门被一个黑衣人一把推开,冲进五个横眉竖眼的汉子,手中举着枪,他们直奔汪规,一把将其揪起问道:"你叫汪规?"

汪规机械地点点头,两个汉子掏出一把手铐,扣在他的手腕上,同时喊了一声:"我们是公安局的,跟我们走一趟。"所有在场的人,都没明白是怎么一回事,五个"公安局的人"不分青红皂白,连扯带拽,便把汪规拉到了门外,塞进门外停着的一辆黑色汽车内,哐当一声关上门,汽车绝尘而去。这些人的举动让陈某心存疑虑,但他不敢多言,只好留心看了一下车号:京XX6327。车型为桑塔纳2000。

来到刑警队的汪父,此时还能再说什么?赶快报案。

专门负责侦查暴力犯罪的北京市公安局刑侦总队领导带人立即赶到,此案按照案发时间,被确定为901案。

绑架案在现场留下的痕迹一般都很少,把调查得来的情况汇总后,警察们认真地分析:汪父在当地做建材装饰生意,开着厂子,手里确实有些钱,绑匪目标非常明确,直奔汪规,然而,竟然敢在正午时分,冒充警察绑架他人,胆子贼大。

在案发后两天里,绑匪也并没有像平常的那些绑匪,频繁地给汪父打电话,只打了三次,都是问钱准备得怎么样了,汪父试图与其再商量一下赎金,绑匪一口咬定一分不能少,汪父救子心切,无数次地拨打绑匪的电话,但电话永远关机。

看来侦破案件还要从细致的走访开始。

汪规是一家企业的工人,社会交往十分复杂,因为家里钱多,经常出入歌厅酒楼,身边哥们姐们一大堆,城里城外都玩了个遍。9月2日,民警们来到汪规经常出入的美阳歌厅调查,发现一条隐隐约约的线索,大约三个月前,一位跟汪规很好的小姐好像说过,有个叫刚子的人要绑架汪规。

有了刚子这条线索,民警们开始进行集中调查,按照见过刚子的人讲述,刚子现年30岁左右,家住北京丰台区东高地一带,与他常在一起的人有两个,一个说话带山西口音,在十里河建材装材一条街上打工,人称长江,年龄在40岁左右,另一个是东北口音,人称小二,此人的年纪与刚子相仿。

9月7日,民警经过侦查,终于发现刚子名叫韩洪刚,长江姓徐,就叫徐长江,小二名叫唐兴旺。而且民警们发现,韩洪刚与徐长江此时正在十里河地区。机不可失,民警立即全副武装,登车出发,下午2点钟左右,慢慢潜入韩、徐二人打工的地方,他们二人正从店里出来,合着伙的要去厕所,民警们对照照片后,一把揪住他们的衣服领子,脚下轻轻一绊,二人顿时摔倒,被戴上手铐。

据两人交代,有个叫杰子的人,曾经找过他们,说是有个叫华子的,让他们打听谁是真正的有钱人,以便绑架。绑架成功后,会给他们一大笔钱。在瞄准了汪规后,他们二人与唐兴旺、杰子一起,曾经在8月中旬的时候,开着一辆白色的切诺基,去绑架汪规,采用的阴谋是故意别汪驾驶的车辆,以期制造车祸,诱使汪规下车,趁机进行绑架,然而那天他们没有找到机会,也只能作罢。至于9月1日,他们都否认参与其中。

华子第一次出现在民警们的视线内。然而,也只是一外号,或者小名。

绑架案已经过去6天。凶恶的绑匪仍旧像前几天一样,每天给汪父打电话,催要赎金,但从不谈交钱地点与方式。这个家伙只是用冷冰冰的声音道:你不给钱,我就杀人。这话说得汪父心急如焚,想赶快用金钱把儿子赎出来。然而他却怎知歹徒已经把埋汪规的坑都挖好了。

绑匪销声匿迹

9月7日晚上,民警们对被抓获的歹徒进行着紧张的审讯,并以此继续开展追踪时,绑匪给汪父打电话,要求交钱,并把时间定在当天夜间。绑架案绑匪勒索赎金的时间,一般都定在晚上,所以在这之前,民警们已经交待汪父,如果绑匪要求晚上交钱,要想尽办法拖延,最好是白天,但汪父救子心切,同意了绑匪晚上交钱的要求。事前,他已经准备好300万赎金,分装在几个箱子内。警察们只能据此安排警力,对其进行跟踪保护,由于绑匪在暗处,民警们既要保护汪父,又要隐蔽自己,不被歹徒发现,难度极大。

当日晚上9点钟以后,汪父开车上路,警察的车交替尾随着。歹徒非常狡猾,让汪父开车在三环路上绕圈,这一绕就是三圈,数个小时,歹徒如此折腾汪父,只有一个目的,试探是否有警察。当车再一次驶近玉泉营立交桥时,汪父接到绑匪的电话,顺着京开高速公路,往南走,穿过四环,走主路,此时已经是9月8日凌晨1点多钟。民警们已经多次嘱咐汪父,交钱时不可太急, 一定要拖延时间,给警察们争取到靠近绑匪的时间。汪父的车驶上西门立交桥时,他的手机又响了,让他立即在最右侧停车,汪父停车。这时,有一人突然在车流滚滚的辅路上,跑到主道边,与汪父之间隔一道防护栏,此人对汪父高喊:扔过来,扔过来。汪父便把装着钱的箱子隔着防护栏扔了过去,汪父追问着独生子下落,但来人根本不听,也不答话,钻进路边停着的一辆黑色桑塔纳轿车,轿车突然掉头,逆行狂奔,从桥下高速穿过,搞得一片紧急刹车声。

事情发展得太快了,不到一分钟时间,民警们立即驾车追赶,凭借平时训练中良好的驾驶技术,已经跟踪到南苑路附近,将歹徒驾驶的车牌号记下,并巧妙地隐藏了自己,仓皇的歹徒并没有发现有车追踪,就在这时,一个上路的新手技术太差,竟在一瞬间,把车横在了民警们的车前,警车不得刹车停了下来，不到十秒钟的时间，警车摆脱新手横在路上的车，再上路时，歹徒驾驶的车在黑夜里早已经找不到踪迹。

也就从这时开始，歹徒再也不来电话，汪父也打不通歹徒的手机，而300万的赎金，并没有换得汪规的重新出现。

当时的人并不知道，接款的是两名歹徒，车内还有一个充当司机，一个开车，一个验钱，当他们看到钱已经如数到手后，其中一个立即用另一部手机发出一条很简短的短信：把人办了。

在河北省三河县燕郊处的平房小院内，有人很快接到了短信，他们把汪规从小屋子里头拉出来，汪规被铁链子紧紧地捆着，其中一个将铁链子紧紧踩住，另一个用残忍的手段将江规勒死，这时候，踩铁链子的家伙还怕其不死，拿出事先准备好的毒针，照着汪的脖子扎了进去……

9月14日，人称小二的唐兴旺被警察在老窝里擒获。

唐兴旺给人的感觉就不是个正经人，身上文满了刺青，一条条恶龙张牙舞爪，恨不能要咬谁一口。警察对其住处进行搜查，发现了20多万连号的崭新人民币，并有数万元由不同票面形成的散钱，屋内，到处扔的是一包一包的散烟，粗略一数，就已经过百，唐兴旺并没有收集整烟的雅兴，民警们对其住处附近的烟摊小卖部调查，发现一个星期以来，唐兴旺进进出出，几乎就在干一件事，用百元的人民币，买一盒烟，很显然，他是在用这种最原始的方法，将钱兑换，也算是一种洗钱的方法。对他身边的女人进行审查发现，他前两天刚给她的情人买了一条项链，价值1.6万元。而在这之前，他的日子并不太好过，由此可见，他是一夜暴富，钱的来历非常可疑。

然而，唐兴旺却始终不交代钱的来历。

华子终于现身

在破案过程中，警察们从一个经营地下淫窝名叫红姐的人口中得知，7

日半夜,也就是8日凌晨,两点来钟吧,来了两个男的,开门看,是老熟人,手里提着一个大箱子,还有一个大书包,装得满满的。这两个人进门,只是提出一个条件,得在这里住下,等天亮了再说。红姐一口答应。这两个人里,有一个叫华子的。民警们分析,这一箱一包里,肯定装的就是300万。

警察再一次像挤牙膏一样,挤红姐的记忆,终于,红姐又想起一件事。大概是半年前,华子带来一个人,而这个人与红尘姑娘对上了眼,这个姑娘叫小雨。过了几天,小雨姑娘就跟着这个人走了。带小雨走的那个人名字叫钱新。

警察们利用小雨留给红姐的电话,以非常巧妙的方式,找到了小雨,并在暗中跟踪,发现小雨与一个男子住在北四环附近的一个平房小区内。两人没有正常生活来源,而这个男子,正是他们在找的钱新。

钱新是怎么进入警察们的视线的?这里面还有一个相当复杂的过程。凝聚了众多民警们的智慧。

自从知道华子这个名字后,民警们就开始了紧张的查找。根据已经抓获的几个犯罪嫌疑人交代的情况看,这个华子的基本轮廓是:个子瘦高,年龄在30岁上下,手狠心黑,曾被判刑。为此警察们集中一段时间,查阅了全北京所有犯罪人员的档案材料,这个工作量可以想象是多么的巨大,最后,终于检索到了60多名外号或者小名叫华子的人,再一个一个进行调查分析,筛选出近10名华子,然后再一次奔赴劳改场,请当年管理过这些华子们的管教队队长聚拢到一起,以便确定这些个华子中,哪一个更接近甚至就是警察们要找的华子。

这一天,大雨滂沱,寒意袭人,却浇不灭警察们破案的决心,就在劳改场的会议室里,警察们把华子给汪父打电话时的录音一放,立即就有一名管教辨别出来:

这个人叫王立华。小名就叫华子。

到了这会儿,华子在警察们的眼里,终于有了清晰的印象。

王立华,1976年出生,男,家住北京崇文区,因为抢劫犯罪,被法院判处有期徒刑9年,两年前被释放。在当年的抢劫团伙中,他也是被判刑最重的。劳改期间,他根本不认真改造,态度恶劣,在监狱里曾故意拉拢一位工作人员,要求购买枪支,但未能得逞。

王立华被释放后,并没有从此一去不回头,而是屡屡开着汽车回来,而事情只有一件,接当时与同监号关押,双方关系密切的人员出狱。至于这些人刑满释放的时间,王立华绝对不会记错,由此可以看出,王立华是个有心的人。而寻找枪支,说明他的内心里已经酝酿要进行更疯狂的犯罪活动。

这一次劳改场所之行,收获不小,为破案奠定了坚实的基础。在王立华当年抢劫案的同伙当中,就有钱新。抓住钱新这条线不放,就很有可能顺藤摸瓜摸到王立华。

经过几天的观察,并没有见王立华,但警察们已经侦查到:钱新和他那位从良的媳妇,两人一直拿着百元整钞,到远处近处的烟摊报摊等处,买盒烟买张报,这几乎成为他们的日常工作,而他们的屋内,也是到处扔着整盒的烟。看来这个家伙也跟唐兴旺一样,是在洗钱。

钱新面对警察的审问,毫不掩饰整捆的百元大钞的来历:华子给的,就是当年一起抢劫的王立华,而至于为什么要给,他只说一句话:我们俩有交情,他看我生活困难,帮忙。他愿意给,我愿意要。其余有关王立华的情况,一概不说。

一声枪响,汪阳侥幸获救

警察们在日夜不停地抓紧侦查,而恶魔王立华,也没有停下他的罪恶的手。前面提到的汪家,在不知不觉中,又一次被魔鬼相中了。而他们这一次要下手的对象,是已经被他们杀害的汪规的弟弟汪阳。

2004年元旦刚过,汪阳碰到了也算是好朋友,一个名叫李强的人,李强说,有笔买卖想跟汪阳做一做,只是需要找个时间好好谈一谈。谈买卖是好

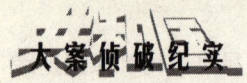

事,汪阳自然同意。1月6日中午,汪阳接到了李强的电话,说是附近有一个叫二万的发廊,让他到那里去,商量一下买卖的事,二万发廊是他们常去的地方,他很熟悉,但这天不知是怎么回事,汪阳总有不祥之感,于是他约了一个好朋友一个亲戚,开车一同前往,刚到发廊门前,突然冲出来四五个手里拿着枪的人,用枪一指:你是汪阳?汪阳机械点头,说时迟那时快,这些人一边喊着:我们是警察,一边就连扯带拽,把他往汽车里拉,关键时刻,由于有了哥哥汪规的前车之鉴,汪阳一眼看见"警察"的车是河北省的牌子,就知道大事不好,拼了命进行挣扎,随着汪阳来的那个人见此,也知道不是什么好事,冲上来帮助汪阳,所有的人在发廊前混战,打在了一起,混战之中,突然间响起了枪声,这一声枪响把冒充警察的几个绑匪吓得够呛,以为是有人报警了,真正的警察赶到,不知是谁喊了一声:快跑。他们扔下汪阳,钻进车里逃得无影无踪。

绑匪二绑汪家人,激起了警察们满腔怒火,由于汪阳的成功脱逃,给破案带来了难得的机遇。警察们迅速寻找李强,终于在第二天晚上,将藏匿起来的李强抓获。审讯得知:是一个名叫董立民的人,让李强约汪阳谈买卖的,地点时间,也都是董立民交待好的。

董立民的名字一出现,让所有办案民警们的眼睛一亮:一个关键人物,终于露了出来。原来,经过这一段时间的侦查,这个以王立华为首的犯罪团伙,已经被警方基本调查清楚,董立民也是刑释人员,是王立华最得力的干将,两人形影相随。揪住董立民,王立华也跑不了。1月18日中午,董立民与情妇在广州被擒。

立即展开审问,董立民交代,他的一切犯罪行动,都是听命于王立华的,两次绑架时,王立华都参加了,而且还有一个叫王庆晓的。拿到300万赎金那次,他与那几个被警察捉到的家伙一样,一把推得干干净净。

这个时候,董立民把王立华好好地描绘了一番:自从被刑满释放之后,手榴弹别在身上,随时准备拉弦,还有一颗手雷,跟个小瓜似的,上面弄成一瓣一瓣的,身上还别着几把手枪,不但如此,他的枕头底下,汽车里面,到处都是枪,他手里的枪,不下10把,还有刀啊什么的,你们要抓他,他真会拼命。

羊上树饭馆里走出王立华

事物总是迂回前进。在进一步对汪阳绑架案的调查中,发现的另一条重要线索,此刻派上了大的用途,据反映,在当时绑架案的现场,有人看见一辆黑色蓝鸟轿车,事后觉得十分可疑,这车辆的后半部分号码:6259,北京地方牌照。据董立民交代,当时他们前去进行绑架,开的是一辆河北牌照的桑塔纳2000,而在不远处指挥的王立华开的就是一辆蓝鸟轿车。查此车是某出租汽车公司的出租车,租赁人徐当。

看见这个名字,警察的心里又是一震:徐当与王立华从小就是朋友,多少年来一直没有分开,这一段时间他也在警察们的寻找范围之内,如果是他租车,毫无疑问,就能够找到王立华的踪迹。接下来,一纸查找蓝鸟车的通报,发到北京警察们的手里,这辆黑蓝鸟轿车终于被警察找到了。

按车找人,已经成为当务之急。

转眼到了1月26日,双休日,中午。一名休息的警察和他的女朋友去当代商场买一部新手机,就在他们要进店门时,警察无意间一扭头,眼睛扫了一下停得满满当当的停车场,一辆黑蓝鸟轿车就停在最外边,他撇下女友,快步走到车牌为X-X6259的蓝鸟轿车旁。于是悄悄地掏出手机,迅速向领导汇报。领导当即指示:千万不能暴露自己,要秘密监视,队里立即前去协助。

此时,警队内警铃大作,所有的警察在两分钟内已经荷枪实弹,冲上切诺基吉普车,直奔现场。

现场的警员在暗处紧紧注视着这辆车,几分钟后,从一家名叫羊上树的饭馆内,走出来两个人,其中一个与王立华十分相像,他又立即向领导汇报,领导指示:不能轻动,如果抓不到他,将其惊动,他很可能就会从此隐藏起来，那么破案工作就会彻底陷入被动。也就是在这不到半分钟的时间里，王立华已经钻入车内，发动了车子，他一脚踩下油门，只见蓝鸟一头闯入逆行，高速行驶，吓得其他的车纷纷躲避。监视的警察见此，知道不能轻率出击，在这关键时刻，根据王立华消失的方向，这名警察立即判断出他可能要去的路口，便绕路前去等待，谁知王立华却没有出现。

著名影星酒吧街遭绑架

2月2日白天，在某歌厅外，一辆黄色的奔驰汽车正停在车场内。这时，司机吴某从别处走来，他掏出钥匙正要开门，然而他还没打开车门，几个人蜂拥而来大声喊道：我们是警察，正在到处抓你，你交通肇事逃跑。说着，这些人一下把吴某塞进路边的一辆桑塔纳汽车内，迅速离开了。

从此，这位司机没有了消息。车的主人回来后，到处找不到自己的司机。打手机也不能接通。没有人知道他去了哪里。

谁也没有料到，他被绑架了，而绑匪正是王立华一伙。

当天深夜。王立华又带着他的手下，埋伏在三里屯酒吧街附近，已经过了深夜12点，到了3日凌晨，忽然间，王立华发现一个他非常熟悉的身影，著名演员吴若甫。

又一起震惊京城的绑架案发生了。在汽车上，恶魔王立华施展诡计，诱骗吴若甫，只要你拿出钱来，事情就好办。但是吴若甫无奈，只好在歹徒们的持枪挟持下，回到家里，拿出了一张银行卡，王立华立即拿卡到自动取款机前提款，但无情的事实是从提款机里他根本不可能提出那么多的现金。吴若甫此时表现得十分沉着机智，努力为自己赢得时间，为了让朋友知道他的险境，采取了很聪明的做法，利用只有自己掌握银行卡密码的机会，让歹徒白拿着这张卡，而无法及时得到赎金。最后王立华终于落入圈套之内。王立华派一名歹徒将卡存在国贸大厦的一个地方，再给吴若甫的一个朋友打电话,告诉他去取钱,然后交出来,说是赎金。吴的朋友得知后立即报警。

警队领导立即赶到位于朝阳公安分局的破案指挥中心。各级领导已经在此指挥破案。根据发案特点,警队领导提出:这起案件与前几起发生的绑架案如出一辙,都是冒充警察,以当事人交通肇事为名,将其绑架,并且索要赎金巨大,手段极其残忍。当把王立华一伙的档案照片拿给吴若甫的朋友看时,他们一眼认出了王立华。

就在侦破工作紧张进行之际,下午两点多钟,王立华打来了催款电话:钱准备得怎么样了?别报官,报官对你们没好处……然而他无论如何也料想不到,从打完这个电话开始,丧钟在他头上敲响……

他就想知道是谁按住了他的手

从发生汪规案的9月份开始,到现在已经五个多月,警察们经过艰苦的侦查,已经完全掌握了王立华所有可能的落脚点,在位于城东南部分的华威桥一带,有他的一个隐藏地点,在这里养着一个姘妇,而且已经怀孕。

下午四点多钟,朝阳公安分局的一位民警突然发现,在农光里某二单元的下面,停着一辆蓝鸟汽车,看车牌,正是要找的那辆车,他立即将重大发现报告指挥部。

指挥部命令对此处重点监视。

根据地形来看,这里非常不利于警察的埋伏,四周空旷,仅有几棵树,冬天里都光秃秃的,根本不能遮人,此车不远处就是小区出口,如果歹徒出来,从走到车前到开车门,坐上去,发动车,开走,时间不会长。而警察们从发现有人,到确定他要上车,并且是抓捕的对象,需要时间进行判断,准确判断后还要从隐蔽的地点冲出来,也需要时间,而恰恰是时间太短,这就给抓捕造成极大的困难。根据掌握的情况判断,驾驶此车的,很可能是王立华,而王立华又是手枪又是手榴弹从不离身的亡命徒。因此,必须有十分确切的把握,才能够实施抓捕行动。

指挥部的命令十分具体:只有能够确实控制住王立华的双手,让他无法进行危险动作,才能行动。

此时已经是傍晚时分,上下班的高峰,人来车往,借着这个好机会,化妆后的警察和朝阳公安分局的民警分组进入了阵地。

天黑之后,行人逐渐稀少,而这么多的便衣警察在小区里流动,非常容易引起人们的怀疑,为此,指挥部早有准备,从小区保安队里,借来了四套保安员制服,以小区治安巡视的身份,密切注视着车辆周围人的动静。但即使是这样,还不保险,这时候,一位保安员趁人不备,对蓝鸟做了一个手脚,而最后的事实证明,这一个手脚,动得实在是太正确了。这个手脚做完后,现场指挥副支队长徐经峰,将警力重新布置,他预料,驾车人发动车后,发现车有毛病,也就只能把车开到门口这个地方,就会停住,下车进行检修,这样就会出现一个几分钟的机会,这几分钟足够警察冲到他的身边将其生擒,于是以大门为中心,抓捕的警察埋伏好。

时间悄悄过去,突然间,那辆蓝鸟车响了一声,双蹦灯亮起,有人用遥控器开启了车门,徐经峰一看表,7点44分。一个人从黑暗里走来,猛拉车门,进去,随即倒车,一调头,一踩油门,车到小区口处,发出了不正常的响动,按说,司机就应该立即停车检查,然而,此车根本没有停下的意思,向左一打轮,逆行着,冲上人行道。这时,远处的一辆汽车不声不响地发动了,悄悄盯住这辆车,徐经峰此时立即发布命令,不能追击,只能悄悄跟踪,如果警察用车去别他,暴露了意图,那么港台影视剧里的现实版就会上演,警匪枪战不可避免,沿途的群众就会遭受重大损失,不到万不得已,绝对不能这样。就在警察们的注视下,只见蓝鸟又一个逆行左拐,一头扎进了一个胡同,停在了一处灯火通明的地方。

这条胡同里热闹非凡,店铺林立,蓝鸟停下的地方,是一处门面不大的汽车修理店,开车人下车后一摔车门,店里的伙计已经跑了出来接活。打开前盖进行检查。开车人两腿叉开,一手叉腰,一手下垂,聚精会神看着修理。

这个人正是警察们一直紧紧跟踪的王立华,他此时非常着急,就在出门前,他再一次给吴若甫的朋友打电话,催逼他们提出200万元的赎金,他也知道,一下子从银行里提出这么多钱,不是很容易的,银行是控制现金的大量流出的,但是他不能等。

就在他刚把车停下的时候,徐经峰已经秘密命令全体参战警察向目标靠拢,自己和另一名警察杨威组成第一战斗小组,负责抓捕。如果出现意外,王立华有了反抗的机会,那么,最挨子弹遭遇手榴弹的,就是第一战斗小组。在这种时刻,越是接近胜利,越是要有耐心,容不得半点闪失。一个人漫不经心地从东面走了过来,从对面也来了一个人,王立华警惕性还真是高,朝两边扫了几眼,这是他数年来养成的防卫习惯,时刻注意身边的危险,好在并没有意外,于是他的注意力放在汽车上,只是换了个站立的姿势,从东边过来的人就要从他的身后不远处走过,已经过去了半个多身子,突然间,犹如一道闪电,甚至是比闪电还快,这个人一折身,两手一出,狠狠地掐住了王立华的手,让他动弹不得,顺势脚下一绊,把王立华干脆利索地摔倒在地,也就是在同时,从对面过来的人,膝盖一弓,如磐石一般,镇在他的后背,令其根本无法动弹。迅速掏出手铐,把他的双手牢牢锁在身后。第一个动手抓捕,扑住王立华的就是徐经峰,另一个就是杨威。警察们从束手就擒的王立华的上衣口袋里,掏出了一枚手雷,从他的腰里,掏出两把苏制TT式手枪。

生擒王立华的消息立即报告了指挥部,指挥部命令:立即押回审讯。在警车上,王立华才明白过来,对拿着长短枪的警察直喊,到底是谁按住我的手了?是谁?

"吴哥,别怕,我们来救你!"一句话带来无限的安慰与希望

疯狂的王立华并不服输,说话间,到了临时指挥部所在地——朝阳区的双井派出所审讯室里,还在一个劲叫嚣:抓住我,算我运气不好,你们也未必

知道我把人质藏哪里了！你们把我抓住就行了，把我手下的那些个弟兄放了，我就告诉你们。

警察们一拍桌子：收起你这套，你以为这是在哪啊，这是中国，你能逃到哪里去?！

警察们不再跟他多说，而且时间也不允许再拖，人质还没有救出来，于是把他押上车，在黑夜中向着京郊顺义奔去。车上北四环，直奔京承高速，大约过了半小时的时间，警车停靠在郊区路边的一处已经弃用的厂房旁。一位警察拉了一下王立华：认识这里吗？王立华一下子低下了脑袋。他认为的最不会被发现的地方，其实已经早就被警察全部掌握，他知道，现在是到了他和同伙被连锅端的时候。这里，已经早就有数十名警察待命了。

这个地方叫于庄，村子附近是一望无际的葡萄园，这里离公路不远，但又非主道，所以平时很静。在葡萄园里面，有一处平房，夏天的时候，就有几个城里人，把这几间房子租了下来。但是租下来以后，也不见什么人来常住。

从2004年2月2日中午，到3日凌晨，遭王立华犯罪团伙绑架的两名人质，被秘密地转移到了这里。

天黑之后，经过反复侦查，民警们发现，在窗帘没有完全遮蔽的边边角角处有灯光。这是屋里有人的最可靠标志，而屋里的人不出来，很显然是为了躲藏，这个消息传到指挥部后，领导立即指示：除了负责抓获王立华的警察，立即将这里包围，随时准备开展营救。当把王立华抓获后，他说带着民警们去藏匿人质的地方，向着顺义方向前行，这就更加确切无疑。

现在就是如何营救的问题了。而这也是此案的关键，确保人质安全。根据情况，里面除了两名人质外，还有三名歹徒，他们的手里依然是子弹上膛的手枪、匕首……他们的凶残程度，并不比王立华差，其中的王庆晓，还参与了绑架杀害汪规。

警察们悄悄地来到通往平房的路口，这里离平房还有数百米的路，需要徒步行进，此时已经是晚上10点左右，农村的旷野里，到处是乱跑的野狗,野狗们听到了一点动静,便开始乱吠,这就等于向平房里的人报警,怎么办?天不帮人人帮人,就在这个时候,从远处开来了一辆拖拉机,突突响着,在静夜里声音传出很远,警队主要领导孙连辉急中生智,挥手将拖拉机拦下,和颜悦色地表明身份,请老乡务必帮忙,就把拖拉机停在路口,而且不熄火,装作出了故障的样子,以此制造假象,麻痹平房内的歹徒。

警队副支队长谢林此刻根据平房的情况,再一次向参加行动的第一梯队15名警察明确战斗部署:这是四间平房,后面窗户小而高,由一个战斗组守护,防止有人钻出。四个组架好人梯,跳入院子,争取在第一时间内冲进,为更多的警察冲入创造最佳条件,院子内的四间平房内,根据观察,只有一间亮着灯,据此判断,人质与绑匪很可能都在这一间屋内,进行重点突击,从前面的窗户房门处强行冲入,几间没有灯光的房子,也同时进行突击,防止有歹徒在内,以免发生意外。

22点50分,行动开始,身穿防弹背心,手握长枪、蒙黑色面罩的特警们一跃而上,在数米高的围墙下,两个人一搭人梯,嗖地越墙而过,第一个翻墙而过的郭江涛直奔院门,让更多的战友顺利进入,警察们一字排开,按照事先的部署,迅速赶到指定的位置,对准门窗发起了闪电袭击,随着哗啦啦门窗玻璃的破碎声,玻璃还没有完全落地,数十名警察已经冲到了屋里,黑洞洞的枪口,指住了屋里所有人脑袋,而且齐声断喝:不准动,把手放在头上。这一气呵成的突袭动作,警察们完全是在两秒钟内完成的,这种精彩,是他们长年苦练的真功夫。屋里的人没有一个看清他们是怎么进来的,只有已经破烂的门窗知道,他们有的穿窗,有的破门,但速度却是一样,这就是警察,而不管是什么样的歹徒,在这种神兵天降一般的感觉里,一个个都傻在那里,乖乖地按警察们的命令去做。

就在这一瞬间里,拍过无数部警匪电影的吴若甫,也根本不能相信此间发生的一切,屋内怎么会冲入如此多蒙面持枪人,而更不可思议的事情是,蒙面人一把扶住了他,轻轻地说了一声:"吴哥,别怕,我们来救你。"

这一句话,吴若甫一直牢牢地记在心间,因为在这生死关头,这一句话,

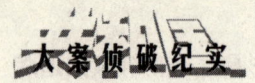

给了他无限的安慰与希望。说这话的，是警察曹志刚。过去吴若甫拍警察戏时，常深入到警营体验生活，便与小曹相识，而他无论也想不到，往日结识的警察朋友，会参加到营救他的行动中，而且在第一时间里，给了他最真挚的安慰，这才叫真正的大悲大喜。

砸开了绑住的铁链，吴若甫被警察们扶上回城的汽车，他在车上，跟这些往日的警察朋友们在一起，还是觉得如在梦中，嘴里说着："不可能啊，不可能啊。"

至此，这个疯狂的犯罪团伙终于被大智大勇的警察彻底击破。2004年底，以王立华为首的三名主要罪犯被判处死刑。

挖出真凶,刑侦队长洗刷十四载耻辱

张国庆

> 这是一段往事。2001年夏,天津市津南区曾轰动一时的"孟晓云失踪案"告破,隐藏14载的犯罪嫌疑人落入法网,而参与挖出此案真凶的刑侦大队长王钰民,14年前竟是被蒙冤审查的重点"嫌疑人"……

高考前夕,他成了第一号"嫌疑人"

让时光回溯到1987年的夏天,当时18岁的王钰民还是天津小站一中的高三学生。出身于农民家庭的王钰民从小酷爱足球,他的人生梦想是考取体育学院或进入足球专业队,虽然他的体育成绩优秀,但他的学习成绩并不尽如人意。为此,他经常向学习优秀的同学请教,而其中对他帮助最大的是同班同学孟晓云。

大案侦破纪实

漂亮而文静的孟晓云待人诚恳,是学校里的优等生,从初一开始他俩就是同桌,从学习和生活上都给了王钰民以极大帮助。那时,贪玩的王钰民经常奔跑在足球场上,作业也经常委托同桌的孟晓云来完成。由于学校离家很远,中午学生们都自己带饭集体就餐。饭量很大的王钰民通常只能吃个半饱,每到这时,热心的孟晓云就主动把自己饭盒里的饭分给他一半;冬天夜黑路远,每次下晚自习课,王钰民则主动骑车与她结伴同行,一直将她安全护送到村口才转身离去。这样的日子一直陪伴着他们从初一走到高三。

六年的同窗生涯,让他们成了无话不谈的好朋友。

1987年7月4日下午,按照学校的通知,王钰民与其他同学一起集中到学校领取高考准考证。下午4点左右,领取了准考证的王钰民与孟晓云一道骑车从学校出来。回家的路上,俩人一边骑着车一边聊着。高考前的最后冲刺让他们的心情既紧张又激动,不知不觉中,两人已经骑到孟晓云家住的二道沟村村口。

王钰民清楚地记得孟晓云临别时说的最后一句话:"预祝我们都实现自己的梦想,高考后再见!"

与往常一样,看着孟晓云的身影从视野中慢慢消失,王钰民这才掉头回家,但他做梦也没想到,这一幕竟是他们人生的最后诀别……

7月5日早晨7时许,正在家中熟睡的王钰民突然被哥哥唤醒,让他赶紧起来,说派出所的民警找他谈点事。

从未与警察打过交道的王钰民听罢此言不禁一愣。虽然他很自信自己行为端正,但是,当他面对三位神情冷峻的警察时,心里还是不禁一阵阵紧张。

带队的是一个大个子警察,他虎着脸,眼睛死死盯着王钰民,好像想从他的眼神中找出些什么来。大个子先询问了他的基本情况,问他周围有哪些好朋友,接着问他昨天下午与孟晓云分手时的详细情况,以及他下午4点半之后到今天早晨都干了些什么,是否有见证人。

从警察的询问中,王钰民预感到孟晓云可能出了什么事。虽然他如实讲述了与孟分手后到今天早晨的活动,但他身上仍有对方解不开的疑团。因为

挖出真凶，刑侦队长洗刷十四载耻辱

昨晚他吃过晚饭后，为了避开家人的干扰，便带着书本到离家不远的一间闲置的空房去复习，一直学习到很晚才睡……

从晚上到早晨，空房里只有他一个人，这就表明，在这个时间段内，没有人能证明王钰民是否在复习功课。

警察对他的审查是极其严格而细致的，对方始终对他的陈述持怀疑态度，反复讲述有关政策和法律条款，敦促他讲出实情。从未经历过如此场面的王钰民顿感自己陷入了一个可怕的沼泽之中，他不知自己究竟犯了什么错？孟晓云出事究竟与他有什么联系？

一天的审查结束后，警察让他在笔录上签字按上了手印，然后带着对他的种种怀疑走了。

第二天，王钰民终于从人们的议论中知道了7月5日凌晨发生在二道沟村孟晓云家的一桩奇案。

7月4日晚上7点多，孟晓云的母亲吃过晚饭后便出门到村里打麻将去了，家里只剩下在灯下复习功课的孟晓云。半夜1点多，孟晓云母亲打牌归来，远远看见家里有火光，走近一瞧，见屋门口蹲着一个20岁左右的小伙子，正用火点她家的竹帘子。她大喊了一声，那人便惊慌地跳过她家低矮的土墙朝东逃走了。她忙跑进屋，发现女儿不见了，桌上只散放着女儿复习的书本，炕上被人放了一把火，床单和被子正突突冒着火苗……

闻讯赶来的人们帮着七手八脚地灭了火，但整个村子都找遍了，18岁的孟晓云就像在人间蒸发了一样没了踪影。

一个品行端正的女学生一夜间突然在家里失踪了，在案发后的几天里，虽然警方调集了大批警力甚至调来上百名武警，在案发现场周围的庄稼地里及水沟里进行拉网式搜寻，但始终没有找到失踪的孟晓云。

失踪者没找到，而现场那个可疑的男青年更是成了人们议论的重点话题。如此咄咄怪事惊动了周边的村落，有人说孟晓云被人拐骗走了，有人说被仇人杀死了。于是，各种离奇的传闻和议论充斥着小站镇的大街小巷。

在被审查的数名关系人中，王钰民是第一号嫌疑人。他是孟晓云失踪当

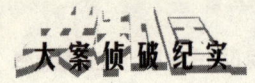

天接触的最后一个人,而他被警察审查的消息则很快传扬开来。于是,人们便把他与那个可疑的男青年自然而然地联系到一起。

以后的日子里,村里人和同学几乎都在用同一种眼神注视着他,他不知该用怎样一种方式去表达清白。同窗六年的孟晓云遇难,自己蒙受嫌疑的沉重打击让他几乎精神崩溃。

几天后,王钰民背负沉重的精神压力,在周围人们的窃窃议论中走进了考场,结果,他本以为胜券在握的文化考试以彻底失败而告终。他精心编织了6年的足球梦就这样无情地化为了泡影。

退伍回乡,为洗耻辱他选择了当刑警

1987年的冬天,逐渐从萎靡中站立起来的王钰民选择了从军,虽然在政审阶段经历了一波三折,但最后他还是被批准了。当年12月,他应征入伍来到河北保定,在陆军某炮兵团任通讯员。虽然远离了家乡,改变了生活环境,但王钰民心中却始终有一个解不开的结,随着年龄的增长和眼界的开阔,他逐渐意识到,孟晓云突然失踪绝非人们传闻的被人拐骗,在他们同窗6年的接触中,他认为孟晓云是一个作风正派的女孩,半夜从家里失踪,肯定是周围了解或熟悉她的人所为。此案一天不破,他就永远不会走出"嫌疑人"那冰冷的阴影。要洗去身上的耻辱,替同学申冤,只有找出那个躲藏在暗处的凶手……

一年后,他从部队回家乡探亲,找来几个高中同学到家中小聚,闲谈中听同学说,几个月前,他们中学一个叫王征的男生因为参与抢劫杀人,被政府枪毙了。接着他们又说,听说孟晓云也是他杀死的……

但这个让人惊喜的消息很快被他否决了,在他看来,孟晓云与王征只同窗两年,两人之间并不熟悉,更谈不上什么交往。另外,初中还未毕业,王征就辍学回家,一直游荡在社会上,离校后几乎没和孟晓云见过面。虽然这仅是个讹传,但王钰民再三叮嘱周围的同学,一旦有孟晓云的任何消息,一定

挖出真凶,刑侦队长洗刷十四载耻辱

要及时写信告诉他。

1989年5月的一天,王钰民突然收到同学发来的一封信,信中告之4月7日下午,有人在孟晓云家附近的一个水沟里捕鱼时,在沟边一个废弃的涵洞里发现一具尸骨,后来孟晓云的母亲从一颗假牙上认出是女儿的尸骨,公安局派人到现场勘查后,其尸骨已交其家人收敛下葬……

得知这一惊人的消息,王钰民立刻回信让其打听凶手是否落网。不久同学复信告诉他:凶手没有找到,此案仍是无头案,孟晓云的母亲因为悲伤过度而脑中风,现正在医院抢救……

那天夜里,他做了一个梦,梦见自己重又回到校园里,与同学们一起在操场嬉戏追逐,他看见孟晓云站在远处微笑地看着他……

压抑与悲愤让王钰民接连几天彻夜难眠,一条鲜活的生命就这样如此悲惨地陨灭了,而凶手却依然逍遥法外,自己不仅将永远背负"嫌疑人"这个黑色的耻辱,孟晓云那逝去的冤魂也将无法安息。

那天夜里,他在日记本上工整地写下他人生的第一个誓言:我要当警察,就是追到天涯海角也要洗清身上的耻辱,告慰孟晓云的冤魂。1990年12月,王钰民怀里揣着三等功奖章退伍还乡。为了实现这个理想,他再次走进那间曾经蒙冤的空房中,找出了当年高考的课本重读,废寝忘食地彻夜攻读。他清楚,这是他追凶洗冤的唯一选择,也许这是上苍赐予他的最后一次机会。

1991年3月,经过一系列严格考核,王钰民被光荣地录用为人民警察。经过三个月的培训后,他被分配到天津市公安局津南分局当民警。当时,分局领导准备将他分配到基层派出所当户籍民警,但他坚决要求到条件最艰苦的刑警队去。同年,他被分配到刑警队技术组任技术员。

机缘巧合,他用红布捧回同学的颅骨

为了尽快适应新的工作环境,身为刑侦技术员的王钰民虚心向老同志求

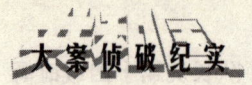

教，一年后，他就成了刑警队业务精通的技术能手。

队里的许多老刑警都知道王钰民，因为他曾是"孟晓云失踪案"的重点审查对象，而当年审查过他的那个大个子刑警如今成了他的同事，虽然事隔多年，但每当提起"孟晓云失踪案"，王钰民仍会热血沸腾。

在同事们眼里，此案已被时间的潮水逐渐淹没，当年对他被审查的事，偶然也会被当作同事间玩笑的话题。但在王钰民的世界里，此案不破，"疑犯"的阴影将始终伴随着他。他觉得这不仅是他个人的耻辱，也是整个警队的耻辱。

一年后的一天，他在档案室查找档案，竟意外地发现了"孟晓云失踪案"的案卷。他用颤抖着的手打开了那尘封的卷宗，在第一重点审查对象的笔录中，他找到了自己当年的笔录，鲜红的指纹印记清晰地记载着当年不堪回首的往事。

他用一名刑警的目光重新审阅了此案，最后得出结论为，此案真凶很可能就隐藏在被害人家周围，因为只有知情人才敢如此胆大妄为。虽然当时对周围近千人进行了反复排查，但是真正的凶手仍有可能被漏掉。然而，随着时间的流逝，孟晓云的名字逐渐被人们所淡忘，"孟晓云失踪案"的卷宗依然静静地躺在档案柜里。每年班里同学聚会，已经无人再提及当年那个悄然逝去的女孩，因为没有人相信此案能大白于天下。

1997年，工作成绩出色的王钰民被任命为刑侦支队技术队副队长，虽然整天穿行在各种扑朔迷离的案件中，但他始终牢记着自己的誓言，每破获一起案件，他都自然与"孟晓云失踪案"挂钩。每次与有关知情人聊天闲谈，他常在不经意间提到二道沟村那个失踪的女孩。特别是那些与二道沟村有关的案件，他更是不放过每一个与之相关的细节。他始终坚信：凶手就隐藏在二道沟村。

事情的巧合就是这样让人无法预料，1999年的一天，刑警队领导派王钰民去天津市公安局刑科所取一件特殊的物证。他做梦也没想到要取回的竟是孟晓云的颅骨。原来，当年孟晓云尸骨在涵洞被发现后，为确认颅骨的身

挖出真凶,刑侦队长洗刷十四载耻辱

份,该颅骨曾被送到公安部二所与孟晓云的照片进行颅像重合,但最后失败了。之后,该颅骨始终存放在刑科所。三年后,孟家提出将掩埋的尸骨挖出来火化后重新掩埋,提出要回颅骨,经研究后,有关领导同意了对方的要求。

王钰民知道颅骨存放在一个塑料袋里,按照当地的风俗,王钰民特地在去的路上买了一块红布,当他按照编号在仓库里捧起孟晓云的颅骨时,他的心在颤抖,泪水夺眶而出。

用红布裹好的颅骨轻轻捧在他的手里,就像捧起一段沉重而忧伤的往事。冥冥之中,他似乎听到那个无辜逝去的女孩在低低地抽泣,仿佛看到了她年迈的母亲痛苦而孤独的背影。

那天晚上,在刑警队值班的王钰民突然梦见孟晓云哭泣着站在他的面前说,你现在当警察了,你得给我申冤啊!当王钰民忙让她把凶手的名字写出来时,却猛然从梦中惊醒。王钰民不信迷信,但追凶洗冤的使命感已经完全融入他的生命中。

王钰民的妻子也是他高中的同学,当年与孟晓云是很要好的伙伴,她十分理解并积极支持丈夫的想法。她时常对王钰民说,你干一天警察,就不要忘了这个案子,别忘了还有一个杀人者逍遥法外。

一枚痕迹,让隐身14年的真凶浮出水面

当时光走到2001年秋天时,从警11年的王钰民已经是刑侦支队经验丰富、业务精湛的技术队大队长了。

2001年8月31日下午2点左右,小站镇四道沟村突发一起入室杀人案,47岁的农村妇女林某被人杀死在家中。王钰民接报后,立即带人赶到案发现场会同刑科所技术员进行现场勘查。

现场一片狼藉,被害人赤裸着被杀死在地上,从表面上看很像是入室强奸杀人,经过现场细致的勘查,他很快得出结论,此现场系嫌疑人伪造,其目

的是想转移侦查视线。从屋内柜子抽屉被撬的痕迹上分析,很可能是犯罪嫌疑人在实施盗窃过程中与被害人突然遭遇而杀人。从地上遗留的足迹分析,凶手年龄应在20岁到40岁之间,身高在1米70左右;从伪造的现场分析,此人很可能有盗窃前科,或是有过偷摸等劣迹。而最让王钰民兴奋不已的是,他在柜子的下沿成功地提取了一枚残缺不全的痕迹。

划定了嫌疑人的基本特征后,王钰民走出杀人现场,沿着警犬追踪的方向判断嫌疑人逃跑路线。他带人穿过一片高粱地,在一片倒塌的高粱叶上发现有擦拭的血痕。最后警犬被一大片鱼塘拦住了去路。但他看清了,相距几百米之外,正是二道沟村。

大范围的排摸立即开始了,二道沟村被王钰民列为重点进行排查。经过侦查员连续几日的奋战,一名叫赵双庆的农民被提升为重点嫌疑人。32岁的赵双庆1989年因与其弟赵双印盗窃某厂工业原料而被判刑7年,其弟被判刑6年。兄弟俩刑满释放后长期游荡社会,无正当职业。

王钰民等人化妆走进二道沟村,在赵家周围进行走访调查。当王钰民途经赵家门前时,他突然觉得这条街道十分眼熟,忙问村治保主任:"14年前孟晓云的家在哪儿?"治保主任想了想,指着前方一排低矮的土坯房说:"就是那个院子,那年出事以后,这个院子就再也没人住了……"

一种职业的敏感让王钰民径直朝那个衰败的院落走去。昔日那个曾洒满阳光的农家小院如今已是满目荒凉,衰草萋萋,唯有一棵沧桑的枣树依然顽强地活着,院墙几米之外就是几年前发现孟晓云尸骨的那条水沟。那曾荷花飘香的沟渠如今也已污水横流。

其实,当王钰民走进二道沟村的一瞬间,14年前的"孟晓云失踪案"就已经开始在他的脑海中盘旋。他隐约感觉到那个凶手就蛰伏在他身边,他似乎听到了对方那恐惧而垂死的呼吸声。

他用双脚仔细丈量着两个普通院落之间的距离,用心寻找着那个模糊而封存的答案。结果告诉他,赵家距孟晓云当年住过的小院直线距离竟不足十米。虽然他无法知晓14年前十七八岁的赵氏兄弟是如何应付公安机

挖出真凶，刑侦队长洗刷十四载耻辱

关审查的，但对方的劣迹和品行足以让他将追凶的目光紧紧锁定在赵氏兄弟的身上。

9月18日，分局领导决定立即对赵氏兄弟进行抓捕，次日早晨，赵氏兄弟先后落网。

通过对赵氏兄弟生理痕迹的反复比对，王钰民认定现场痕迹与赵双庆的痕迹相同。

根据王钰民等人的侦查结果和建议，支队长孙建平决定，审讯赵氏兄弟与查证"孟晓云失踪案"交叉进行。

多次与警察打交道的赵双庆虽百般狡辩，但在铁证面前，终于供认了8月31日下午的犯罪事实。他在四道沟村入室盗窃时，被户主林某发现并堵在屋内，他将林某掐昏后继续行窃。林某苏醒后说认识他是二道沟的，他便杀人灭口。他伪造现场的目的是想转移警察的注意力。

然而，让赵双庆料想不到的是，当他在"8·31"杀人案的供述笔录上签字画押的时候，隔壁审讯室里的赵双印精神防线已经彻底崩溃，如实供述了14年前兄弟二人入室强奸杀死孟晓云，并移尸涵洞的犯罪事实。

1987年7月4日晚，正在村里闲逛的赵双庆听到孟晓云的母亲说外出打麻将，特别是听到晚上孟家只有孟晓云一个人，其父亲到单位值夜班的消息后，顿生歹念，忙跑回家对弟弟赵双印说，今晚孟晓云家就她一个人，咱俩去把她整了。赵双印点头说行。当天夜里1时许，赵氏兄弟溜到孟家，疯狂地对孟晓云实施了轮奸，并杀人灭口……

杀死孟晓云之后，为了掩盖罪证，他们将孟晓云的尸体装进一个尼龙袋，然后拖进院后水沟一个废弃的涵洞，并用泥土封死洞口。接着赵双庆又返回现场纵火，恰好碰上孟母归来……那年，杀人匿尸的赵双庆刚满18岁。

逃离作案现场后，赵双庆跑到村办厂上夜班去了。赵双印则溜回家睡觉。第二天，警方曾对赵氏兄弟进行审查，但两人随意编造的谎言和未成年的外貌，竟让他们从警方拉网式的搜寻中逃脱。两年后，当孟晓云的尸骨从涵洞里被发现后，两人还混在人群中看了一番热闹。

一桩沉冤14年的"孟晓云失踪案",真相终于大白于天下。当负责审讯的刑警将这个惊人的消息告诉王钰民时,他愣了许久才说,我去看看这两个人。站在让他蒙羞14载的隐身凶手面前,王钰民满腔的愤恨和冤屈如火山般一触即发,紧握的双拳竟攥出了汗水。然而,执法者的理智最终战胜了个人的情感,他独自走回办公室,紧锁上房门,任由14年冤屈的泪水尽情奔流。

正义的DNA,改写中国刑事鉴定"吉尼斯"

2001年10月26日,赵氏兄弟被公安机关依法逮捕。虽然凶手落入了法网,但根据我国法律,仅凭杀人者的口供是无法定罪的,必须提供与案件有关的物证,而最有力的物证就是找到孟晓云的遗骨进行DNA鉴定。

孟晓云的尸骨已经火化后重新安葬,骨灰是无法进行DNA鉴定的。负责搜集物证的王钰民带人反复研究论证,仍找不出一个理想的办法。如果不能及时搜集到相关的物证,将意味着嫌疑人可能逃脱法律的严惩。

众人正一筹莫展时,王钰民突然想起发现孟晓云尸骨的那个涵洞,如果能在涵洞里找到散落的遗骨就等于找到了希望的曙光。

此时,已是2001年的11月,二道沟村外那条污水沟已经结上薄薄的冰碴。为寻找证据,王钰民带人重新找到那个几乎坍塌的涵洞。但野外天寒地冻,坚硬的淤泥让他们一时无法下手。他们请来安装队的吊车,将水泥管吊到旁边一片空地上,然后倒净里面的淤泥,再用筛子和清水一点点地过滤。他带着几个刑警整整用了三天,终于从数吨淤泥中找出了几根散落的遗骨。

物证找到了,但由于遗骨已深埋地下14年,为DNA鉴定带来了极大的困难。为此,他们先后到公安部、沈阳、四川等刑事科研部门请求帮助进行DNA鉴定,但由于时间太久或条件欠缺,都无法进行鉴定。就在此时,一位同行向王钰民推荐说,北京市公安局刑科所曾做过埋在地下7年的尸骨DNA鉴定。得知这个消息后,王钰民带人赶赴北京。北京市公安局刑科所在

DNA刑事技术鉴定方面在全国属领先水平,但在污水中浸泡了14年之久的遗骨对他们来说仍是一道难题。

但是,相同的使命感和责任感让京津两地警方共同携起手来。通过孟晓云母亲的毛发与该遗骨的20多项DNA鉴定,终于确认该遗骨正是14年前失踪的孟晓云,从而为认定赵氏兄弟14年前犯下的罪恶提供了强有力的证据。

该项技术鉴定不仅揭开了沉积14年的疑案,同时也改写了中国DNA刑事鉴定的"吉尼斯"记录。2002年3月,中央电视台《东方视点》栏目在北京拍摄反映DNA在中国刑事侦查中作用的专题片时,专程来津,将此案例作为该片的重头内容进行了详细介绍。

听到这个消息的当天,王钰民将当年的几位同学请到一起,当众人听完14年前曾是"第一嫌疑人"的王钰民追凶洗冤的坎坷历程时,都不禁哽咽难言。人们纷纷举起酒杯庆贺他洗去背负14年的"疑犯"阴影时,王钰民却沉默着转身将杯中的酒轻轻泼洒在地上……晶莹的酒滴缓缓渗进地下,仿佛在无声地告慰着14年前那含冤逝去的年轻生命。

同年9月4日,天津市高级人民法院宣判,以故意杀人罪、抢劫罪判处赵双庆死刑,以故意杀人罪判处赵双印无期徒刑。10月21日上午,赵双庆被执行枪决。

刑场上一声清脆的枪声宣告了这个罪恶生命的终结,告慰了两个无辜逝去的冤魂,也洗去了王钰民14年的冤屈。

如今,每年的清明,孟晓云的坟前都会有人摆上一束黄色的小花……

公安部通缉要犯回归之路

田永源

> 一个罪恶累累的黑社会团伙骨干分子,在逃亡路上整容、减肥、改名换姓、东躲西藏,做过药品推销员,上过高等院校,当过三任"毛脚女婿",最终在强大的追逃风暴的压力下,在人性和亲情的感召下,走上了投案自首的回归之路……

1998年8月16日,长春市中级人民法院审理了曾轰动全国的梁旭东为首的带有黑社会性质的犯罪团伙案件。梁旭东等7名主要成员被判处死刑,另外27人被判处无期徒刑和有期徒刑。这起黑社会性质的案件,引起了共和国高层领导的极大关注,同时也留下一个遗憾:团伙中的骨干分子孟繁胜却漏网……

误入歧途,难下贼船

孟繁胜,又名孟大胜,吉林省德惠市人。上小学和初中时成绩优秀,担任班长。高二时得了心脏病休学,爸妈便买了一辆吉普车和一辆面包车,由他雇人开出租。不久又经营服装生意。1992年,他投资开办了一个炼钢厂,当起了老板。刚刚20出头的他,在德惠市第一个私人买上了奥迪高级轿车,并获得了财会专业的大专文凭。由于他为人正直、讲义气,也有很好的经商声誉,成为市里小有名气的人物。

正当生意如火如荼时,黑帮老大梁旭东派人找到了他,要他帮忙打理生意。开始时孟繁胜拒绝了。梁旭东见手下人找他几次谈不成,便亲自出马。梁旭东说,他的生意要比孟繁胜的大十几倍,人总要往高处走。孟繁胜到他那里去,主要是给他管理公司,负责经营,比在小县城前途大得多。

孟繁胜终于经不住梁旭东的诱惑,于1996年10月起做了梁旭东的手下。两个月后的一天,梁旭东带孟繁胜等人去为一个赌博输了30万元的老板"摆事",将人打伤。梁旭东让孟繁胜把责任都扛着,如果判刑,他再把孟繁胜办出来。讲义气的孟繁胜把责任都揽在了自己的身上,被判了3年徒刑。4个月后,梁旭东真的给他办了"保外就医"。孟繁胜出来后,他妈说啥也不让他再干了。他告诉妈妈说不行。妈妈问他为什么,他妻子流着泪说:"他们里边有规矩,不干要打断腿的。"妈妈知道儿子上了贼船,便安慰儿子,以后再慢慢想办法吧。从此以后,孟繁胜在泥潭中越陷越深。

梁旭东被抓的当天,一个团伙成员给他打来电话告诉他,公安局长田中林正在派人调查梁哥的事,你赶快跑。第二天,孟繁胜从银行取了7万元钱,跟妈妈说公司放了几天假,他要出去玩几天,便带着妻子跑了。第一站来到了河南洛阳。他刚到洛阳,便接到另一个团伙成员的电话,说:"梁哥和大红几个人已经被公安局抓了,现在悬赏5万元抓你,你得赶快躲起来。"第二天,他便带妻子逃到了石家庄,又连夜逃往内蒙古锡林浩特的一个亲戚家。他在锡林浩特住了21天,忽然间好像预感到了什么,便对妻子说:"你不要再跟我跑了,我以后也不知能跑多久,能跑到哪里去,是死是活也不知道。你回去吧,我们离了,你再找家好人家好好过日子。"当天,他便买了去上海的车票。

孟繁胜离开锡林浩特不到两小时,追捕人员就穿草地过沙漠赶到了锡林浩特。发现情况后,吉林省公安厅立即向公安部汇报,公安部马上向上海市公安局发去通缉令。同时,江苏省公安厅也布置警力在苏州、无锡、常州等市全力进行堵截抓捕。

然而,三地警方始终没有发现孟繁胜的一点踪影。

除了妈妈,就是DNA能认识我了

孟繁胜聪明、机警,并具备较强的心理素质。他想,长春警方能寻着线索追到锡林浩特,也就能寻着线索追到上海。所以,他提前在南京下了车,然后急奔广州。到了广州,有人告诉他,梁旭东团伙的张洪岩刚刚被抓走,长春市警方正在悬赏抓他。他清楚自己是梁旭东团伙的骨干,警方是不会放过他的。那么,到底该怎么办呢?不停地跑,总不是万全之策。现在,科技手段这样发达,罪犯是轻易逃脱不了警方追捕的。于是,他决定也用"高科技"来为自己开辟一条亡命之路。

第一步:整容。他首先对广州的美容院进行了调查,最后,确定了4家水平最高的美容院为他整容。为什么找四家美容院?他想,如果在一家一步到位,很可能被人引起怀疑。把整容过程分成四个阶段,每阶段只在一家美容院做,就不会被人怀疑了。过了两个月,花了一万元,整容完成。他照着镜子一看,连自己都一惊:原来的胖圆脸、眯眼睛、单眼皮没有了踪影,呈现在面前的是长方脸、双眼皮、大眼睛,还有两个小酒窝。虽然折腾了两个多月,受了不少罪,但效果令他满意。不久,他来到了旅游胜地秦皇岛,租了一个离休干部的房子。他对房东说他是耀华玻璃厂的推销员。那干部爱下棋,他就陪着老干部下棋,两人相处得很好。在秦皇岛住了20多天后,孟繁胜的脸上发炎了,他便退了租房来到北京治疗。他找了一家在国际上也很有名气的医院,治了一个月,使那张脸更加秀美漂亮。离开北京,又去了山西太原。他认为山西相对比较落后,易藏身,在太原市一家医院家属区租了房子,又找到了一家药厂药品推销员的差事,每月可挣2 000多元。尽管这一阶段生活比较安稳,可是心底还有一丝隐忧:他虽已改头换面,但那102公斤的体重和肥胖的体形,还是原来的孟繁胜。

为了达到最终的目的,他又开始了第二步计划:减肥。开始时,他买了很多减肥药,可都没有什么效果。于是,他决定采取果断措施:买了一箱矿泉水、两袋方便面和几斤水果,把自己关在屋子里不吃其他任何东西。15天过去了,他曾晕过去4次,果然减掉了9公斤。可是,他却体力难支,几乎连楼梯都下不来了。他还坚持吃药、节食。半年后他到西安时,体重降到了68公斤!

在太原市的日子里,他的心里还比较踏实。因为不仅改头换面了,也"脱胎换骨"了。这时的孟繁胜,每天除了推销药品外,就是在租房里看电视,看报纸,消磨时间。一天,他在报纸上看到一条消息:西安外语学院到太原招50名考生。他想,以后谋生不会外语是不行的。还有一点,大学校园更是藏匿的理想之地。于是他报名参加了考试。1999年8月底,他便成为外语学院的一名学生。一天,一名警察在学校找到了他。然而,那警察无论如何无法将他与通缉令上的那个人对上号。

孟繁胜说:"现在,除了我妈,就是DNA能认识我了。"

三趟女儿河:我不能再伤害人了

孟繁胜的逃亡生活有惶惶然如丧家之犬的狼狈,有整容中任人宰割的痛苦,有减肥中死去活来的折磨,也有大学校园中的恬静生活。还有一项内容,更给他的逃亡生活增加了些许浪漫,那就是,他曾三次趟过女儿河……

第一次"趟河"是在太原。一天,他在大街上碰到了一位朋友,以后两人竟谈得很投机。有一天,那朋友请他去一次,说有事跟他说。他去了之后才知道,那朋友看他一个人挺清苦,想给他介绍女朋友。孟繁胜说他家里已经有了女朋友。那朋友说,你已经在外面这么多年,别说是朋友,就是老婆

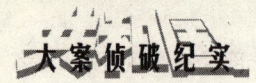

也没有多少感情了,这不是自己和自己过不去嘛。不管那朋友怎么说,他还是没答应。过了几天,那朋友又约他到一家酒店吃饭,说是有一笔生意要做。原来,那朋友已经把那个女士领来了。盛情之下,他只好逢场作戏。那女士是一个副省级领导干部的女儿,在银行工作,离过婚,第一次接触就对孟繁胜的印象很好。以后,那女士频繁邀孟繁胜约会。大约半个月后,孟繁胜决心要了结这件事,他换掉了手机,又重新租了房子,与那女士和朋友都断绝了来往。不久,他便离开了太原市。

第二次"趟河"是在西安。孟繁胜虽然在初中时学过英语,但早已忘了。来到西安外语学院感到学习很吃力。他同三名韩国留学生住在一个宿舍,在他的提议下,请了本院的一名研究生做"家教",为他们辅导英语。那姑娘在"家教"过程中,通过韩国留学生的介绍,得知孟繁胜虽然学习赶不上其他同学,可是他的为人处世得到了同学的喜欢和尊重。因此,她对孟繁胜也表现出好感。一天,她把孟繁胜约出去,讲了几句"老师的话"之后,便切入了主题——向孟繁胜表示爱慕之情,弄得孟繁胜不知如何是好,便对她说,我在家乡已经有了女朋友,我觉得我配不上你,你完全可以找一个比我更好的人。以后她还想纠缠他,他最后不得不下了"逐客令":"从明天开始,你不用再给我辅导了。我谢谢你对我的帮助。"说完,扭头走了。从此以后,老师再也没有来辅导。当那三名韩国留学生得知原由后,都说他是个大傻瓜。可他们哪里晓得孟繁胜复杂的内心呢?

孟繁胜趟过第三条女儿河,更是波急浪涌,刻骨铭心。

2000年9月,孟繁胜从媒体上得知,陕西某部门举办的出国人员培训班正向社会招生。他想,将来要想以英语作为一技之长谋生,就外语学院学的这点东西还是不够的,便报了名,想多学一点东西。他所在班的班长是个24岁长得非常漂亮的姑娘。姑娘曾在某艺术学院学过舞蹈,后来又在西安翻译学院念了4年英语专业。毕业后,在保险公司工作。姑娘长得漂亮,学习成绩又好,因此追求她的人很多。可是,这位高傲的公主越发矜持,对所有的进攻者都视而不见。这一切,作为"局外人"的孟繁胜虽然看得清清楚楚,但也只当作景观来看。

他涉入这条河,缘于一次课堂上他的错误的答题。

来这里学习的人,都是大学毕业参加工作不久的大学生,英语基础都很好。一次,老师要他用英语回答一个问题,他没听明白是什么意思,便做了回答。他的回答,引起了同学们的一阵嗤笑。他窘迫地坐下后,不经意间向坐在邻座的姑娘看了一眼,发现姑娘不但没有笑,还轻声地对他说:"没关系,慢慢学,别着急。"下课后,姑娘对孟繁胜说:"以后有不会的地方就问我,我来帮你。"接下来,姑娘主动给他补课,还常常鼓励他说他提高得很快。后来,就是没事的时候,姑娘也常约他出来,到学校公园,一边散步,一边问他学习上还有什么困难没有。2000年中秋节前一天下了晚自习后,姑娘再一次把孟繁胜约了出来,望着挂在夜空的圆月,说:"明天是中秋节,到我家去坐坐好吗?"没有等孟繁胜回答,姑娘接着说:"我已经跟我爸我妈说了,他们都欢迎你去。"孟繁胜想要拒绝,可是实在找不出什么理由。他转而又想,人家对自己帮助这么大,怎么好拒绝?第二天晚上,孟繁胜买了些水果,来到了姑娘家。这是个典型的上层社会的家庭,四室两厅,家具都是高档的。晚饭看得出是精心策划的,除了一些名贵菜如海参、鲍鱼等之外,还有两个北方菜红烧排骨和凉菜拉皮。席间的气氛很融洽。姑娘的爸爸妈妈没有问孟繁胜私人问题,只是说,这是女儿第一次带男孩子到家里来吃饭。吃完了饭,喝了一会儿茶,姑娘便同孟繁胜回学校了。第二天午间,他的手机响了,是姑娘的爸爸打来的,约他晚上再去吃饭。晚上,当他来到姑娘家时,姑娘家里已经来了十来个人。经姑娘介绍,是姑娘的叔叔、舅舅和两个姨的全家。孟繁胜同这些人交谈了一会儿之后,便来到厨房,动手做了几个北方菜。席间,大家一边夸奖他菜做得好吃,一边把话拉近。爸爸说,以后就不要回北方了,在西安办个公司,让姑娘当助手。妈妈说,姑娘不懂事,还要他多照顾。此后,姑娘的爸爸妈妈便常打电话,让孟繁胜到家里吃饭。一次吃过饭后,姑娘的妈妈说,那么晚了就不要回学校了,在家里住下吧。孟繁胜借口学校管理很严,不好违纪,便同姑娘一起回到了学校。这夜,孟繁胜久久不能入睡。他发现,自己已经走得太远了,陷得太深了。他想他已经给人造成过伤害,不能再伤害别人了。他想立即离开这里,可是,课程还没有学完。于是,他想用逐渐疏远的办法来解决。第二天晚自习后,孟繁胜找到姑娘,说:"家里来电话,说有事,要我回去一趟。"姑娘忙问:"什么事?我跟你一起回去,要不要钱?""都不要。""能告诉我什么事吗?""你就别问了。"姑娘有些警觉了:"你骗人!是我对你不好吗?是我爸爸妈妈对你不好吗?""都不是。""那你为什么要离开我?""我、我不配你,你把我忘了吧。"姑娘哭了,双拳击打着孟繁胜的胸:"你胡说!不管你怎样,我就是喜欢你,我就要永远永远和你在一起!"孟繁胜说:"我对不起你,我骗了你和你爸爸妈妈。我已经结婚了,家里有妻子。""结婚了也没啥,可以离婚,我等你!"孟繁胜看无论如何也说服不了,便缓和了一下,说:"那你让我考虑考虑怎样跟家里做工作,好不好?"姑娘听了,抽泣着点了点头。孟繁胜把姑娘送到宿舍门前的时候,姑娘还在抽泣着。

孟繁胜已经料想到自己又做了伤害人的事,可是没有想到会到如此地步。想到姑娘对自己的一片痴情,想到姑娘爸爸妈妈对自己的那种真情,深感内疚。

第二天,孟繁胜便悄悄地离开了学校。为了不让姑娘找到他,他改名换姓,并买了一个西安人梁春强的假身份证。

回归路上,一波三折

应该说,孟繁胜的本质不同于那种从小就劣迹斑斑走上犯罪道路的凶残险恶之辈。对于这样的人,只要有某种环境或因素的影响,就容易唤起回归正道的良知。

孟繁胜终于走上了投案自首的道路,并且有着比较曲折的过程。

自逃跑那天起,孟繁胜就养成了天天看报纸和电视新闻的习惯。他想从中寻找关于梁旭东案子的消息。2000年8月16日梁旭东案件审判后,他天天到报摊上买报纸。西安一家报纸连载梁旭东罪恶行径的文章和其他关于这个案件的报道,他一篇也没有落下。他佩服长春警方,团伙成员几乎全部被抓获。他也因此担心自己会不会落入警方手中。直到这时,他还没有要回去投案自首的打算。

孟繁胜第三次趟过女儿河,对他产生了巨大冲击。他从姑娘和姑娘的爸爸妈妈身上,感受到了人间亲情是多么美好,于是产生了一股强烈的对人间真情的渴望。他想起了年迈多病的妈妈,特别是想起了最最疼爱他的姥姥。他是姥姥一手带大的,他从小感恩于此。一岁多的时候,就天天给姥姥洗脚。5岁以后,就天天给姥姥煮牛奶。他又是7个姐妹中的第一个男孩,是姥姥的大外孙,再加上长得好看,成为姥姥的掌上明珠。想到这些,他多么想早日结束这种没有亲情,丢了爱情,人不人鬼不鬼的日子。

让孟繁胜最后下决心投案自首的,是2001年4月在全国开展的严打斗争。这场斗争开始后,他天天看网上新闻。他发现自己已被列为公安部督捕逃犯。看见一个个逃犯纷纷落网,想到自己,恐怕最终难逃法网,因为这场斗争太凶猛太强大了,于是他决定投案自首。2001年8月初,孟繁胜偷偷地潜回了长春。

到长春后,他没有马上去市公安局,而是想把一个团伙成员的表哥欠他的一万元钱要回来,然后再去投案自首。

他在一个宾馆找到了那个人。那人见到他,一脸迷惘:"你找谁?""大哥,我是繁胜。""什么,哪个繁胜?""我是孟繁胜,又叫孟大胜。""你是孟大胜?听声音还像,你咋变成这样了呢?""大哥,别的就别说了,我实在没有办法,要不然我也不能冒这么大的险回来找你。"那人想了想,说:"我账上有钱,手头没有。这么的吧,你给我个账号,我马上给你打过去。"孟繁胜一看他不能马上给钱,就给了他一个卡号。那人接过卡号说:"好,好,我这就给你打过去。""那好。"说完,孟繁胜便走了。

孟繁胜原来打算要到钱之后,就到市公安局去投案自首,可是他从那人的眼睛里发现了一丝危险的信号。他想,如果那人报案,他被抓住,就不算

投案自首了。他立即乘一辆出租车跑到沈阳,连夜赶到北京,几天后,潜回了西安。

果然不出所料。孟繁胜走后,那人便报了案。那人只往北京那个卡号上打了5 000元钱,他想用余下的5 000元钱"钓"住孟繁胜。

长春警方接到报案后,立即派出追捕组赶到北京。在北京通过侦查,得知办那个卡的是一个叫梁春强的西安人,于是又直奔西安。在西安,经过十几天的侦查,捕捉到了孟繁胜的踪迹。可是跟踪了几天,还是让他给逃脱了。

随着严打斗争的步步深入,孟繁胜的心理压力越来越大,他又重新思考怎样去投案自首。为敦促在逃人员迷途知返,2001年9月20日,公安部、最高人民法院和检察院联合发布公告,凡在11月29日之前投案自首者,都可以得到宽大处理。看到这个消息,他下定决心不能再错过这个机会。10月上旬的一天,他得知一个在西安做生意的东北老乡要回哈尔滨,他便交给那老乡一个里面只写了一个西安的传呼号码的信封,求他送到德惠市的一个地方。

三天后,他接到了一个传呼电话,一看,他的心立即狂跳起来:传呼人是张桂英,是妈妈传来的!他立即给妈妈回了电话。"妈妈……"他刚刚轻声唤了一声,便哽咽了。妈妈张桂英为了儿子心急火燎,耳朵已经有些背了,可是,儿子这轻轻的一声"妈妈",她却听得真真切切。"大胜,是儿子大胜!"接着,便泣不成声。"妈妈,儿子对不起你。"电话里传来了儿子的声音。妈妈镇定下来,对儿子说:"大胜,别说这话了,你对不起的人多了。你姥姥听说你出事了,口吐鲜血,没多久就走了。"孟繁胜一听姥姥死了,便呜呜地哭了起来。妈妈接着说:"还有,跟你最好的大姐夫,着急上火得了病,没有三个月,也死了。你的表哥,外出找你,发生了车祸,也死了……"这时,孟繁胜的爸爸接过电话:"大胜啊,你知道你妈妈那时候正在九台住院治病,你出事后,就挂着双拐出院了。刚刚能扔拐,还没有好利索,就出去找你了。这一找,就是三年多,大半个中国都跑遍了,花光了家里的十几万积蓄,没有钱,就捡破烂卖。"妈妈又接过电话,对儿子说:"大胜啊,快回来吧,别在外面跑了。现在政府又有了政策,投案自首可以宽大处理,可别再错过这个机会。""妈妈,我也有这个想法,你看怎么办好?"说到这里,电话突然断了,再也没有来电话。张桂英虽然没有来得及问儿子的具体地址,可毕竟知道了儿子的下落。为了让儿子尽快回来,第二天她便起程,登上了开往西安的火车,决定亲自把儿子领回来投案自首。到西安后她顾不上喘息一会儿,便找了一个比较偏僻的电话亭打了儿子的传呼电话。她满心欢喜地以为儿子会很快就给她回电话。可是,等了10分钟没回,20分钟也没回,30分钟过去了,那个该死的电话铃声仍然没有响。一个小时过去了,张桂英彻底失望了,才挪动着沉重的脚步,走了。

其实,张桂英的电话,孟繁胜已接到了。当他接到妈妈的传呼时,既吃惊又高兴,他吃惊是没有想到妈妈会来,高兴是马上就可以见到妈妈了。可他转而一想,如果有警察得到了消息跟着妈妈来,借机把我抓获,那么,一切不就白费了吗?可是,他要见到妈妈的欲望太强烈了。怎么办呢?想来想去,他只有查明了那个电话亭后,打车来到电话亭附近,躲在一根电杆后面,偷偷地从远处看着在那里四处张望着寻找儿子的妈妈。他见妈妈真的苍老了许多,风吹乱了那花白的头发。他眼含着泪水,多想扑过去叫一声"妈妈!"可是,近在咫尺,他却不能,孟繁胜心如刀绞。他见妈妈拖着沉重的步子失望地离开了电话亭,眼中的泪水簌簌流了下来。他还想多看几眼妈妈,便远远地跟在后面。他见妈妈来到车站,从包里拿出一张红纸,抹上浆糊,贴在了一个广告牌上,贴好之后,又向别处走去。他上前一看,只见上面是妈妈那熟悉的毛笔字:"寻儿启事:大胜,跟妈妈回家吧。"孟繁胜的眼泪止不住地往外流,他怕引起人们的怀疑,便马上离开了。后来他发现,妈妈不仅在车站,还在几个大商场,都贴了"寻儿启事"。

孟繁胜始终担心妈妈背后有"尾巴",没敢靠前一步。

张桂英在西安呆了三天,没有得到儿子一点消息,便流着失望的泪水,回去了。

离开了妈妈,孟繁胜的心一直平静不下来,决定马上回家去投案自首。过了几天,他把药厂的推销账目结清了之后,便上了开往北京的列车。2001年11月13日,他给妈妈打了电话,告诉妈妈他已经到了北京,明天就回家去投案自首,让妈妈跟长春市公安局联系好。妈妈高兴得边哭边对儿子说:"儿子,你放心吧,妈妈会安排好的。"原来,张桂英从西安回来后,便向长春市公安局刑警支队副支队长张真春作了汇报。张真春立即向局长田中林作了汇报。田中林向张桂英表示,欢迎孟繁胜回来投案自首。

2001年11月14日晚9时许,张桂英手里拎着为儿子拆洗一新的被褥,和孟繁胜的爸爸、姐姐、叔叔等人,在德惠市公安局门口,等候回来投案自首的儿子。9时40分左右,一个身材瘦高的人,背着一个包,向公安局门口走了过来。几个人谁都没有在意,仍然在向远处张望着。那瘦高身材的人走到张桂英的面前,站住了,只听来人轻轻地叫了一声:"妈妈。"张桂英听了,惊奇地问:"你是谁?""妈妈,我是大胜。""什么,你是大胜?"这时,几个人都围了过来,有的问:"你找谁?"有的问:"你是谁?"这时,张桂英似乎突然明白了什么,伸手转过那人的头,看了一下左耳后,便压低声哭了起来:"儿子,你终于回来了!"几个人一听,知道真的是大胜,便一下子抱在了一起。这时,张桂英让人快给张队长打电话。电话接通了,张真春说他马上就来,让孟繁胜先到德惠市公安局去。张桂英领着儿子进了公安局值班室。值班员问孟繁胜有什么事,孟繁胜说:"我是来投案自首的。""你叫什么名字?""孟繁胜。""什么?你叫孟繁胜?""是,我叫孟繁胜,梁旭东犯罪团伙的孟繁胜。""别开玩笑了。""我真的是孟繁胜。我认识你,但名忘了。"张桂英看警察怀疑儿子,便上前说:"他就是我儿子大胜。"那警察认识张桂英,问:"大娘,大胜咋变成这样了呢?"后来,张真春驱车近百公里,赶来了。

这一夜,孟繁胜虽然失去了往日的"自由",躺在看守所的木板床上,可是,心里却从来没有这么踏实过。而他的妈妈张桂英,几年来,也头一回睡了一宿好觉。

我们有理由相信,孟繁胜最终将会得到法律的从宽处理。

故宫盗宝案

穆玉敏

故宫这座世界上最大的宫殿,历经五百八十多年的沧桑之后,依然以她无与伦比的高贵、富丽堂皇的风姿和绝无仅有的神秘精深端坐在北京城的中心。

故宫让人着迷,故宫博物院研究员徐启宪说过:"只要有条件,砸锅卖铁我也得买一张票进去看!"故宫博物院副研究馆员罗随祖说过:"我这一生能够有机会踏进故宫就满足了!"

故宫也让个别人垂涎,里面的珍宝对人的诱惑力是巨大的。故宫对民众开放以来究竟发生过几次盗宝案呢?已知民国期间是很罕见的,最为轰动的是故宫博物院首任院长易培基"监守自盗"案,今天来看,那是一件冤案。1949年建国以来,北京警方有记载的故宫盗宝案一共发生了5起,分别是在1959年、1962年、1980年和1987年。以下逐一详述。

故宫盗宝第一案

故宫第一次对外开放是1914年(民国三年),因为当时清逊帝溥仪还住在内宫里,所以开放范围很小,仅限于外朝区,而且票价非常的昂贵,参观的人很少。溥仪被逐出皇宫后,故宫归国家所有,成立了故宫博物院,于1925年10月10日,故宫正式对外开放。1949年新中国成立后,中央人民政府接收了故宫博物院,1958年7月1日重新对社会开放,普通民众花上几角钱就能亲身走进昔日神秘的皇家宫殿。

故宫对外开放的陈列主要为两大体系:一是以故宫宫殿建筑为主体的宫廷史迹陈列;一是以故宫藏品为主的历代艺术品的专馆陈列。盗贼们盯上的就是故宫的藏品,特别是位于故宫博物院东部的珍宝馆养性殿内的无价国宝,建国后5个盗宝飞贼无一例外是在养性殿折断了翅膀。

1959年8月16日清晨,下了几天雨的北京放晴了,太阳露出光芒四射的脸,把被雨水冲刷得干干净净的故宫黄琉璃瓦顶照得金碧辉煌。管理员田义和早早就起来了,拿着一大串钥匙,先把故宫的前门和后门打开,再把各个展馆的门打开,让清洁工人们打扫庭院的卫生。因为临近建国十周年大庆了,来故宫参观的中外游人越来越多,这些日子,田义和每天都是清晨就起来开门。

田义和迈着轻松的脚步走进了珍宝馆。珍宝馆是故宫的常设展馆,里边分为四个展室:皇极殿庑房、养性殿、乐寿堂和颐和轩,分别陈列着故宫所藏珍贵文物。田义和按照顺序,打开皇极殿庑房后就去开养性殿的门,还没上台阶,他突然感到有点儿不对劲儿,定睛一看,老天爷!养性殿第三扇门靠近地面的一块大玻璃碎了!昨夜虽有小雨,但是没一丝风,珍宝馆墙高门紧,连一只猫都进不来,玻璃不可能无故破碎,别问,准是进去贼了,那里边的宝贝都是好人看的,贼不能看,看见就走不动路。田义和不敢近前了,叫来同事汪连禄和老杨,让他俩好生站在台阶下看着,然后慌忙往保卫科方向跑去。保卫科马上报告了北京市公安局。

碎玻璃处显然是盗贼进出的路,侦查员在玻璃碴上提取到一小块儿贼留下的皮肉。养性殿有三大间展厅,分别陈列着珍宝,中间展厅四周陈列的金银器皿和珠宝玉器,展柜完好。被盗的是西间展厅的首卷柜,也就是"故编字1号",故宫的工作人员习惯叫它1号柜,里边陈列着14页金册、10页玉册、5柄玉雕花把金鞘匕首以及金钗、佩刀、玉筷等文物。1号柜的玻璃被打碎,陈列的14页金册中的8页和5柄玉雕花把金鞘匕首不翼而飞。侦查员在室内提取了细花纹鞋印和血迹,在1号柜上提取了掌纹和指纹。

侦查员又仔细寻找贼进出珍宝馆的路径,发现养性殿南门台阶旁边的墙内侧有明显的蹬蹭痕迹,养性门上的锁被撬开,侦查员在养性门的门楼上提取下一枚完整的手掌痕迹。出了养性门往南是宁寿门,因为正在修缮,宁寿门东搭着脚手架,宁寿门往南出皇极门向西就是锡庆门,锡庆门的门闩被拿下,珍宝馆的工作人员说,门闩原来是拴着的,显然是有人出去的时候拿下来的。

金册是什么?康熙皇帝生母早丧,他一直将顺治帝的孝惠章皇后视为母亲,这是为了尊奉她老人家徽号而专门打造的"证书",纯黄金的,每页长23.15厘米,宽9.8厘米,厚0.13厘米,重20两,上面铸有满、汉文字,四角各有一联结用的小金环。这种皇家金册,不仅材质为纯金,镌刻工艺精湛,由于是重大历史事件永难磨灭的纪录,其文物档案的价值无法估量。完整的14页金册,居然丢失了8页,重达市制166两。

玉雕花把金鞘匕首是什么?刀把镶嵌有玉石,刀鞘包裹有黄金。选料上乘,工艺精湛。是顺治帝和乾隆帝使用过的珍品。清世祖顺治是率军入关的清朝的第一位皇帝,他整顿吏治,注重农业生产,在各方面取得了很大成就,初创了清王朝走向强盛的局面。康熙帝视朝六十一年,是中国历史上在位时间最长的皇帝,之后继位的雍正又传至乾隆,这个时期的武功文治使得国力鼎盛百姓富足,史称康雍乾三朝盛世。顺治帝和乾隆帝使用过的金鞘匕首的

珍贵性自然不言而喻。

8页金册，5把宝刀被盗，在皇宫盗案史上也属罕见。中央首长下令，这起建国后北京发生的最大的盗窃案件非得破获不可！

北京市公安局紧急部署侦破工作，并成立了专案组，向全市通报了案情，全市安全保卫部门和基层群众组织都行动起来，进行反复的调查摸底。

专案组的案情研究会上，大家讨论后初步认为，盗贼可能是8月15日晚翻墙进入养性殿院内，作案后离开的。但是，故宫壁垒森严，外有护城河，内有12米高的围墙，还有相当强的保卫队伍值守，那个贼是怎么进来的呢？

侦查员还分析，故宫内部工作人员监守自盗的可能性不大，如果是内部人员干的，完全可以不露声色地悄悄干，没必要搞那么大的动静，打碎玻璃，又弄破了皮肉，还留下许多指纹足迹等。再说，在珍宝馆工作的人员都是经过严格审查完全可以放心的。可是，必要的情况调查还是不能少的，于是，珍宝馆所有工作人员都接受了询问。当年故宫珍宝馆每天大约接待1 000多名游客，多是外宾和京外游人，案发前一天最后接待的是80多名外国游人，这些老外从下午4点半参观到5点半，他们离开后就净馆关门了。

对珍宝馆内部工作人员的调查结果，坚定了专案组的分析和推测，他们否定了故宫内部工作人员监守自盗的可能，把侦查范围划定在外贼作案上。

与此同时，北京市公安局报请公安部通报全国，要求各兄弟省市公安厅、局协助破案。同时，专案组派出侦查员前往37个省市的公安厅、局，与当地公安机关协调并共同开展工作。

近邻北京的天津是第一个接到北京市公安局发出的协查通报的，接着，又收到了公安部的通报。天津市公安局马上拟定了《关于部署查破北京故宫珍宝馆被盗案的通知》，发到各业务部门，通知上说："被盗的珍品系国家无价之宝，仅赤金就折价两万余元，不仅在经济上是重大损失，更重要则是政治影响很大。因此各单位必须立即部署工作，像对待自己的案件一样，积极查破。特别要加强车站港口、外贸、银行及珠宝行业的控制，防止外流及熔化变卖，一旦发现线索及时电报市公安局。"

11月11日下午，一列由上海开往北京的特快列车停靠在天津站内，按照惯例，列车员逐一检查乘客的车票。列车员发现，有两个农民装束的年轻人紧张地躲闪查票，于是将他俩拦住。

列车员拦住他俩的同时，已经猜到了他俩是逃票者，而且可能是扒火车上来的，因为他俩满口山东话，证明是远道而来，如果是正常的远道出门，就算不带行李，至少也该有一个包什么的，而他俩却两手空空，灰头土脸，浑身脏兮兮的，不是扒火车的是什么？

"你俩的车票呢？拿出来我验一下。"列车员说。

两人边摇头边回答："没有，俺没买。"

没什么说的。列车员和同事一起把他俩送到了天津市公安局红桥区分局治安科审查。两个农民小伙儿看起来年纪都不大，那个大一点儿的好像见过点儿世面，虽然见了民警也害怕，但是还不至于哆嗦。那个小一点儿的吓得浑身颤抖着哭了。民警问那个大一点儿的，叫什么姓名？多大岁数了？从哪儿来？

"俺叫武庆辉，20岁，山东寿光县北洛公社北孙云子村的，他是俺本家弟弟，叫武良玉，一个村儿的。"年纪大一点儿的回答。

"你为什么不买票？"民警问。

"身上没钱，扒火车来的。"武庆辉回答。

"没钱？把兜里的东西都掏出来。"民警似乎不相信武庆辉的话。

武庆辉一听民警说让自己掏兜里的东西，紧张了一下，下意识地用手去捂自己的口袋。

"把兜里的东西掏出来吧，什么宝贝见不得人呀？"民警说。

武庆辉更紧张了。

民警站起来，走到武庆辉身边："掏吧！"

武庆辉没办法，只好慢吞吞地掏出兜里的东西。

武庆辉脏兮兮的手把东西放在民警面前。黄灿灿，民警没见过，拿起来细看，倒吸了一口冷气，黄金！碎黄金，上边还有字！

大案侦破纪实

黄金是哪儿来的？民警马上问武庆辉。民警心里明白，这个盲流不简单，有大文章了。

武良玉见到武庆辉拿出来的东西也好奇，他只知道这次出来是跟着武庆辉先到北京，然后再上新疆找工作，其他的一概不知道。

"是祖传的，俺爹给俺留下的，俺爹去年三月份去世了，临死前，他叫俺到他跟前，说俺家西屋门口埋着一个罐子，罐子里有黄金。俺爹不让俺告诉别人，俺哥俺嫂也不让告诉。俺爹死了后，俺把罐子挖出来，拿了一点儿黄金，剩下的又埋了回去。"武庆辉说。

"是吗？是真的？还是瞎编的？"民警见武庆辉说话的时候眼睛滴溜溜转，很难相信他的话。

"是真的。"武庆辉肯定。

第二天，北京市公安局接到天津市公安局的电话，立即派刑侦技术科的技术员带着从珍宝馆提取的指纹足迹赶去天津，经过比对，珍宝馆文物被盗现场的指纹就是武庆辉留下的，碎金子也正是故宫被盗金册的残片。

天津市公安局的民警赶往山东寿光县北洛公社北孙云子村武庆辉的家。武庆辉家的西屋门口并没有埋着什么装黄金的罐子，民警倒是发现武庆辉住的耳房地面可疑，于是挖出来一个木箱子，打开一看，乐了，里面躺着5页金册和5把宝刀。

武庆辉在家是老小，因为父母双亡，备受哥哥姐姐的呵护。他也算争气，从小学到初中，学习成绩都不错，顺利考上县里高中。上高中要住校，也不知道怎么了，自从上了高中后，武庆辉经常尿床，弄得宿舍里臊气烘烘，招来同学白眼，于是1959年2月退学回家。被哥哥姐姐惯坏了武庆辉从心里不愿意干农活，他吃不了那个苦，受不了那个累。于是，7月的一天，他跑到北京找姐姐。姐姐命好，嫁给一个军人，随军人丈夫住在北京永定门外西河沿。

姐姐虽然心疼弟弟，但要想在北京找工作根本就不可能，只有户口在北京才可能找工作，再说，弟弟是擅自离开原籍来北京的，老家也没给他开介绍信，没有介绍信，在北京落脚都是一件难事。

　　于是姐姐想到东北的一个老乡，就让弟弟给东北的那个老乡写信，问能不能在东北找份工作。东北的老乡很快回信了，说东北找工作要凭户口和介绍信。姐姐说，不是姐姐不帮忙，实在不好办，你就在姐姐家玩儿上一段时间，然后就回老家吧。

　　原以为，住在北京的姐姐日子比老家好过多了，吃穿不愁，每天有零花钱。可是武庆辉看到的是，姐姐生活也挺拮据的，姐夫在部队，虽然不在家吃住，但是薪水很低，姐姐又没工作，还带着一个孩子，粮食和副食品都限量供应，姐姐不得不省吃俭用。虽说让弟弟出去玩儿，可是姐姐从不多给他钱，一次只给他五角，最多一次也就给他一元钱。

　　就是姐姐给他一元钱那次，他去了故宫。他拿着一元钱，先到了北海和景山公园，然后买票进了故宫。转了几个大殿后，他花一毛钱买了一张珍宝馆的门票，进去观看。

　　武庆辉家里穷，从没见过金银珍宝，这是第一次，而且那么多。看得武庆辉的眼睛直放光，心里头直痒痒，尤其是那一大排金册，还有那几把珠光宝气的刀子。他四下看看，游人稀少，讲解员也并不注意他这个土里土气的农民。

　　姐姐虽然没工作，但是家务活也不少，见弟弟闲得难受，不是出去瞎转，就是回来坐在那儿发呆，就让他哄哄孩子。一来自己能多干些家务，二来弟弟不出去也省钱，他出去一次少说也得五毛钱。五毛钱够一家人一天的饭菜开支了。

　　武庆辉抱着姐姐的孩子心里不高兴，心里埋怨姐姐，给自己找不着工作，也不给自己零花钱，每次出去玩儿都想多要点儿钱，可是姐姐手紧，从不多给他。钱是好东西啊，有了钱，坐公共汽车，能逛公园，能买面包吃……他眼前出现了珍宝馆里的那些金板，心想，要是能把珍宝馆里的宝贝弄出来些，不就能换钱了吗？换好多好多的钱，那时候，就不用为钱发愁了，想上哪儿玩儿上哪儿玩儿，想买什么东西买什么东西。

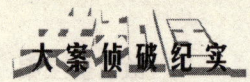

主意打好后,8月15日下午,他又向姐姐要了五毛钱,把姐姐家的一把钳子装进一个花书包里带上出了门。他看好了,珍宝馆那些宝贝就放在玻璃展柜里,用钳子一砸,就能拿到手。他也想好了,那些大件的玉器什么的不好拿,将来也不好卖,拿就拿金板和镶宝石的刀子,好往外带,将来也好卖。

怕引起注意,他先是在别的大殿里转悠,下午4点左右,他进了珍宝馆的南门,仔细查看了地形,发现夹道里的一个公厕很不起眼,于是钻了进去,心想,先藏在厕所里,等珍宝馆关门后再干。

武庆辉在厕所里提心吊胆地藏了三个多小时。这三个小时,比三年还长,他后悔过,也许自己根本就翻不过那么高的围墙,就算翻了过去,偷了东西,从哪儿跑?被抓住怎么办?

但更多的时候,他是给自己壮胆,一不做二不休,既来了就偷到底,给抓住了就认倒霉,死就死,反正回家也是受苦挨累,手里一分钱没有,抓不住,那些好东西就是自己的了!

天渐渐黑下来了,他听见工作人员都走了,才蹑手蹑脚地出了厕所,深深呼吸了一口不带臭味的空气,然后寻找翻墙的地方。他拿来几块木板,支在墙下,顺利上了墙头,跳进了养性殿的院里。踢碎了门上的一块玻璃后,赶快躲到东边的大柱子后边观察。

等了一会儿,没有任何动静,就像狗一样从门下角的破洞里爬进了养性殿。因为着急,左脚腕被门框上残留的碎玻璃割下一块皮也没觉得疼。黑暗中,他摸到展柜前,用钳子砸碎玻璃,拿了8页金册和5把宝刀,装进包里,原路出了养性殿,撬开养性殿门上的锁,离开养性殿院子,往南到了宁寿宫,宁寿宫正在修缮,他攀着宁寿门东侧搭着的脚手架上了围墙,在围墙上爬来爬去,寻找出路。他边爬边骂古人,把故宫建得围墙高且不算,还院子挨着院子,围墙连着围墙,哪儿也不好下。

也不知道爬过几个院子,终于有一个墙角能下来了,他慌忙跑到一个门前,门没锁,只上了一个门闩。他不知道,这个门是锡庆门。门闩被他轻易抽下,又左转右转,终于走出迷宫一样的故宫。

　　天一黑,姐姐就开始着急起来,往日,弟弟这个时候早回来了。她抱着孩子到门口张望了好几回,也不见人影。

　　夜里11点了,弟弟还不回来,姐姐只好睡下了。刚躺下,就听见门外有响动,她赶忙下地去开门,弟弟钻了进来。

　　"你干什么去了?这么晚才回来?"姐姐责怪地问。

　　"转转。没事。"武庆辉回答。

　　"没事不早回来。这里是什么?"姐姐拿起武庆辉放在桌子上的包,"这么沉,是什么?"

　　"姐,我上故宫了,这是从故宫里拿出来的。"武庆辉对姐姐说了实话。

　　"从故宫里拿出来的?"姐姐把包里的东西倒床上,八块黄灿灿的板子,5把闪闪发光的小刀子。

　　"我的天!你惹了大祸了!你这不是找死吗!你是存心不让我在北京住了!你就不怕给抓住?"姐姐的声音都变了。

　　"北京这么大,哪儿就能找到这儿来了?"武庆辉咕哝着。

　　"你这个蔫土匪呀!赶紧给人家送回去!"姐姐又气又怕。孩子被吵醒了,她抱起孩子哄着。

　　"这上面也没刻着记号,谁能找着?!"武庆辉捧起那宝物,举到姐姐眼前:"姐你看,这能换钱,能换好多的钱。"

　　都说金子贵重,家里穷,姐姐从没见过金子,这回看见了,黄灿灿,金闪闪。好东西看到她眼里,她立刻改变了主意。是啊,这上面也没刻着记号,北京又这么大,人这么多,哪儿就找到兄弟头上了?!

　　"好看也不是咱的东西!你还是给送回去。"姐姐的口气缓和下来。

　　"我偷出来差点儿没摔死,你让我送回去,不摔死也得给抓住!"武庆辉说。

　　"不送回去也行,你快把它给我拿走!回老家去吧,北京不能呆了,以后别再来了!"姐姐赶快给弟弟收拾东西。

　　"姐,你留两块。"武庆辉递给姐姐两块金册。

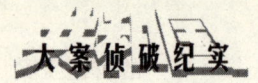

姐姐不敢接,但也没拒绝。武庆辉把两页金册放在姐姐的床上。

第二天,姐姐叫来丈夫,让丈夫送弟弟上了火车。

回到老家,武庆辉老老实实在家猫了半个月,实在猫不下去了,他拿出一页金册,剪碎,不敢在本县卖,拿到益都县人民银行卖了一些。当银行员工把116块钱递给他时,他的心里开了花,一点儿碎金子就换了100多块!回去后,他又带了一些碎金子去了潍坊市人民银行。这次,银行员工把厚厚的一沓钱送到他手上,让他当场数一数,他数了半天也没数清。回到家又数了好几遍才数清,879块!

他觉得自己从穷光蛋变成财主了,他给自己买衣服,买鞋,买好吃的,还买了一个半导体收音机,又给了哥哥100块,给姐姐寄了些去。

没钱的时候,武庆辉还不愿意在家乡当农民呢,有了钱,他更不甘心在家受苦受累了。两个月后,他认为风平浪静了,动员本家弟弟武良玉和自己一起到新疆去找工作。他之所以想到新疆去,是怕北京警察不罢休,万一破了案,到山东抓他去就糟了,躲到遥远的新疆去,警察就找不到他了。

想到一旦去了新疆,就不能轻易回老家了,见北京的姐姐也不容易了,于是,他决定去新疆之前再去看看姐姐,顺便打听一下北京有什么动静。不料在天津被抓住了。

1960年3月的一天,北京市中级人民法院当庭宣读对武庆辉的判决书:武庆辉思想腐化,厌恶农业劳动,盲目流入城市,盗窃国家珍宝,并剪毁变卖,任意挥霍,给国家造成严重损失,性质异常恶劣,罪行极为严重。以盗窃国宝罪,判处无期徒刑,剥夺政治权利终身。

武庆辉的姐姐也因为不检举弟弟的罪恶,反而图财分赃,资助弟弟逃跑,以窝赃罪判处有期徒刑15年。

自武庆辉被投入监牢至今,珍宝馆经过多次修缮,以越来越精美的姿容迎接八方游客,珍宝馆内宝贝的展柜也越来越美观牢固,一个展柜里只展出一件珍贵文物,而且展柜都是金属底座四面玻璃的,观众可以周遭环绕仔细观看珍宝的全貌。特种玻璃加上多项现代的技术防范措施,使得当初武庆辉之流砸碎玻璃就轻易盗宝得手的时代一去不复返了。当然,被武庆辉剪碎的那页金册再难复生,我们永远无法看到它了。

步武庆辉后尘者—孙国范

上面说的武庆辉成了建国后第一个侵犯故宫而身陷囹圄的人。仅过了3年,就又有人重蹈覆辙,故宫的珍宝太能诱惑人了。但是,这个步后尘者没能得逞,不仅如此,接下来的4个胆大包天的盗贼也在打珍宝主意的时候被生擒。有惊无险的捉贼往事至今还令当事人津津乐道。

1962年4月16日夜,也是珍宝馆的养性殿,也是武庆辉盗窃的同一展室,又钻进去了一个盗宝贼,叫孙国范,他是建国后故宫盗贼中年龄中最大的,36岁。

那一夜,孙国范先是藏在珍宝馆大门外厕所后边的阴暗夹道里,天黑无人后,他蹬着珍宝馆墙下的脚手架,翻进了珍宝馆院子,钻进养性殿,打碎展柜的玻璃,拿出了金碟金碗,接着,又撬开一个展柜,把里边的两颗大金印也装进了背包,背在身上,原路返回。

翻墙的时候,背包很重,使得他的身手不那么灵便了。但是,这个负案在身的家伙不嫌重,那么贵重的宝贝能不重吗?有了这些宝贝,自己从此不用再像老鼠躲猫一样疲于奔命四处流窜了。

孙国范用尽全身力气往墙上爬去。他做梦也没想到,此刻,故宫已经被封锁了,200多名民警和武警正等着他从高墙上爬出来呢。

孙国范自以为自己干的人不知鬼不觉,其实,他一进入养性殿,警报器就把消息报告给了故宫保卫处值班室,保卫处一面派人跟踪搜索,一面向派出所、公安局及警卫部队报了警。

武庆辉盗宝大案被披露以后,举国上下极为震惊,故宫博物院有旧日皇宫的护城河,墙高院深,又配置有相当强的保卫力量,却让一个刚刚涉世的

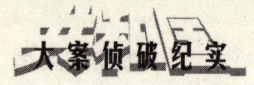

小混蛋携宝成功脱逃。保卫部门羞愧难当,公安机关也压力重大,建国初期博物馆保护藏品的重要手段是人防加物防,存在时空监控上的不足。公安部门有关领导在讨论这个专题的时候说:这个案子教训太深刻了!这是人民警察的耻辱,必须亡羊补牢!那么大一个皇宫,光靠人工防守不行,老虎还有打盹的时候,应该立即着手研究报警仪器,补充人防和物防的不足。

于是,公安科技部门夜以继日地开始研制中国自己的报警设备。很快,中国第一台声控报警器在童光耀工程师的主持下研制成功,于1960年1月巧妙地安装在北京故宫博物院珍宝馆内,珍宝馆里的宝物有了不吃不喝、全天候的守护者。孙国范成为声控报警器这个"电子警察"的第一个猎物。

孙国范骑上了墙头,急切地寻找合适的地方下去,猛然觉得墙外边和刚才进来的时候不一样了,好多人影晃来晃去的。他有点儿不相信自己的眼睛,仔细看,就是人影!他的冷汗一下子冒了出来,莫不是天降神兵?他立即像乌龟一样缩回头,身子像壁虎一样贴在墙头上往前爬。

爬着爬着,他觉出身上的背包沉了,心想,还是保命要紧,赶紧把背包里两个最沉的大金疙瘩挑出来扔下高墙。又爬了一会儿,他跳到厕所房顶。

孙国范虽然逃离了珍宝馆,但是围墙下边到处是人影,他不敢下去,一直在光滑的琉璃瓦上爬行。尽管走南闯北见的世面多了,但此时孙国范的胆快吓破了,自己就像是被困在空中楼阁上一般,楼阁下边满是人,每个人的手里都拿着强光手电,往墙头上照着,跳下去就意味着死,可不跳下去也得死。

尽管把两个最沉的金疙瘩扔了,但他还觉得背包沉,有心把背包扔了,又心疼里边的好东西,万一能跑出去呢?怎么也得给自己留两件吧。于是,他又掏出两件东西丢在房顶。

孙国范躲闪着手电光,哆哆嗦嗦地爬着,爬到珍宝馆南的绘画馆西南角的围墙上时,一束强光晃得他睁不开眼,接着,墙下有人大喊:

"不许动!动就开枪了!"

孙国范不敢动了。墙下一阵脚步声，无数束强光手电把骑在墙头上的孙国范照得清清楚楚。

"举起手来！"

孙国范举起了手。

有人攀着梯子上来，把孙国范揪了下去。

故宫工作人员清点孙国范身上背包里的赃物，见有1个金酒杯，4个金碗。侦查人员随后又在房顶上找到2个金手炉盖，在珍宝馆的墙下找到两枚金印。一枚为"皇后之宝"巨印，重37斤，另一枚为"广运之宝"大印，重7斤5两。后来，故宫工作人员把孙国范盗窃的珍宝放在秤上称，竟然有48斤重！

抓孙国范的时候容易，可是审他的时候可就难了，这个家伙没实话。预审员问他姓甚名谁，孙国范回答："俺叫张振昌，三十岁，是山东济南人，会修自行车，不想在工厂当临时工了，就从山东跑出来了，头两年在兰州、郑州和济南倒腾旧衣服卖。"

预审员问："是吗？兰州的百货商场大门往哪开呀？你在工厂做工的时候谁是证明人呀？一个月挣多少钱呀？"

孙国范翻着眼睛答不上来："谁还记得那些！怎么着吧？皇宫里的大印我都偷出来了，问那些干啥？枪毙了俺得了！"孙国范上来了土匪劲儿。

预审员说："皇上的大印都敢偷，姓甚名谁还怕别人知道？我看你是怕被枪毙！"

孙国范说："得了，俺说了吧！俺是山东桓台县锁镇公社徐家村人，叫徐学达，家里有老婆和三个孩子，今年4月背70斤地瓜到天津，想卖了换点棉花，人家说俺私自卖东西违法，把地瓜干给没收了，俺就上了北京偷皇宫来了。"

侦查员立即挂长途电话给山东桓台县公安局，请求帮助调查。

桓台县公安局回电话了，徐家村有个叫徐学达的，一米八的个子，三十多岁，今年4月离家出去了，不知道去了哪里。

侦查员心里挺高兴，心想，案子破了，跟三年前的武庆辉一样，又是一个

山东农民,这两个山东人怎么了?总和珍宝馆过不去。

可是,指纹的鉴定结果又否定了孙国范的口供。孙国范的指纹与公安部通报的两起大盗案现场遗留的指纹是一致的。那两起大盗案一是1957年7月甘肃省兰州市被盗的价值万元的56只手表案;一起是1959年9月河南省郑州市被盗的6770元现金案。

看来,孙国范和武庆辉不一样,武庆辉是不知天高地厚的初犯,而这个孙国范可是一个江洋大盗了。

有了指纹作证,孙国范还要耍花招,说:"我不叫徐学达,叫徐学蓉,老家是山东桓台县锁镇公社徐家村的,可是生父徐文易是西安的,我是生父徐文易和济南一个女人的私生子。我生下后,生父就跑了,生母临死的时候,把我送给济南一个叫张静斋的人……"

没等孙国范说完,侦查员打断了他的话:"别编了!别编了!你根本不是徐文易的儿子,也不是张静斋养子,这可是第十六次审讯了,瞎话你还打算编到什么时候?你真的打算带这个假名字去挨枪子?!"

孙国范低头不语了。过了好一会儿,他向侦查员要了一根烟抽,抽完了,把烟蒂往地上一摔:

"我算是服了你们几位了!以前我走南闯北的偷东西,给抓着七回了,从没说过一句实话,最后都给放了,这回,我看也过不去了,干脆晾底儿吧!我真名叫孙国范,河南省舞阳县……"

孙国范,外号孙黑子,河南省舞阳县孙庄村人,是一个流窜惯犯。1949年,他带着枪从国民党军队开了小差,抢劫一家典当行的时候,本来不想杀老板,一看老板是熟人,怕以后告发他,于是开枪打死了老板,被当地公安局逮捕,关进了大狱。大狱看管不严,他逃跑了,从此改名换姓,流窜于漯河、开封、武汉、济南、徐州等地,以盗为生。越偷胃口越大,最后偷到了故宫,也偷到了尽头。

1962年12月,孙国范被判处死刑,很快被执行,成为解放后故宫盗宝第一个被枪决的罪犯。

琉璃瓦打中盗宝贼，"珍妃之印"有惊无险

文化大革命开始后，想借"破四旧"之名毁故宫文物的大有人在，周恩来下令关闭故宫博物院，并派了军队把故宫保护起来，所以，尽管"天下大乱"，故宫的珍宝却安然无恙。文化大革命即将结束的时候，故宫又重新开放，贼又被招来了。

1980年2月1日上午，在观览故宫胜景的人群里，混进来一个居心叵测的家伙，他就是25岁的陈银华。陈银华对北京不陌生，1979年3月，他在原籍湖北应山县西花商店偷了2 700元现金，带着赃款来了北京。原想能在北京躲藏，没想到还不到一个月就被北京警方给抓住了。

原籍警察把他押了回去，判了4年刑，送到湖北省沙洋农场三场16中队劳改。想到要在劳改场度过漫长的4年，他生了越狱逃跑的心。半年后，他逃了出来。

逃出来的陈银华，一路偷到了武汉，然后买了一张到北京的车票，2月1日清晨从北京火车站下了车就到售票窗口购买了返程票，然后直奔故宫。

陈银华是到故宫来寻找盗窃目标的，越狱潜逃犯是没办法在国内藏得住的，他决心到香港去。到香港去需要钱，于是他想到了故宫里的那些值钱的国宝，偷些国宝偷渡到香港去，就不愁以后的日子了。

别的游客是欣赏珍品，陈银华的贼眉鼠眼专看哪些展品好偷，好带。他随着游客进了珍宝馆，养性殿展柜里的那枚硕大的"珍妃之印"让他垂涎欲滴。"珍妃之印"摆放在高贵的金丝楠木做的展柜里，说明文字上的"金质"二字牢牢吸着他的眼球。

"就偷这个了！这个大金块儿肯定值好多钱。"

选定了目标，他暗地观察进出的道路，然后离开了珍宝馆。

很多去过养性殿的人都见过"珍妃之印"，印台为正方形，高3.4厘米，每

边长11厘米，印文为朱文"珍妃之印"四个汉字，还有对应的满文，汉字为玉筋篆书，横平竖直，笔画匀称，丰润秀丽。印纽为龟纽，头尾均与龙相似，是比较标准的贵妃等级金印。

陈银华马不停蹄地去了王府井百货大楼，买了一把改锥，又买了绳子。珍宝馆的墙太高，攀爬得用绳子，他被判刑前在老家曾当过电工，登高爬墙，特别是爬电线杆子挺拿手的。

陈银华背着背包又返回故宫的时候，已经是下午3点多钟了。他假装游览，在珍宝馆附近转悠。珍宝馆里的游人越来越少，工作人员开始做闭馆前的卫生打扫了。他溜进了事先看好了的珍宝馆门外东南的厕所里。

他不知道，武庆辉和孙国范都是事先藏在这个厕所里的。厕所不大，弯月形，后窗户外是一个一平方米多的小天井，原来这个后窗没有铁丝网，自从武庆辉和孙国范"光临"后，后窗户加了一层铁丝网。他踏着铁丝网上了厕所的房顶，蜷缩在那里等着珍宝馆的工作人员下班。

天黑下来了，也更冷了，他清楚地听着珍宝馆工作人员净馆锁门时发出的声音，有人走进厕所检查。房顶上的陈银华暗想，幸亏藏在房顶上，要不准被发现。

晚上6时，珍宝馆里终于静下来，只剩下风的声音了。快被冻僵了的陈银华伸了伸胳膊和腿，脱掉大衣扔在房顶上，要飞檐走壁，可不能穿着厚重的棉大衣。他从厕所房顶爬到珍宝馆院墙，跳进了院内。

珍宝馆院子东北侧的畅音阁三层大戏台正在维修，搭着脚手架。陈银华蹲在地上四下看了看，没人，上了脚手架，沿脚手架爬上了寻沿书屋。寻沿书屋是乾隆退位后读书的书房。从寻沿书屋登上了养性殿东墙，跳进养性殿。掏出背包里的改锥，费了好大力气，才撬开一扇窗户，钻了进去，到了"珍妃之印"的展柜前。几进宫的陈银华很会自我保护，动手盗窃前，他作了反侦查防备。

他用改锥撬坏了金丝楠木展柜，"珍妃之印"被委屈地装进肮脏的背包。

比起武庆辉和孙国范来，陈银华还不算太"贪婪"，他只拿了一枚金印，可只这一枚印就重达13.6斤。

陈银华不敢久留,原路返回。

他刚上了寻沿书屋的屋顶,就听见急促的脚步声传来。脚步声夹杂着人的声音:

"他跑不了!除非他长了翅膀!"

陈银华脑袋"嗡"的一声,第一个反应就是"完了!"

陈银华刚撬开养性殿的窗户时,珍宝馆警卫值班室里的声控报警器就尖厉地鸣叫起来,同时,报警提示图上的"珍宝馆1号室"红灯急促地闪烁。值班员小李和老孙意识到有情况,提起报话器直奔珍宝馆北门。到了珍宝馆北门,他俩顺着珍宝馆的南北夹道搜索着到了养性殿,发现陈银华丢在院南墙下的那把改锥,接着就看见被撬坏了的窗户,两人意识到,有贼来过了,赶快进屋察看,珍妃印展柜里空剩下一个座托。

故宫警卫队的韩副队长接到报告后,立即把警卫队员分成两路迅速赶到珍宝馆和乾隆花园搜查,并命令故宫东西南北四大门即刻紧闭,随时扣留企图外出的可疑人,特别叮嘱珍宝馆西南锡庆门值班室的值班员,要特别注意附近大墙上的动静,同时报告给了故宫派出所。

北京市公安局东城公安分局接到故宫派出所报告后,立即报告给市公安局,并调了值班干警飞速赶到故宫。市公安局领导和故宫保卫人员成立了临时指挥部,分析认为,窃贼还来不及逃出故宫,于是组织力量层层包围,搜捕捉拿。午门外驻扎的警卫战士、中央警卫团的官兵、故宫消防队队员等也都投入进来。

为了防止搜捕人员交叉,出现混乱局面,临时指挥部紧急做出决定:有近战经验的刑警负责中心区,也就是珍宝馆内的搜索任务,其余人员在外围层层搜索,并派了一些人在视野开阔的紫禁城大墙上瞭望。临时指挥部断定,贼要逃跑只能上墙,上了墙就有了目标。

登上紫禁城大墙的东城分局的一个女民警一眼就看见锡庆门的墙上有一个黑影在蠕动,她大声喊叫了一声:

"他在墙上!"

女警特有的凌厉喊声把四肢着地正往锡庆门爬的陈银华吓得险些跌下墙头,他以为追兵就在身边,站起来往西窜去。

陈银华一站起来,目标就大了,正在珍宝馆搜索的刑警都看见了他,大喊:

"站住!你跑不了了!"

"你被包围了!快下来!"

四面八方都传来震慑的喊声,陈银华只恨两腿太慢,惊恐中,左脚上的球鞋掉了一只,他甩掉另一只鞋,又忍痛摘下背上的背包,扔了出去,猛跑了一阵,咬牙一窜,跳到了南三所的房顶。

南三所原来是皇子居住的地方,也称"阿哥所",是一座红墙绿瓦的宫殿。顾名思义,南三所共有三所宅院,都是前后三进,形制一模一样,加起来共有200多间房子。戊戌政变后,光绪帝被囚于瀛台,珍妃因支持变法也被打入冷宫,传说,当年珍妃就被幽禁在南三所的一个小屋里。

当陈银华站起来没命在墙头上逃窜的时候,刑警小范也翻身上墙,紧追陈银华而去。他见陈银华往下一跳,落到了南三所的房顶,他脑子一转,没有跟着陈银华跳下去,而是继续留在高墙上,因为他推想陈银华会从南三所的房顶跨到房屋旁的矮墙上,然后跳进南三所院子,南三所院大,房屋多,容易藏身。

赤着脚的陈银华果然就从南三所的房顶跨到房屋旁的矮墙上,而那矮墙就在刑警小范的脚下。陈银华在那矮墙上爬行,寻找跳下院子的位置,高墙和矮墙其实也就相差两米左右,他没长着后眼,看不见头顶高墙上的小范。

居高临下的刑警小范揭下脚下一片又大又重的琉璃瓦,举了起来。两米多的距离,他可以分毫不差地击中盗贼。

浑然不觉的陈银华立起了身子,做好了往南三所院子里跳的准备,刑警小范大喊一声:

"别动!站住别动!要不就不客气了!"

陈银华哪里肯听,一躬身就要跳,小范手里的琉璃瓦砸了下去,陈银华应声摔进大墙与矮墙间的夹道里。

手电光把倒在碎砖烂瓦上的陈银华照得睁不开眼睛,他被刑警像提小鸡子一样提了起来。

后来,北京的大爷大妈们说,盗贼为什么在南三所被擒?是因为"珍妃之印"有灵性,就算刑警小范不飞瓦击贼,珍妃灵魂也要让陈银华在自己被幽禁的地方栽下墙。

盗窃国宝的事实无法抵赖,陈银华于当年8月12日被判处无期徒刑,成为建国后因故宫珍宝银铛入狱的第三人。

完好无损的珍妃印重又回到自己的展位上。

陈银华服刑期间,史学家和故宫珍宝馆针对"珍妃之印"是否纯金而产生了分歧,珍宝馆库负责人说,珍妃印"确系金印",而文物专家们则有史料作证,"珍妃之印"很可能不是纯金的,而是"镀金银印"。

人们都知道,珍妃是光绪帝的宠妾他他拉氏,为慈禧所不容,光绪二十六年,八国联军进犯北京,慈禧在出逃前,令人将珍妃推入乐寿堂井中,后被光绪追封为皇贵妃。

然而,在清朝帝王后妃中,还另外有一位"珍妃",那就是道光的珍妃——赫舍哩氏。据《列朝后妃传二稿》记载:道光帝的珍妃,镶蓝旗,满洲,赫舍哩氏。其父,前任广东按察司按察使容海,母伊尔根觉罗氏。生于嘉庆九年十一月十五日。道光二年十一月处二日进宫,初封珍贵人。年十九岁时,于道光五年八月初八日,奉皇太后懿旨,赫舍哩氏被封为珍妃。

根据宫中制度,封妃就应该打造金册和金印,《列朝后妃传二稿》记载,赫舍哩氏在封妃时,确实打造了金印和金册:"礼部恭办珍妃金印一颗,龟纽。方三寸六分、厚一寸,五成色金,重二百五十二两二钱。"

但宫中的制度也是在不断改变的,咸丰四年三月二十二日,皇上下令,以后册封的皇贵妃、贵妃及妃的金印和金册一律采用银质镀金的。就连三年后咸丰皇帝的宠妃叶赫那拉氏由懿妃晋封为懿贵妃的时候,也是遵旨铸造了镀金银印。所以,37年后,光绪帝的珍妃怎敢僭越规制打造纯金印呢?况且,道光的珍妃后来被降为珍嫔,按照宫中规定,珍妃降为珍嫔,她册封珍妃时的印、册就没必要保留了,根据中国第一历史档案馆的记录,道光的珍妃金印、金册已经被熔化掉了。

所以,史学家确认,故宫博物院珍宝馆内陈列的"珍妃之印"是光绪的珍妃他他拉氏之印,是"镀金银印",而不是纯金印。

狱中的陈银华只知道自己触怒了珍妃那不死的灵魂,让他注定逃不出南三所。如果陈银华还活在世上,并且知道了那"金块"其实是镀金的银块儿的话,不知作何感想。

当然,陈银华的后继者韩吉林更想不到,"珍妃之印"会送掉他的小命。

高科技防盗让故宫珍宝神圣不可侵犯

韩吉林的家乡人叫他"胡子",就是土匪的意思,东北人把土匪叫胡子,因为他长得五大三粗,说话贼横贼横的,像过去的土匪。也有人叫他二杆子,就是头脑简单,四肢发达的傻子。

24岁的韩吉林生在1963年,5岁记事的时候,正闹"文革",谁厉害谁就是有理,所以,野蛮和邪恶让幼小的他灵魂扭曲,愚昧和麻木让他"无知无畏",从没怕过什么,就算被判了极刑去刑场的路上,他还傻笑呢。

14岁的时候,韩吉林因为胡作非为在学校混不下去,辍学后更肆无忌惮了,竟然和几个哥儿们偷了县副食店仓库价值上千元块钱的烟酒,因为年龄小,别人都判了刑,他被送去少管。

重新回到社会上后,韩吉林老实了一段时间,到处干临时工,后来又倒腾起服装,在县城服装市场设了个摊位,山南海北去进货。挣了些钱后,他娶妻生子,像个过正经日子的样子了。

就在妈妈刚把那颗心放进肚子里的时候,韩吉林蛰伏心底的贼心又蠢蠢欲动了,他偶然在电影屏幕上看见了故宫琳琅满目的展品,一拍自己的大腿,哎呀妈呀,故宫里的东西,哪一件都值老鼻子钱了!要是俺去弄块金子回来,就不用整天摆摊卖衣服了。

说去就去。他向妈妈要钱,妈妈替他管着存款。他说:"那啥,我去看货,货好就马上进,我带200块钱。"

妈妈看着自己的傻儿子,心里有点儿不放心。这几年,在她的调教下,儿子好不容易踏实下来,千万别再出去惹是生非了。妈妈在儿子脸上没看出不对头来,寻思着,儿子已经有了媳妇和孩子,谅他也不会再干出格的事了。

妈妈把存折给他的时候,让他就取200块,多一分也不行,每次他出去看货和进货,都是拿200块。而到了储蓄所,韩吉林却自作主张取了250块,也不知道是无意,还是他就值这么个傻数。

怀揣着250块钱,韩吉林也没和妻子打招呼,带上一把匕首匆匆登上去往北京的火车。他以为到故宫去偷一块儿金子就如同探囊取物,费不了什么事儿,等回来再让媳妇开眼。没想到此行竟是去送死。

韩吉林把珍宝馆养性殿看了个够,相中了"珍妃之印"。那块实心金疙瘩贼老大,能打不少金镏子。

他假装在养性殿与畅音阁之间参观,趁院里的工作人员不注意,他身手麻利地翻墙进了一个小夹道,然后七拐八拐,到了珍宝馆边上一个不对外开放的院子里。院子里杂草丛生,显然长时间无人来了。他找了一个背阴的地方坐下等天黑。天气热,他身子一歪,躺下了。一会儿,他竟睡着了,而且睡得很沉。

关门声和锁门声把梦中的韩吉林惊醒,他一轱辘爬起来,摸了摸身上的人造革包,工具在里边。他没耐心等到天黑下来,光天化日之下,他就行动了。好像自己家的门让人给锁上了,又好像忘了带家里钥匙,他理直气壮地走向养性殿,弯腰抄起养性殿门外一块大倚门石就砸向了养性殿的玻璃门。

"咣啷"一声,一块大玻璃碎了,他侧身就钻了进去,直奔"珍妃之印"而去。

突然,东面墙上发出"滴滴"的报警声。他歪头看了看,知道了,是报警器,他上去三下两下把报警器的连接线弄断了。

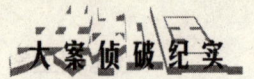

突然,西面墙上又发出"滴滴"的报警声。他不耐烦地过去拽断连接线。然后急忙扑向"珍妃之印"展台,举手刚想砸展台的玻璃,忽听门外传来脚步声。听声音好像还不只一两个人。他一惊,顾不得金疙瘩了,慌忙从原路钻出了养性殿,在一片"站住!"声音中,窜上了养性殿与乾隆花园之间的墙头。惊慌中,准备用来行凶的匕首也掉了,人造革包也丢了。

韩吉林爬上养性殿的屋顶,沿房脊跳上珍宝馆东边的红墙,他身后的保卫人员也上了墙。后面是紧追不舍的保卫人员,四周是此起彼伏命令他就擒的喊声。他什么也顾不上了,仅凭着本能没命地顺着高墙往南跑。

韩吉林的身手真不错,很快就把保卫人员甩开了。谁知刚喘了一口气,一抬头,几个消防警迎面而来。他急忙往东逃,上了紫禁城头,撒丫子就跑,三个消防警穷追不舍,边追边喊:

"你跑不了了!快站住!"

每次故宫盗宝案发都会有一场紫禁城追逐战,前三次是在夜里,虽然紧张激烈,但不"轰动",而这次就不同了,大白天的,又在临街的故宫城墙上,跑的人大呼小叫,东倒西歪,城墙下过路的人们屏住呼吸观看,简直是惊心动魄。

韩吉林过东华门城楼,继续沿城墙向南疾逃。他越跑越慢,而后边受过消防专业训练的消防警却越追越快了。

韩吉林绕过角楼向西猛跑。消防警离他还有20多米,还有10多米……眼看就要抓住韩吉林的时候,慌不择路的韩吉林却一头向城墙外扎了下去。

"别跳!危险!"消防警察觉韩吉林的意图后急忙喊道。城墙外目睹紫禁城追逐战的人们吓得闭上眼睛不敢看了。

消防警跑到韩吉林的跳墙处往下一看,韩吉林不傻,他跳到城墙外的一棵大柳树上了。

尽管有茂密树枝的缓冲作用,像失足大狗熊一样的韩吉林,落地后还是被摔得不轻。他扶着大柳树的树干挣扎着站起来,还想跑,但是腿脚已经不听他的使唤了,过路人把他围了起来,嚷嚷着要送他上派出所。

这时,跟踪而来的一辆警车停在了他面前,上面下来两个警察,分开众人,对坐在地上的韩吉林说:"走吧!"然后把他架上了警车。

在接受审讯的时候,韩吉林不明白地问警察:"我把报警器的线给整断了,怎么你们还知道我在屋子里?"

警察扑哧笑了:"你以为那是小孩儿玩意儿?那是高科技!你弄断线路根本不管用!哎,给你讲你也不懂!"

韩吉林真的不懂,他皱着眉头问:"把电线整断了不管用?不就成了孙猴子给唐僧画的圈了吗?妖怪进不去。"

韩吉林的形容很贴切,故宫的防盗报警系统就好像给珍宝加上了一层看不见的保护圈,陈设珍宝的室内设有主动红外、被动红外、微波、超声波、声控等防盗探测器,而室外则安装了周界报警器,韩吉林刚一接触养性殿的大门,报警器就报了警。

有了先进的报警器,国宝才真正的"神圣不可侵犯"了,韩吉林虽然闯进了养性殿,但脏手还没碰上宝贝,就被追得屁滚尿流。而韩吉林之后的又一个盗宝贼向德详,手刚触到养性殿的门,报警系统就叫来了警卫人员,向德详还没明白怎么回事,就被抓住了。

韩吉林有些后悔地说:"我要是早知道故宫里有那么多看不见的仪器,我就不去偷了。"

三个月后,韩吉林被判处了死刑。

北京市高级人民法院的法官宣布了判决书后,问韩吉林有没有话要说?他瞪着失神的眼睛,摇了摇头。被押赴刑场的时候,他看着和他一样年轻的法警,嘴角一咧,一丝自嘲的笑意浮在脸上。

向德详,但愿是最后一个故宫盗宝贼

故宫珍宝的诱惑力太大,总有个别不顾死活的人为此冒险。以上4个盗宝的人追求的是发财,而向德详的目的则是多活些日子,只有21岁的他,不

甘心和恋人一起投江殉情。

就在韩吉林梦想故宫里的宝贝能让他暴富的时候，向德详异想天开地认为，故宫的珍宝能救他和恋人的命。

二十世纪八十年代的中国，被禁锢了多年的人性得到了很大程度的释放，但传统的东西还在左右着人们。新疆石油管理局克拉玛依生活服务公司工人向德详虽然刚满20岁，却已经懂得捍卫自己的爱情了。他爱上了一个大自己5岁的女人，女人和他在一起工作，像对待亲弟弟一样待他，他爱上了她，她说，不行，我比你大那么多，又离过婚，你家肯定不会同意。

果然，向德详的父母坚决反对。向德详的单位也做他的工作说，你爸是咱这儿的劳模，你找个离婚的大女人，他面子上不好看，再说，你条件这么好，找个初婚的姑娘还不容易？

女人承受的压力更大，人们都说她勾搭了年轻的向德详，是个坏女人。她流着泪对他说："要不，咱俩就散了吧，你去找个比我小的姑娘。"

他偏不，干脆和女人同居了。不久，女人怀上了他的孩子。他领着她去登记，想结为合法夫妻，自己还是一个孩子的向德详，想当爸爸了。可是婚姻登记处的人说，他不够法定结婚的年龄。女人不得不做了流产。

做了流产的女人没脸上班，于是俩人带上积蓄出走了。一个月后，手里没钱了，他俩不得不回到克拉玛依油田。因为无故旷工，俩人被降一级工资，受留厂察看处分。他们不得不改变方式，转为地下来往。

身败名裂的女人实在忍受不了人们的白眼，终于，在下班约定的地点，伤心的她对他说：咱们还是走吧，离这儿越远越好，到没人认识咱们的地方去！

可是，没钱怎么走呢？他为难。

女人说，我去想办法！死心塌地跟了他的女人偷出弟弟的3 000元存款，和心上人第二次私奔了。

毕竟年长5岁，女人已经打算好了，和向德详先"旅行结婚"，管他有没有结婚证呢，反正两人愿意做夫妻谁也管不着，然后到向德详的祖籍山东潍坊农村落户当农民,过一辈子。向德详也同意她的主意。

于是他们真的像一对幸福小夫妻一样山南海北地游玩儿,西安、四川、上海、山东的美景一览无余,最后到了潍坊。

在潍坊老家住了几天,向德详变卦了,云游四方后的他心野了,乡下的苦日子他过不来。女人急了,说:"不用你干活儿,我下地养活你!"女人晕车,这些日子跟着他乱跑已经受够罪了,再说,她没别的想法,就想和他过日子,多苦的日子都不怕。

他不同意,问女人还有多少钱?女人说,三千块钱还剩一半。他说,咱们走!把钱花光,一起投长江,不活了!

女人见他坚决,就顺从地跟上他离开了乡下,她想,乡下他不愿意住,回新疆也没脸见人,和爱人殉情倒也是一个选择。

他们到了厦门,玩了两天又坐火车直奔南京,商量好在南京把钱花光就投长江。

钱所剩无几的时候,向德详又变卦了,他说,咱们应该上北京!并不由分说,拉着女人上了开往北京的火车。

女人以为他恋世,还不想马上就死,到北京玩儿玩儿后,也许就死心了。没想到他说,我想去偷故宫。因为晕车吐得死去活来的女人以为他说着玩儿呢。

到了北京,他一连三天拉着她去故宫,并在珍宝馆养性殿陈列的乾隆皇帝用过的一把匕首前流连忘返。匕首上镶着金丝和绿宝石,他心想,要是有了这一把小刀,就不用去死了。

回到住的旅馆里,他把墙上晾衣服的一根长尼龙绳解下来,说夜里偷故宫的时候用。直到此时,女人才对向德详刮目相看,她一直因他俩的关系陷在深深的自责中,总认为是自己不好,向德详年纪小,像个孩子,什么都不懂,现在看来,向德详人小心眼儿不小,胆子比自己想象的大多了。

她马上阻拦:"你听我的,那地方不能去,故宫要是也能偷,早有人偷了,也轮不上你!"

以前，他什么都听她的，可这次不同了。他推开她，说，轮不上我也得去，咱们钱不多了，不偷怎么办？反正不偷也是死，偷成了，卖了钱就能痛痛快快再玩上些日子。

如果女人毫无余地阻拦他，或许他会放弃冒险，但此时的女人不知所措了，眼睁睁看着他走出了屋子。当她明白过来的时候，疯了似地追了出去，拉住他："你非要去也行，我也去！一块儿给抓住，一块儿死！"

女人的话更坚定了他的决心。他推开女人。

在故宫角落里藏到月亮出来的时候，向德详翻进养性殿院内，走向养性殿。抬起手，试探着推了推养性殿的门。门一动不动，借着月光，他看见门上挂着一把大锁。

怎么办呢？他正犯难的时候，贯耳的脚步声传来，他还没弄清楚怎么回事，已经被赶来的保卫人员抓住了。

此时，向德详后悔没听女人的话了，心里觉得对不起女人，更觉得对不起自己的父母。

警察在旅馆里找到女人，女人闻听向德详被捕后，禁不住哭了起来，央求警察：你们把我也抓起来吧！都怨我！要不是我让他和我私奔，他怎么能去偷故宫？你们判我的刑吧！

而被押在看守所里的向德详也牵挂着女人，他说他一点儿也不怨恨她，他还说，他爱她。真是可怜又可憎恨的一对儿。

三个月后，也就是1987年10月23日，向德强接到了北京市中级人民法院的判决书。上边写：有预谋、有计划地盗窃国家珍宝，其行为已构成盗窃罪，犯罪性质恶劣，情节特别严重，应依法严惩。鉴于其犯罪未遂，可以照未遂犯从轻处罚，判处无期徒刑。

追踪"天元皇太后玺"纪实

郭 群

中国北方古老的咸阳原上,有一群这样的现代人,在近三年的时间里自觉或不自觉地将自己的梦想期冀,悲欢命运,当然还有心血汗水……一句话,生存的价值和意义,一股脑儿地扭结在一块金子上面——当然,这不是一块纯粹的金子,而是1 400年前用金子铸成的一方金印。

这金印就是前不久被咸阳渭城警方缴获追回的北周武德皇后的"天元皇太后玺"。

轰然一声闷响,炸出一项历史空白

月色迷蒙,阴罩着两年前那一个仲夏之季的原野。

夜已至深,但夜却并不宁谧。在陈马村南和殷付村北中间地带的那一片郁郁葱葱的玉米地里，除了不肯安歇的蛐蛐蚱蜢之类的间断聒噪之外，还不时传来几声男人低沉沙哑的抢白："喂，主家，该动手了吧，都下半夜了。"

"你急个屁！"另一个声音阴森森地坚硬如铁，"有烟有酒，你们只管灌饱肚子过足瘾，给我耐着性子等吧。今天是笃定了的，挖不出他个金娃娃，至少也得搞它几件干货。"

话音掠过，玉米地里又沉寂下来。隐约地闪烁起几点微茫的火星，一明一灭，如同鬼火。文物走私黑道上的人都懂，所谓"干货"，即金银珠宝玛瑙玉器之类罢了。

不用说，又是一伙盗墓的贼。

一架夜航班机由远及近轰鸣而至。不足3公里以外就是咸阳国际机场。远处机场专用的高速公路上，不时有流线型的轿车拖着曳光飞驰而过。北边1公里处，有一座巍然的土冢，是埋葬武则天母亲的顺陵。紧靠西南方向，可以看到一坦平野之上，突兀着一座座崔嵬的陵墓。这就是著名的咸阳五陵原——我国最大的西汉墓腹地。西汉11个皇帝，9个在这里入土为安。由东至西一字排列的是阳陵、长陵、安陵、义陵、渭陵、康陵、延陵、平陵、茂陵。仅长陵即汉高祖刘邦和皇后吕雉的合葬墓及大小陪葬墓，就多达60余座。除此之外，这里还有全国重点保护的秦咸阳宫遗址，秦作坊区，春秋战国和秦时墓葬区等。

无怪国人有句口头禅：江南才子山东将，陕西黄土埋皇上。又曰：生在苏杭，埋在咸阳。咸阳北偎九宗山(唐太宗墓)，南濒渭河水，曾为周、秦、汉、唐等11个王朝的都城或京畿之地。关中中心，绵延百里，皇天后土，人杰地灵，从来都是历朝皇家墓葬群的首选之地。正如同古诗所云："渭木桥边不见人，摩挲高冢卧麒麟。千秋万代功名骨，化作咸阳原上尘。"

曾几何时，咸阳原上面朝黄土背朝天安分守己靠种庄稼过日子的老百姓，在盖房起土时冷不丁挖出陶罐、玉佩之类的事见惯不惊。比临潼秦兵马俑出土还早10年的渭城区杨家湾汉兵马俑，就是当地农民平整土地时挖出来的。不过，那时的人淳朴尚古，禀德无私，大凡墓冢所出之物，多视为不祥怕遭报应,极少私吞。然而,时序进入80年代之末和90年代之初,那便真是今非昔比天翻地覆了。他们如梦初醒,一夜间走火入魔,肆无忌惮地挖坟掘祖,开始坠入盗窃古墓和走私贩卖文物的犯罪浊流。尽管这仍然是一伙人,但危害之烈,前所未有。正像有些人感喟的那样:他们是在挖祖宗坟、造子孙孽啊!

瞧,玉米地里幽灵似的这些黑影,不是已经开始蠢蠢欲动了吗……

这时是凌晨3点多钟,他们摸到了"规律",知道文物管理人员和派出所的警察很少在这时候出动。于是,便蹑手蹑脚,悄然潜近提前用探测仪探测好的古墓位置。埋好炸药,安好起爆装置。然后,就远远地躲在大路旁边的埝畔下准备爆破。时代嬗变,盗墓的手段也改进了。他们这一切做得老到入行,已很能说明是轻车熟路、绝非偶尔为之了。

被唤作"主家"的头儿,对他出钱雇来的几个"帮手"轻轻说了句"干",便听到"轰"地一声闷响,大地也微微抖了。一伙人当即蜂拥着奔了过去。昏黄的手电光柱之中,烟尘腾卷,他们相继跳进墓坑,竭力瞪大贪婪的眼珠,四处搜寻。

"拿来,都给我装到这里!"

忽然,有人惊叫了一声,几个人立即凑上前去。

"看,这是什么?"

"金子!"

"不,是……金印!"

"哇!!"

他们全呆住了。为首的主犯一手夺过那枚金印,惊喜交集,差不多要昏过去。他没想到,他们虽然没有挖出一个金娃娃来,却出乎意料地得到了一枚比金娃娃更值钱的金印。

"天哪!这真是金印呢……"颇懂文物的主犯,就着手电的亮光,很快认出了印底上那六个阳文篆刻的大字"天元皇太后玺"。

"可这……天元皇太后是谁呢?"

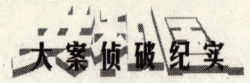

其实,这个问题不只是他,整个史学界和文物界还都无从回答呢!

生活本身大概就常常包含着荒诞和黑色幽默。这伙利欲熏心的犯罪分子又怎么会知道,他们这天夜里所盗掘的,居然会是千百年来隐迹不知的北周武帝宇文邕和皇后阿史那合葬的孝陵!

历史上的一项空白和史书上关于"武成皇后"(应为武德皇后)的错讹笔误,居然是因为他们而得以填补和纠正了。

功耶,罪也?不可思议。千秋功罪,又该如何评说呢?

盗来的一块墓志揭开了千古之谜

也是在这年秋天,国务院办公厅收到了这样一封未署姓名的来信。信中揭发,陕西咸阳有一座名叫武德皇后的陵墓被人掘盗,盗走了许多金银珠宝。据传有金缕衣、金凤冠和金银首饰等等。

可是,不知因何,就是没有提到金印。

信件被逐级批转下来,公安机关便去向省、市文物部门请教,询问武德皇后的陵墓所在。

回答竟然是一无所知。

不过,有关方面闻风而动,已开始组织力量研究查寻。

可惜,遍览古籍,依然是史海迷茫,一无着落。

迫不得已,他们又认真仔细地对历朝历代的皇后逐一地进行了勘对,还是没有收获。只是在《北史·后妃传》中,记载着武帝宇文邕有一位皇后,姓阿史那,史称"武成皇后"。

这"武成皇后"会不会是"武德皇后"呢?如果是,根据何在?况乎史籍记载她"隋开皇二年殂,三十二,隋文帝诏有司备礼,付葬于孝陵"。而孝陵具体何在,尚不得而知。如果不是,这一切纯是臆想,子虚乌有,那么盗墓之事,又缘何发生呢?

仍然是一连串的悬念。

仍然是一个斯芬克斯式的不解之"谜"。

盗掘武德皇后墓(即孝陵)的案犯,名叫胡军禄,是当地一个中年农民。他铤而走险,自以为作案诡秘,神鬼不觉,无人知晓。其实只不过是掩耳盗铃自作聪明罢了。他利令智昏,并不知道,当天早上就有人觉察了他们的勾当。

只是,这个人不动声色,没有吭声。他瞅好时机,悄然转身,也潜进了正在扬花吐穗的玉米林里。

他心里想,你有千条诡计,我有我的主意。他再下墓坑,在一片狼藉中拨拉黄土,细心搜索着。值钱的文物显然已被劫掠一空,他只拾到一点残损不全的金丝玉片。无奈之余,正要抽身离去,却又看见里面还有四块青石头。两大两小。他想:别人偷牛我拔橛(拴牛桩)呢!又一想,管他屁哩,这古代留下的石头上面有字,说不定还能卖几个小钱呢!

两块大的他背不动,就将那两块小的背了回来。

夏去秋来,转眼到了11月末。

为了打击日益猖獗的盗掘古墓和走私文物犯罪活动,渭城公安分局与文物部门联合作战,在五陵原上的五个乡镇,派出了10个工作队。一方面广泛发动群众检举揭发犯罪分子,另一方面发出公告,敦促有关案犯限期投案自首。

这次声势浩大的专项治理斗争,被称作"11·25"行动。

胡军禄及其同伙执迷不悟,却也闻风丧胆,早早地携带赃物落荒而逃。

这是工作队进村以后的第五天。夜里10点左右,在陈马村工作队驻地的门前,有一个人影晃动,不时出现。看得出他踌躇不定心神甫宁。工作队的人员抓住机会,当即把他请进了屋里,反复动员,晓之以理。

来人心事重重,吞吞吐吐地反问:"公告上说的坦白从宽,算不算数?"

"当然算数。公告代表政府声音,言出法随,说一不二咋能不算数呢?"

来人再次嗫嚅:"要是算数,那我就说实话了……"

他一口气说完,如释重负。随即便把工作队的人带到了他的家里。在他家柴棚的玉米秆里,他抱出了藏在里面的墓志。

工作队有一位文物考古的助理研究员叫马先登,他是渭城区文管会的办公室主任。他当即对墓志认真过细地进行了考证鉴定,认定确系孝陵墓志无疑。

墓志为正方形,石灰岩质地,边长48厘米,厚9厘米。盖呈覆斗状,斜刹无雕饰。盖顶阳刻篆书三行七字:"周武德皇后志铭";志文为阴刻楷书七行,满行七字。无撰文、篆盖、书丹、刻字者姓名。全文共48字,曰:"大隋开皇二年岁次壬寅四月甲戌,朔廿三日乙(甲)末。周武帝皇后阿史那氏徂,谥曰武德皇后。其月廿九日壬寅合葬于孝陵。"

至此,孝陵遗址的迷津,武德皇后的疑窦,全都昭然若揭了。

干了20多年文物考古工作,并且属于子承父业的马先登,得天独厚,依据面世的实物和翔实的典籍,悉心研究,很快写出了一篇《北周武德皇后墓志考略》的文章,并且大胆而又科学地推论:"咸阳五陵原这块风水宝地,不仅是西汉帝王的陵区,也可能是北周的帝王陵区或者墓葬区。"就是说,北周的其他四座帝陵:静陵、昭陵、定陵、恭陵,也大致在五陵原上北部的东西一线。

不过,关于金印,到此却还在"黑匣子"里,没有任何可供揭秘的蛛丝马迹。

武德皇后,一个巩固北周政权的特殊女人

北周,是我国历史上最短暂的朝代之一。其皇帝姓宇文,属鲜卑族。先后5位皇帝,历时24年。更替之速,史不多见。

武帝宇文邕,是北周第三位皇帝,也是相对开明最有作为和执政时间最长(19年)的一个皇帝。时当五胡(匈奴、鲜卑、羯、氐、羌)乱华,相继有16国

互相征伐,朝杀夕戮。

武帝推崇《周礼》,关心民众疾苦,一生重民兴邦,务实遵礼,省俗节俭。加上国势陵夷入不敷出,曾遗诏曰:"丧事资用,须使俭而合礼,墓而不坟,自古通典。随吉即葬,葬讫公除。四方士庶,各哭三日,妃嫔以下无子者,悉放还家。"所谓"葬讫公除",就是说,埋葬完了,也就没有供奉的任务和必要了。故而,北周孝陵在地面上没有封土墓冢,没有陵阙和司马道两侧的大型石雕等任何可视的标志。随着王朝更迭,斗转星移,陵址湮没,被人遗忘,也就在情理之中了。便是史家,也无从认定无法记载的。

关于武德皇后,史记自然相当啬俭。虽然她享年只有32岁,但一生却经历了三朝变迁及至北周的没落,也算饱经了沧桑变化世态炎凉。她"有姿貌,善容止,帝深敬礼焉"。她与武帝的婚配,还有一段流传千古的史话。

北周时期,长江以北四国并列。由东至西,分为北齐、北周、突厥、西凉。北周为了对付东边的北齐,只能联合毗邻的突厥;而突厥欲灭西边的西凉,也想依仗北周的力量。于是,"借联姻扩大政治势力"(马克思语),也就成了他们彼此的需要和最好的选择。突厥可汗俟斤,就是在这种情况下,答应将女儿阿史那公主许给当时还是皇太子的宇文邕,约定即位之后再行婚娶。

公元560年,武帝即位,先后多次遣使"迎亲",突厥却耍开手腕一再推迟。原来此时突厥已将西凉吞并,意欲东至,开始觊觎北周。"俟斤又许齐婚,将有异志。"同时,也就在西部边境上制造摩擦,大有联齐灭周之势。北周腹背受敌,武帝忧心如焚,遂下决心,派出120人的隆重盛大的迎亲仪仗队,带着珍贵的礼物,由4位公爵级大臣带领,前去"迎后"。因为事关重大,武帝特别严正地告诉他们:"纯等累清,不得反命。"意思说,迎不来皇后,你们就别回来。4位大臣到了突厥,天天求娶。无奈突厥故意推诿,不肯践约。经过5年艰苦卓绝的努力,终于将皇后接到长安。武帝一改习俗,出城"接以亲迎之礼"(据传北方过去结亲,都是新郎在新房内等候新娘。后来变成新郎亲自出迎,大概是由武帝宇文邕带的头吧)。而且,武帝当时已有一位皇后,6位妃子,但为了表示对与阿史那氏婚姻的重视(也许还因于形势所迫),

便将其尊为第一皇后,而将原来的皇后改为"帝后"。

这位迎娶不易的武德皇后,后来在巩固北周政权方面,确实起过别人不可替代的作用,实际上成了北周交往突厥的特殊使者。两国一有纷争,便在她亲自出马的斡旋之中,一一妥善解决。北周因此去了后顾之忧,能以全力对付东西,不到两年,也就灭了北齐。最终取代了与突厥对峙和并立北方的格局。

武德皇后陪伴武帝年仅10载。宣政元年(578)武帝崩,太子即位,自称"天元皇帝","尊皇太后曰天元皇太后"。

由此推断,重见天日的"天元皇太后玺",无可置疑,当是宣帝为其母后所铸造了。

喜也金印,愁也金印

金印出土无疑,民间传言不谬。围绕金印,正有一出悲喜闹剧。

这是1993年9月的一天,在某环保办工作的王增尚的家里来了一个同乡朋友。此人名叫刘云峰,是渭城底张乡龙枣村的农民。他们相识已久,交谊颇深。

寒暄过后,续茶递烟,刘云峰慢慢将话题导入"正路"。他压低声音,神秘而又郑重地说:"你在城里,又是干部,见多识广交往多,就是不知愿不愿意给兄弟帮一次忙?"

"当然帮忙。"王增尚点着头说,"不过要看啥事,我能不能帮上?"

"有件东西需要出手,请你操心寻个买主。"

"啥东西?"

刘云峰神秘地眨了眨眼,刚一说出那两个字,王增尚就不由自主地"啊"了一声:"真的?会有这么个……金印?!"

刘云峰望着王增尚睁得老大贼亮发光的眼睛,自己的眼睛也放出了金子般的灿然亮光:"开玩笑,这么大的事情,我哪敢胡说。这是我丈母娘亲口对我说的,是她的一位远房亲戚要她帮忙出手的呢!"

王增尚摇了摇头,忽然满脸正色,装出很决断的样子:"这事犯法,我可不干!"

"犯法,哼!你给我来这一套干啥?如今这阵儿,本本分分当老百姓的有几个呢!你没听人说,小盗盗御马,大盗盗国家,谁不是千方百计变着法儿往自己腰包里搂哩?再说,这么大的买卖,能让你白帮忙吗!"

王增尚便不再推辞,他支吾着:"那好,我试试看吧!"

他嘴上应得含糊,心里却早认了正经。

几天之后,他和一个名叫胡海的"哥们"在一起吃饭,酒过三巡,便迫不及待地讲了此事。胡海倒满爽快,拍拍胸脯,便一口应诺下来。没过几日,果然跑来告诉王增尚,说买主已经找好,要求看货议价。

王增尚便急匆匆赶去找刘云峰。又和刘一起到了其岳母宋碧春那里。3个人一行,同时来到北杜南村杜政敏家里。

杜政敏稍稍迟疑,最终还是拿出了金印,只是求卖价不得少于220万元。

王、刘、宋3人喜不自禁,揣了金印,当即赶回咸阳。

下午2时许,他们来到王增尚妻妹夫袁学斌的家里。此时,胡海带着"老板"已在那里等候许久。买方验过货后,确认金印"没有问题",双方就开始讨价还价。刘云峰开价250万元。后来让到230万元,而"老板"却一口咬定,最多只出160万元。由于差距悬殊,相持不下,终未成交。

送走"老板",刘云峰和王增尚拿着金印,去给在某中学等候的宋碧春"交差",不料发现,杜政敏心神不定,远远地追了过来。显而易见,他终究放心不下,是急着来看"结果"的。刘、宋、王3人清楚,金印还给杜政敏,再要拿出来就不容易了。他们不能"白忙乎"一场。3个人心领神会,低声咕哝了几句,立马就生出借机敲诈杜政敏的妙计一条。

杜政敏进门,还没开口,宋碧春先哭丧着脸开了腔:"事情没弄好,金印让公安局给查收了,说要交18万元才能赎回来。"

杜政敏听罢,眼前一黑,差点晕厥了过去。他脸色惨白,仿佛被抽去筋骨,软塌塌地一屁股跌坐在椅子上,半天没有吱声。当初他深思熟虑拜托宋碧春,自认为宋年纪大,人心善良稳重,加上又是亲戚,尤其是一个老年妇人,来往跑动,也不易被人察觉。谁想到,她也这样靠不住……

宋碧春见状,心里明镜似的有数,表面上却假惺惺故意训斥她的女婿刘云峰:"看把人急成啥样子了,你们还不赶快去想办法,借钱赊账,也得先把东西赎回来呀!"

刘云峰见机行事,马上给王增尚递话道:"这事就要为难你了。指望我,一下子变戏法也变不出这么多钱呀!你那儿准备买车的十几万元公款,先能不能……唉,真不好意思。"

"事到如今,还说这些干啥,不是朋友不聚头呀!"王增尚虚情假意——毕竟装出慷慨之态还是来得容易:"那就只好先垫上吧!"

两人说着,互相使个眼色,便一同走了出去。过了一会儿,双双归来,说:"求爷爷告奶奶,好话说尽,总算事办妥了,给人家公安局交了12万元。"

刘云峰这才将金印从怀中取出,交给了杜政敏,说:"现在完璧归赵,但你得给人家增尚打个12万元的欠条,等金印出手以后,尽快把钱还给人家。"

杜政敏接过金印,心里的一块石头方才落地。这时候他还管得了什么圈套,随手便写好欠条递了过去。不过,他心里也在暗自叫苦,只是无法直接道出罢了。当初他的妻妹夫——那个参与盗掘武德皇后墓的案犯岑林善,把这方金印交给他们夫妇的时候,他曾经为之窃喜不已,当然也求之不得。但万没料到,为了这枚倒霉的劳什子金印,他从此便寝食不安、生无宁日了。特别是岑被抓以后,他时时提心吊胆,每每听到警笛鸣叫或看到穿警服的人,腿肚子都会不由自主地抽筋。金印在手,几乎又成了他的心病,他的负担。他既害怕一旦闪失或者暴露;又希望赶快成交,早早脱手,好得到一笔意外的财富。

可如今,他怎么会想到,自己分文还没得到,竟先让自己的同党狠狠地宰了一刀;他更没想到,为了这块发财梦的金印,一家几口都给关了,自己还可能走向断头台,剩下一双儿女,还有年逾古稀的瞎婆婆,将咋样过日子呢?这一切怎一个"愁"字了得!

蒙尘千年的北周金印终于重见天日

金印出土流传世间。

起初,这仅仅是一种捕风捉影、隐隐约约的传说而已。公安机关虽曾多方侦查,但无真凭实据,仍然难以定案。

1995年9月下旬,经中央有关领导亲自批办,陕西省委、省政府非常重视的盗掘武德皇后墓一案,有了结果。胡军禄等主要案犯相继落网,大量珍贵文物也被追回,只是没有金印和有关金印的任何线索。

1996年5月20日,渭城分局从一名案犯口中挖出盗掘武德皇后墓的犯罪团伙线索,分局当即组织侦破,6名案犯很快被捕,同时交代了他们1993年8月,确曾在武德皇后墓中盗走过玉腰牌一件,金铃一对,玉珠一对,金弦、金花若干,并将这些东西随即出手,获得65 000元人民币,均瓜分挥霍殆尽。

但是,仍然没有提到金印。

直到5月31日,一名案犯终于供出某环保办的王增尚、村民杜政敏等人参与倒卖价值连城的金印和一只水晶杯等珍贵文物。

金印!果然有此金印。消息传来,民警们的眼睛不由得一亮。渭城分局立即成立了以文物派出所所长苏东明为首的8人侦破小组。当天下午,他们就秘密稳妥地传唤了嫌疑人王增尚。5个小时以后,王迫于压力,终于如实交代了他参与倒卖金印的过程,表示愿意立功赎罪,协助警方抓获同案其余几名案犯。

案子总算有了突破的决口。

显然,抓捕杜政敏,是追回金印的关键所在。

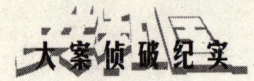
大案侦破纪实

6月1日零时，也就是王增尚坦白交代之后的当天夜里，渭城文物派出所8名民警紧急集合，疾速出动。出发之前，因追捕罪犯而扭伤了脚的所长苏东明，一只脚穿着皮鞋，一只脚穿着拖鞋做战前动员："对象家中有猎枪，有狼狗，我们要注意安全，当然也要不怕牺牲。我守前门，指导员堵后门，副所长带人越墙，直扑杜的居室！"

夜黑如墨，民警们神不知鬼不觉地包围了杜政敏家。当他们搭起人梯，冲进杜家院子，一脚踹开杜的房门时，正在酣睡的杜政敏顿时惊醒。他一跃而起，刚想伸手去抓放在床头填满了火药的猎枪，就被民警们眼疾手快一把夺过，并将其团团围定，牢牢地给缚住了。

随后，他们乘胜追击，掉转车头，又直奔20多公里以外的袁学斌家。在那里封住了凶猛的狼狗，也顺利地将袁擒获。

两涉案人带回，民警们连夜分组突审。拂晓时分，袁学斌缴械投降，和盘托出了他提供犯罪场所、参与倒贩金印的经过。案子由此有了重大进展，但杜政敏却抱着侥幸心理，负隅顽抗，拒不认罪。

侦破人员分析案情后一致认为：杜政敏思想包袱重，顾虑多，不可能轻易就范；但王、袁二人交代的情况不约而同，说明线索可靠，金印还在杜的手中。最后决定，对杜加强审讯力度，并继续搞好外围侦查取证及有关案犯的追捕工作。

一连3天，久旱成灾的关中平原，突然倾盆大雨连绵不断。民警们冒雨追捕，车陷进泥泞的土路之中，他们就赤脚徒步入乡进村；衣服湿了来不及换；感冒发烧也顾不上治。72个小时，没人合过眼。他们步行上百公里，走遍了五陵原上的大小村庄，取得了大量一手材料，成功地捕获了宋碧春、刘云峰两人。与此同时，外围侦查也获得了重大线索：1993年，胡军禄(已判刑)在雇佣岑林善、赵司机(赵是岑的妹夫，两人均已判刑)和朱七年(在逃)盗掘武德皇后墓时，岑、朱二人曾藏匿金印一枚。岑在被捕之前，也确曾委托其姐夫杜政敏窝藏并伺机出售。

案情真相大白。面对铁的证据，杜政敏不得不承认自己曾经藏匿和倒卖过金印。但又抵赖倒卖未遂之后,他将金印归还给了妻弟岑林善。

警方立即传讯杜政敏之妻岑雪惠。然而,岑雪惠却多次传讯未到。她在丈夫杜政敏被捕之后,就消失得踪影全无了。

此地无银三百两!岑雪惠的隐迹,正好说明她窝赃转赃,毋庸置疑。

不过,时当此刻,要防止的就是她万一无法出手,于山穷水尽之时毁赃灭证,将千年瑰宝损于一旦,那后果将不堪设想。

时值关中麦收季节,热浪袭人,溽暑难耐。民警们连续一周不分昼夜,先后12次上北杜村,6次赴薄家寨、孙家、丁家小堡、岳家等杜、岑二人所有的亲朋家中,反复动员,陈明利害。并留下电话、传呼,鼓励他们动员岑雪惠早日投案自首,交出所藏金印。同时封锁四处要道关口,设下罗网,以防其携印外逃。

13日23时,无处投身的岑雪惠,在众亲戚的压力之下,穷途末路,只好让其弟媳给苏东明所长打来传呼,表示愿意交出金印,以求宽大处理。

就这样,14日凌晨1时,这枚蒙尘千年的北周金印,几经周折,摆脱厄运,终于完璧归赵。

金印——精美的艺术珍品,罕见的稀世国宝

金印归回,新华社、中央电视台及海内外诸多传媒竞相报道这一重大发现。文物界和史学界则倍加关注,一时轰动。

金印属纯金质,高4.7厘米,长、宽均为4.45厘米。方形,重802.56克。印钮为一卧式天禄瑞兽(亦称麒麟或独角兽、獬豸),印底阳文篆刻"天元皇太后玺"六字。字体清晰,古朴庄重。印钮印身分模合铸,工艺精美。这是我国至今发现的唯一特大并符合自秦以来帝王印模规范的皇后金印。1986年在咸阳市韩家湾狼家沟出土的汉"皇后之玺",和1954年修筑宝成铁路时在略阳阳平关出土的东汉龟钮"朔宁王太后玺",前者为玉玺,后者虽为金

质，但体积尚小，且为"王太后"而非"皇太后"金印。

这枚国宝级艺术品，印底方形，边框隆起，分四个区，"天元"和"太后"各占一区，"皇"和"玺"各占一区。印文6个字中，"天元太后"与"皇玺"各占印面一半。上下左右，相互对称，为北周独有的箸篆。印文书法浑厚圆润，娟美流畅，布局合理，疏密有致，雕琢细腻，制作精湛，大有皇家风范和气韵，达到了炉火纯青的绝佳境地。

印钮用天禄瑞兽镶嵌在印身作为装饰，独具匠心。除了实用和观赏价值之外，作为皇家金玺，至高无上，大概也不无象征意义。此天禄高2.7厘米，头顶上有一弯曲的独角。头似鹿，身似牛，雕卷云花纹为双翅；足为牛蹄，尾为马尾，攀绕于身躯两侧；整个姿态作曲肢卧伏状，形象逼真生动。据《异物志》载："东北荒中有兽，名獬豸，一角，性忠，见人斗，则触不直，闻人论，则咋不正者。"由此可知，它是传说中一种能分辨善恶、见义勇为的神兽，现实生活中是不存在的。似汉代以降麒麟、辟邪等形象发展而来。作为印钮，或置墓前，为取其忠勇。《后汉书·舆服志》载："古法官之帽，名'獬豸冠'，执法者服之，形似一角，亦象征其执法必严之意。"大概也因为此，《法制日报》特辟一专栏，故名之曰"独角兽"。

"天元皇太后玺"钮上的天禄与唐初武则天之母顺陵天禄基本相似，只是质地有金石之分，体积有大小之异，姿态有立卧之状。北周金印天禄，清骨消瘦，带有六朝遗风；而顺陵的石雕天禄，气势磅礴，体积高大，蔚为壮观，为盛唐风格。

"天元皇太后玺"的发现和追回，毫无疑问，具有无可比拟的历史和艺术价值。它是我国考古学上又一重大成果，对于研究北周史、考古学都具有重大意义。

绝代妙墨蒙难记

孙学余　陈卫东

一

历史,是我们走向明天的根基和起点。

铺开中华五千年历史的长卷,充溢着古代灵杰、祖先智慧的文化遗产赫然在目。

被誉为东方艺术明珠的中国古代绘画墨迹更是以其造诣绝伦、气度恢宏、经世不朽的境界和气派,为举世所瞩目。

万劫遗存的历史文物,乃国家之瑰宝,世间之珍品,民族特质、民族精神之精华,其社会价值、历史价值远远要超过它本身价值的百倍、千倍、万倍……因而传世千古的文物字画,在当今社会,若视作一种商品,那经济价值将是无法估量的。

这一"物能转化为钱"的原始公式众所周知,家喻户晓,且无师自通。

由此,今年初夏,在沪西一座极普通的新工房里,却发生了一桩震惊沪

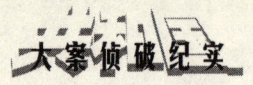

上、涉及京城的特大文物字画盗窃案件。

说起来不信,从明末清初、宋末元初乃至唐朝、东晋历代王朝的绘画大师、书法名家的遗作珍品,流传百世万代,竟一幅幅、一卷卷、一帧帧地收藏于一家百姓的屋舍中。

这户百姓家的主人叫杨同武,其已故祖父是当年曾跟随孙中山投身辛亥革命,组织四川同盟会、策动四川保路风潮的先辈——杨庶堪先生。杨庶堪曾任元帅府秘书长、广东省省长等要职,后被郭沫若称誉为"四川革命党人的元祖"。临终前,他把精心收藏的这些无价之宝,尤其是孙中山在1923年12月为东晋"书圣"王羲之手卷亲笔题写的"羲之妙墨"真迹,作为最贵重的遗产传给杨家子孙……

杨家怎么也不敢相信眼前所发生的一切都是千真万确的事实:那些让他们珍视如命又世代相传的古人遗作竟不翼而飞,使得他们准备在纪念辛亥革命80周年之际将部分字画捐献给国家的计划全部落空。

杨家更不会想到,向价值连城的稀世珍宝伸出罪恶魔爪的居然是杨氏家族中的不肖子孙——一个胸无点墨、玩世不恭的小毛贼。

然而,令杨家不胜感慨和欣慰的是,他们朝思暮想的祖传文物,在流失整整100天的时间内,就被足智多谋的公安人员从千里迢迢的京城悉数追还,又重新安然无恙地躺在了他们那不平静的怀抱之中。

二

午夜时分,凉飕飕的秋风扑面拂来,远处传来躲在草丛中的秋虫的鸣叫声。杨同武独自从阳台踱回卧室,轻轻展开他再眼熟不过的那帧与孙中山题字装裱在一起的王羲之手卷。祖父与孙中山亲密无间的情景,仿佛从已经泛黄的绢纸中重现……

杨庶堪,号沧白,十九岁时参加清朝重庆府最末一场科举考试,得中秀才;

绝代妙墨蒙难记

二十五岁奉孙中山之命,组织同盟会重庆支部;三十一岁投身于辛亥革命,并成为四川革命的主要领导人;后因反袁(世凯)失败,亡命日本,辅助孙中山先生创建中华革命党,发动"二次革命";四十岁时相继任四川省和广东省省长。

杨庶堪老先生的革命生涯、爱国精神、学识才华、品性气节令后人崇敬仰慕。台湾和大陆的学者先后为其著书立传,以弘扬其遗志,追思其厚德。当时的四川省政府在他作古一年后(1943),在重庆建造了"沧白纪念堂",与诸葛武侯的"丞相祠堂"、"杜工部草堂"鼎足而立。1948年,其生前至友不惜千金,又在纪念堂旁建造了一座"沧白图书馆"。

最难忘怀的是1923年孙中山挥毫泼墨送真迹的那一段往事。

这是一个严冬的时节,寒天冻地的中午,暖洋洋的太阳把院屋前的冰凌融化。杨庶堪完成了孙中山交给他处理滇军乱纪的使命后,匆匆赶回元帅府,向孙中山禀报。但刚要叩响孙中山的卧室大门时,他那只伸出的手又赶紧抽了回来。他知道大元帅日理万机,伏案工作彻夜不眠,总是抓住中午那一瞬间,打个盹,调节一下过度劳累的身心,这是他数年如一日的习惯,不便去打扰。

等了一会,他又生怕孙中山为滇军之事忧烦,怪罪他不及时告之,耽误时光。杨庶堪壮了壮胆,轻轻敲门进屋。只见孙中山正在伏案习字,那神情就像在处理国家政事这般专注坚定。转眼望去,略高案几的搁临帖的架子上,赫然摆着一本《钟繇宣示表》字帖。原想一睹大元帅的书法风采,不觉孙中山已回眸朝杨庶堪微笑道:"不像样子,我没有学好。"说着便把临本缓缓叠合起来,放到了书架下面。

杨庶堪接过孙中山的话茬,恭恭敬敬地赞许道:"先生的书法是那样工整,不管写便条下命令,书法上都是端庄、谨严的。今天才知道先生写的是钟繇体。南方当然是以王羲之为首,写的是繇体。"

孙中山见杨庶堪对书法颇有研究,也很投自己的志趣,十分高兴:"王羲之的字当然写得好!"

杨庶堪一听孙中山赞扬王羲之,顿时神采飞扬,忙不迭地说:"先生,我有一帧王羲之的横幅去取来请先生鉴赏。"孙中山连连说,"好!好!"

不多时,杨庶堪回书房取来王羲之的字幅,交给孙中山看。孙中山小心翼翼地将横幅展开摊平,放在书案上,从右至左一字一字地凝眸细赏,反复玩味,不断称赞:"到底是王羲之,写得好!写得好!"孙中山兴味大增,神态怡然。

站在一边的杨庶堪见孙中山长时间没这样兴奋过,极想让他尽兴,当场问道:"先生,您鉴定可是真品?"

孙中山端详片刻答道:"我鉴定的,我是要签名的!"话刚说完,他就拿过一张宣纸铺好,从陶瓷的笔筒中取过狼毫笔,蘸饱墨汁,然后在砚边抿了抿笔锋,挥笔写下了"羲之妙墨"四个端庄、遒劲的大字。接着在左下角署上了"孙文题"、"民国十二年十二月"的落款。最后盖上了自己的印章。

寥寥数笔,重若五岳。

孙中山如此不吝手迹,直乐得杨庶堪喜不胜收,他接过孙中山题写的横幅深情地说:"谢谢先生的妙墨,我将王羲之的字与先生的字装裱在一起,就更有价值了!"

杨庶堪与孙中山先生的私交笃深,感情厚重。直至孙中山临终时,杨庶堪还守护在他的病床前,痛苦地看着他停止呼吸。出葬时,杨庶堪等人扶灵柩移放中央公园社稷坛,挥泪写下了"与公共十载艰难受命之余略存诵讽;有史自千秋盛业建国以往不废匡囊"的悲挽。此后,他带着孙中山生前写下的"羲之妙墨"这件遗作,饮痛回到了上海……谁曾料想,半个世纪不到,孙中山的这件遗作连同杨庶堪遗留给后代的文物字画,统统被当作"封、资、修"的"四旧"而扫地出门。

三

1986年4月。虽然春寒料峭,但也不难使人感受到春暖将至。

一艘从上海开往重庆的长江客轮,满载着西行的旅客奏响了欢畅的汽笛,经久不息,劈涛斩浪,溯江流而上。拥挤的客舱中静静地坐着一位锁眉沉思的中年男子。他,就是杨庶堪的孙儿——杨同武。

此番去重庆故土,既非探亲,也非观光,而是负有特殊使命去的。他揣着母亲李立芳的回忆记录和亲友的嘱托,怀着对祖辈的无限哀思和崇敬之情,将去渝认领被"红卫兵"抄走的杨庶堪收藏、相传后辈的一批珍贵文物字画。

杨同武记得很清楚,解放初那年,母亲在回上海之前,按照祖父生前"我是国家的人,遗物捐给国家"的遗愿,将祖父收藏保存下来的五十多箱瓷器、陶器、字画等文物,全部整理出来,捐献给了国家。当时,由西南军政委员会文教负责人楚图南经手。为了留作纪念,一小部分字画存放在亲戚陶君仪家,托其保存,她自己则带着子女返回上海定居至今。

十年浩劫,这一小部分留作纪念的字画也惨遭厄运,被视作废纸烂屑,从陶君仪家门中清了出来,从此不知去向……

近日,杨同武刚接到认领通知,便欣然启程赴蜀,在四川重庆市沙坪坝区查抄物资遗留问题处理办公室,终于找到了失散多年的数十件文物字画。

翌年4月,重庆沙区统战部、沙区公安分局和沙区查抄物资遗留问题处理办公室同志又从浩瀚的抄家物资中,找到了未被杨同武领走的另十多件文物字画,并派专人护送来上海归还原主。

事隔仅仅5年,这些文物字画又在劫难逃,落入了一个盗徒之手!真可谓:旧疮未愈,新伤又添。

四

六月似流火。

中午一时许,酷暑难当,年事已高的杨同武之母李立芳(系杨庶堪之儿媳)与外孙女杨加怡一老一少在家。吊扇、落地扇都无法解暑驱闷。李老太只得去卫生间冲浴降温。

"姥姥,您怎么不把卫生间的门关上?"杨加怡大声嚷嚷。

"家里只有咱俩,怕啥,又不是大闺女。再说,门开着也凉快些。"姥姥嗔怪道。

"姥姥,万一外人进来羞死人啦。""嘭"地一声,杨加怡自作主张把门拉紧了。

李老太澡毕,想让外孙女帮她收拾一下浴间,可喊了老半天也没人答理。

"这不懂事的丫头,都长这么大了,外出也不知道留句话。"李老太打开吊扇,躺在床上打起午觉来。可她觉得今天和往日不一样,翻来覆去睡不着,心口总好像塞上一簇谜团没能解开:这次外孙女从京来沪好怪哟,口口声声说是为单位来采购服装,却不见她外出谈服装的事,好像还有什么事瞒着别人,做事说话老是心不在焉。前些时候在北京的大女儿捎信来说,杨加怡在北京欠下了十多万元的巨额债款。催债的、逼债的纷纷上门,吓得大女儿全家人惶惶不可终日,不得不装上坚实墩厚的大铁门固守"城池"。但一提起欠债的事,杨加怡一口否认,这岂非咄咄怪事?李老太越想越纳闷。

4时过后,杨同武夫妇及儿子都先后回家了。

"妈,加怡出去了?"杨同武见外甥女不在家,便随口问母亲。

"嗯,这孩子几时能成器,都三十好几的人了。这不,趁我洗澡的那阵子,连气都没吭一声,就独自出去了。"

"奶奶,我的放音机放哪啦?"里屋传来孙子的惊叫。

"你嚷什么呀,上午是你加怡姐姐在摆弄的。来,奶奶帮你找。"

里间、外屋全都找遍了,放音机的影儿都没见着。

"妈,加怡走时什么都没说吗?"杨同武心头突然掠过一丝不祥,神情不禁紧张起来。

李老太将中午洗澡时的情景说了一遍,然后把自己先前的那些想法抖落出来。

经母亲这样一提醒,杨同武这才想起不久前大姐曾来函告诉他,杨加怡在外欠债累累、殃及家人的情况。

会不会加怡她缺钱,就……杨同武不敢朝坏的方面想。"再仔细查查看,还缺什么。"但杨同武又不得不想得坏些。他清楚,人若是被钱逼得急了,什么事情都会做出来的。

"糟了!"杨同武失声惊叫起来。那块珍藏文物的地方已空空如也,一件文物也没有留下,他心顿时悬了起来,气得他把牙根咬得"咯噔咯噔"震响。

经清点,宋末元初杰出画家赵孟頫手书《南华经》一部四册、东晋时代书法巨匠王羲之手卷一帧(内有孙中山先生"羲之妙墨"的亲笔题写手迹和印鉴)、明末清初的一代圣人贤士王铎的《烟潭渔叟临虞褚欧阳手卷》、徐悲鸿的《八骏图》、谭无畏广州诗卷、钟山隐《山水手卷》、谢无量题字手卷(内有唐朝书法大家墨宝)等15件字画被洗劫一空。还有债券、中外各种硬币、纪念币、珍珠戒指和日产进口微型放音机也都被裹挟而去。竟连重庆方面发还文物字画时的那几张清单也难逃厄运。

杨同武急傻了,气呆了。他双手紧贴在胸前,捧住腔内一颗颤抖的、滴血的心,木木地伫立着,眼眶里蓄满着激烈汹涌的泪水。这能怪谁呢?他只能怪自己当时太糊涂,怨自己为人太忠实、太厚道……

五

那是一个星期前的事了。这天上午8点钟,杨加怡一觉醒来,就迫不及待地问舅妈:"舅舅人呢?"

"他早走了。你昨晚发高烧,他不忍心喊你,想让你多睡会儿。"舅妈安慰说。

"舅舅不讲信用。昨天我们不是讲好一起去的吗?"杨加怡焦躁不安起来,但又有些担心。

此刻,杨同武正挤在去同济大学的公交车上。昨天,外甥女告诉他,她

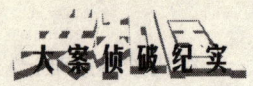

在抵沪的火车上，曾遇到一位"学者"，自称从北京来沪参加一个学术会议，又称是杨庶堪挚友石青阳的堂侄。她就盛邀"学者"来舅舅家作客。杨同武闻之大喜，"学者"虽非亲非故，却亦是先辈一根藤上垂下的瓜，且又是自己的老乡，于是答应外甥女前去迎接贵宾。

"学者"早已如约恭候在同济大学的门口。

有朋自远方来，不亦乐乎。这天正值星期天，宾客登门，举家皆欢。烟茶酒饭菜，杨家盛情款待。"学者"无拘无束地侃侃而谈，说南道北，谈古论今。可闲聊时，"学者"几次谈到火车上与杨加怡偶然相遇的情景时，杨加怡却巧妙地将话题岔开了，她唯恐"学者"说漏嘴，暴露出她的"秘密"。

此次会面虽属偶然，但杨同武从内心感激杨加怡。因为外甥女把"学者"这根千载难逢的红线牵进了家门，才使得他从"学者"那里了解到了祖父生前更丰富、更详尽的史料。

现在，杨同武面对祖辈遗产被窃、国宝遭劫的严酷事实，猛然深省，外甥女引入其室的"学者"会不会……

六

仙霞路派出所门口。所长和民警坚定而自信地对杨同武说："请放心，我们一定会侦破此案的，国宝会追回的。"

长宁公安分局的主要领导挂帅指挥，调集各路精兵强将成立"6·29"专案组，全力开展周密的侦查。

案情并不复杂，但侦破难度颇高。杨加怡卷走字画突然失踪；那位"学者"又在这当口忽然应邀去杨家作客；那失窃的15件字画分量重，体积大，非一人所能轻取。侦破此案该从何入手，关键在哪，着的第一步棋是什么，坐镇指挥的孔宪明副分局长在听完案情介绍后，心里已有了谱。他融会各路侦破高手的思路，当机立断下令"三管齐下"：一路查杨加怡在沪可能藏身落脚之处；另一路向全市和沿海毗邻城市公安、边防、海关等部门发出紧急协查的请求；再一路派出侦查员连夜北上，直扑京城。

弄清那个"学者"的面目、身份和其与杨加怡的关系是破案的当务之急。在调查中获悉，此"学者"在去杨家后的第三天已启程返京。

侦查员凭借自身的神力和魔法，历经周折，终于找到了带有几分神秘色彩的"学者"。

这位年过半百、面善颜和、温文尔雅的"学者"明白了公安人员的来意后，仔细回忆了一阵，便娓娓道来他与杨加怡从旅途相识到去杨家造访那一节险些让杨同武误解的故事——

6月中旬的一个晚上，"学者"乘上去上海的21次列车。在他卧铺对面坐着一位30来岁的青年妇女，显得很健谈。

"听口音您好像是四川人？"青年妇女主动向"学者"询问。

"是啊，您府上哪里人？"

"我们是同乡。"

"学者"见青年妇女挺斯文，讲话又很随和，就热情地与她攀谈起来，话题自然就扯到了四川老家的一些情况。

"先生，您是上了年纪的人，一定知道四川重庆有条'沧白路'，在沧白路上有座'沧白纪念堂'的啰？"青年妇女用肯定的口气探问。

"太熟知了，重庆谁人不知'沧白路'，谁人不晓'沧白纪念堂'，这都是为纪念追思杨沧白也就是杨庶堪老先生建造的呀。""学者"赞叹道。

"您猜猜看，杨庶堪是谁？他是我母亲的嫡亲祖父，也就是我的曾外祖父。我叫杨加怡，是北京华宇建筑工程公司经理助理兼秘书，这次去上海是看望我姥姥的。"

"嘿！世上真有这么巧的事。不瞒您说，我有个叫石青阳的堂叔与您曾外祖父是亲密战友，当年他们一起搞辛亥革命，跟着孙中山发动讨伐袁世凯的'二次革命'……"

"那我去上海告诉我姥姥、舅舅，他们听了一定也会很高兴的。"杨加怡

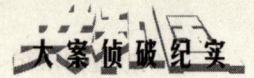

没心思听这些半个多世纪以前的事,她瞅了个空当,打断了"学者"的话。

临睡前,双方互留了姓名和地址,杨加怡又向"学者"发出了去她舅舅家作客的邀请。

调查结果表明,"学者"与杨加怡的相识纯属偶然。在侦查员的启发提示下,"学者"又反映了一个重要情况:

在车厢里,杨加怡又嬉皮笑脸地与邻座一个中年男子搭讪:"你的车票是不是退来的?"

"不错,你怎么知道的?"中年男子被搞懵了。

"我怎会不知道。这票原来是我男人的,本来他是要与我一起去上海的,因为突然通知他去拍电影,所以就去不成了,将车票退了。"

平常的人谁也不会把杨加怡的这番对话当回事,恰恰是足智多谋的侦查员才会把这些细言碎语看作是不可忽视的破案线索。杨加怡怎么会突然冒出来个当演员、拍电影的男人呢?丈夫乎?同党乎?

七

北京市崇文区的公安人员领着沪上侦查员跨进了一座典型的北京四合院。一位年约40多岁,面容显得苍白憔悴的瘦弱男子,用最简单的礼仪接待了他们,举止不慌不忙,有板有眼。

"杨加怡是你的妻子吗?"侦查员开门见山。

"是的,她早就离开了这个家。"回话的正是杨加怡的丈夫。

"你最后一次见到杨加怡是在什么时间?"

"今年的6月1日。"他说得很肯定。

"何以记得这么准确?"侦查员不禁追问道。

"那天我们是很难得地心平气和坐在一起,商议离婚的事。"

"你们俩在闹离婚?为什么?"

杨夫神色痛苦地点了点头。

原来,杨加怡夫妇在同单位工作。婚后,双方感情滑坡,渐渐地跌入低谷,性格也相去甚远,为此夫妻俩龃龉增多。去年夏季,杨加怡撇下朝夕相伴的丈夫和才8岁的亲骨肉,离家出走,从此再也没回家。她在外鬼混了近一年,又突然找到丈夫,铁了心肠地闹离婚……

屋内的气氛又沉又闷,压得人透气都觉得困难。

杨夫猛地抬起头,忿忿地往下说:"我也不怕丢丑揭短了。实话告诉你们,杨加怡抛弃了家庭,在外与一个绰号叫'胖墩'的野男人热乎上了。前些时候,听说两人发生了纠葛,闹得很凶,这才散了伙……"

"你指的纠葛是什么,能不能谈得具体一点?"侦查员示意杨夫收住话头,然后问道。

"还不是为了那几个臭钱!"杨夫余怒未消,"杨加怡和那个'胖墩'好上后,大开狮子口,向'胖墩'提出借3万元现金。'胖墩'不敢不从,麻利地从单位同事那儿悉数借得,并出具了欠条。谁知,到了还债的期限,杨加怡无法偿还。'胖墩'被债主逼急了,追着向杨加怡催讨欠款。结果两人拉下了脸皮,反目为仇。"

说到这儿,杨夫的脸上又布满愁云:"事后,'胖墩'像疯狗一样,领着一帮哥儿们,把我们家砸了个稀巴烂。我们爷儿俩只好像避瘟神似地住到了我父亲的家里。"

"杨加怡为何借钱?"

"我只知其一,不知其二。杨加怡从不讲一句真话,编谎冒假是她的专长。为此,我们俩没有少吵过架。就说还债的事,在此事之前,我曾拿出所有的积蓄,为她一下子还清8 000多元的欠债,甚至把家中那架20吋的大彩电都变卖抵债。尽管我再三追问她怎会欠下别人那么多的钱款,但她始终守口如瓶,坚不吐实。这个家算是给她毁了。从今往后,我们爷儿俩可怎么过呀。唉——"杨夫叹出口长气,两掌对合,托着下巴,眼眶里闪动着酸楚的泪水。

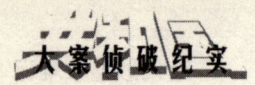

案情像涟漪一般在扩展,同时又被蒙上了一层感情薄纱。

八

侦缉工作马不停蹄。

与杨加怡偷情窃爱、私结"地下夫妻"的"胖墩",当着公安人员的面,没遮没掩,爽如竹筒倾豆,把肚子里那些又丑又脏的"豆",稀里哗啦地统统倒了出来……

一年前,杨加怡以北京某建筑工程公司的名义,用每月3 000元的高价,包租了出租汽车公司一辆豪华型尼桑轿车。驾车司机便是身高一米八十、风流倜傥的"胖墩"。

一来二去,两人便勾搭上了。两人在京城郊外租下了一间农舍,过上了富有野味情调的生活。

一天晚上,杨加怡告诉"胖墩":"我有一笔包赚大钱的买卖,可惜缺少本钱,只能眼睁睁地看着别人往腰包里塞钱。如果你能借到3万块钱,准让你发大财。限期是三个月,届时再另加上5 000元,还本付息。"

"胖墩"被说得心痒痒地,他拍了拍胸脯:"就冲你这句话,这钱,我给你借定了!"

"高额利息5 000元,借期只要三个月。"还没等"胖墩"讲下去,那个曾经为"胖墩"租房立过汗马功劳的"铁哥儿",已经乐得合不拢嘴了。那"铁哥儿"可是一个一毛不拔的铁公鸡,今儿能如此慷慨地资助"胖墩"3万元真是破天荒头一回。一来是看在5 000元利息的分上;二来是见杨加怡出手阔绰,从长计议,她是棵摇钱树。可他做事仍不失地道周全:"哥儿们,咱有话放在桌面上,请写个条儿吧!"

借款条由"胖墩"一挥而就。

借钱容易还钱难。这3万元借款就像肉包子打狗——有去无回。

一眨眼,三个月的借期到了。"铁哥儿"连一个子都没要到,急得他把小命快要搭上了。"铁哥儿"原是市郊乡村的农民,后作为征地工进了单位。这3万元钱是他当农民时靠养猪赚来的。要动他这笔渗透血汗的钱,真要比挖他的心肝还要疼。为了钱,他把哥们的情义抛到了脑后。

"钱是借给你的,杨加怡还不还管我屁事!""铁哥儿"见"胖墩"想赖账,口气又冷又硬。

"钱是我借的,但我只不过是转转手而已。杨加怡还不出钱,你找我也白搭!""胖墩"针尖对麦芒。

"哼,你这孬种!看我怎么收拾你!""铁哥儿"悻悻而去。

事隔不久的一个黑夜,"胖墩"在睡意蒙眬中,被七八个壮汉塞进一辆大卡车里。在一片荒无人烟的野地里,车停了,"胖墩"被扔了出来,摔在地上。

"你小子睁开眼皮看看,今天是你爷爷收拾你的日子。""铁哥儿"用脚踩着"胖墩"的脑袋,恶狠狠地说。四周的帮凶一哄而上,把"胖墩"揍得直喊爹妈。"今天要卸掉你一条大腿、挖去你一颗眼珠,抵偿那3万元的债,看你还赖不赖账。""胖墩"被几个壮汉从地上提了起来。

"大爷、大哥们,饶我这一回吧。我给你们下跪了,如果不还钱是狗娘养的,宰了我也不喊冤枉。"

"借钱还钱,没钱还眼,今天放你条生路。""铁哥儿"示意帮凶松手。

"胖墩"挨揍后,真的害怕"铁哥儿"下毒手。他只有逼着杨加怡还钱才能保全大腿和眼睛。于是他对杨加怡开始动真格的了。他先把杨加怡的家砸了,给她个下马威,然后威胁道:"你若3万元不还,我也卸掉你一条腿、挖去你一只眼,不然就拿你儿子去抵债。"

杨加怡担心"胖墩"会干出丧失理智的事来,忙说:"这回说话算数,再给两星期的时间,保证还清欠债。"

没多久,杨加怡买了两张去上海的火车票,要"胖墩"一同去上海她舅舅家,去取那些值钱的字画来抵债。只因"胖墩"单位没准假,杨加怡这才退了一张车票,单身来沪。

等杨加怡从上海回京城后,"胖墩"便拿到了杨加怡偿还的23 000元欠款,并从其口中得知此款系变卖文物字画所得,还亲眼看到了杨家那两份"抄家物资归还清单"。

十万火急!事情已发展到比预料更坏的地步。京沪两地的公安人员个个都焦急得彻夜难眠、茶饭不思。调查表明,文物字画已被杨加怡出手变卖。那么她又变卖到何处?给何人?会不会被人带出境外呢?

九

一份份印有杨加怡照片的紧急协查,迅速发到了北京市各有关派出所。崇文区公安分局的局长、刑侦队长和派出所所长挥师而出,倾其鼎力,悄无声息地展开了一场卷地毯式的缉拿杨加怡的行动。无形的法网以其强劲的张力缓缓收拢……

9月10日。崇文区东花市派出所所长郭兴和民警孙建军从杨加怡众多的熟人中终于截获一个杨加怡对外秘而不宣的电话号码,顺着这条唯一的线索调查,几经周折,才初见眉目。原来,这是海淀区甘家口一家私人旅店的电话号码。

旅店主人告之,电话是对外公用的,人来人往如流水一般,实在无法知道有姓杨的女人到过此地。

"看看这张相片上的人,你是否认识。"民警出示了杨加怡的头像照片。

"哟,好面熟呀!"店主人一边端详一边回忆,"这不是常来这里打电话的那个女人吗。"

"她现在住哪儿?"

"这就说不大准了,好像就住在附近的市二建公司宿舍大院内。"店主人用手指了指方向。

事不宜迟。民警火速赶到甘家口甘西地区紧锣密鼓地进行调查。获悉：市二建公司宿舍院内，全是临时搭建的木板房，足足住有70多户人家，几百号居民。且都是暂住人口，人员情况相当复杂……

9月11日深夜，京城西郊。寂静的宿舍院楼被严密封锁，四周的伏兵严阵以待。

以查验暂住户口为手段的公安干警在宿舍院内逐户进行清查，仔细搜索。"嘭嘭嘭"，一个独身女子的屋门被敲响，开门的是个睡眼惺忪的女子。

"你叫什么名字？"敲门的民警不觉一怔。

"何玉梅。"

"胡说！你的真名叫杨加怡。"民警当场撕下她的假面具，一眼就认出眼前自称"何玉梅"的女人正是上海警方追捕多时、"6·29"特大文物盗窃案的要犯杨加怡。

就在这凌乱不堪的屋内，当场查获了从杨同武家盗走的赵孟頫手书《南华经》一部四册和徐悲鸿大师的《八骏图》。

审讯工作连夜进行。杨加怡被冰冷的铁铐缚住双手。她心里自然明白，这一天迟早会来到。她更清楚，不久后的一天将站在被告席上接受人民的审判和法律的惩处，而成为杨氏家族中叛逆祖先遗愿、亵渎国家历史文化遗产的败类。

然而，她只有在痛悔过去中，揭示出自己走向罪恶的人生轨迹。

杨加怡作为"独苗"，自幼生活在一个知识型的家庭里，父母都是很有成就的知识分子。良好的家庭教育、优厚的生活环境，给了她健康成长的先天条件。在读书时她是个品学兼优的学生，踏上社会后，又是个好学上进的职工。22岁那年，杨加怡嫁给了一个比她大9岁、忠实厚道的男人。婚后的生活虽然清贫，倒也过得有滋有味。

谁知，一阵旋风拔地而起。随之而来的是铺天盖地的经商巨澜，继而又是狂涛拍岸的出国大潮……杨加怡的心理天平失衡了。她无法认识原先的自我，想再现自我。家庭、丈夫、孩子以至从小养育管束她的父母，都成了她拜金、崇洋、寻欢、求乐的枷锁和羁绊。

为圆出国留洋之梦,她向腰缠万贯者伸出了求援之手,把借来的数万元重金作为转变人生的赌注,尽押在了出国的希冀上。不料,她坠入了别人设下的陷阱,出国纯属一场子虚乌有的骗局。嗣后,讨债者如群蝇追逐。可杨加怡并没有懊丧,也没有消沉,她在被人欺骗中"觉醒"。别人的诈骗之道,竟成了她诈骗别人之术,她操起了"以毒攻毒'的营生。

从此之后,杨加怡变着法儿从他人的手中、囊内、家里巧取豪夺,短短的12个月,就骗得8万余元巨款。她还清了拖欠的旧账,又赊下了新账;驱走了"群蝇",又招来了"群蜂",追得她东躲西逃。最后,她昧着良心使出了绝招,向祖辈的传家之宝伸出了罪恶之手……

十

杨加怡落入了法网,王羲之手卷等15件文物字画在北京全部追回。

10月9日——辛亥革命80周年纪念日的前一天上午,失主杨同武沐浴着朝阳来到了长宁公安分局,从侦查员手中领回了第二次失而复得的稀世珍宝。

久违了,祖先之珍品,国家之瑰宝。杨同武端庄地捧着,轻轻地抚摸着,默默地凝视着,感情之闸洞开,他乐了、笑了,但他又哭了……

冷　血

高红十

> 一种日渐滋生蔓延的冷漠让人心寒,冷淡——冷漠——冷酷——冷血,没有必然么?
> 一种在香风艳雨下昏昏然的颓废让人痛惜,贪玩——贪财——贪色——贪心,能不招祸么?

冷血,是香港著名武侠小说作家温瑞安"四大名捕"系列小说中的一个重要人物,此人物颇得温先生厚爱。

据小说中云,冷血是孤儿,落生人世后不知父母是谁,他是在狼群中吃狼奶长大的。

在四大名捕中,冷血的年纪最小,资历最浅,却杀人最多,受伤最多。他身上具有一种过人的坚忍,静如冰封,动若瀑布,能有这样的修行,冷血的成功也就在情理之中了。

……

笔者用"冷血"作文章题目,已非温先生小说中的情感是非取向,而是取该词语最原始的意思,即血是冷的。只因文章中涉及几个残忍至极的人,即使用了这个词,还不足以表达其一二。

上 篇

1. 一个个"丽人"沉睡过去,醒来后财物皆无

七月的一个清早,绿树摇曳,鸟鸣啾啾。

某公园长椅上一个年轻女性睁开眼睛——九个小时的酣睡,她终于醒了。只觉得阳光刺眼,天气老热的。

自己怎么会在这个地方困觉?她有点恍惚。几点钟了?她抬腕看来,表到哪里去了?那可是舅舅送的日本产精工表呢!还有手上的金戒指、金手链统统不见了!身上背的真皮坤包也无影无踪,记得里边还有300多元钱呢!要死啦,昨天那个清丝丝的"奶油中生"(已不太年轻了,不能叫他小生)原来是强盗——炸雷样滚进心头的信息使她浑身打战。她再看看自己一身真丝衣裙,皱得像霉干菜,可是还没有撕扯破的痕迹。谢天谢地,看来那歹人要财不要色,破财——消灾吧。她自我安慰道。

离开公园,她没犹豫,到派出所报了案。

接待她的民警很认真地记录下案情,因为据有关部门通报,类似的麻醉抢劫案已在本市五个区的公园、影院发生多起,市公安局有关部门要求将信息汇总,并通过传媒提请公众注意,协助破案。

没多久,电视台将系列麻醉抢劫案作了一档专题节目。据节目报道,警方共接报八起类似的案件,受害人都是女性,方式都是先喝饮料,等人昏睡后抢劫首饰和钱财。警方希望群众提供与案情有关的可疑人,可疑线索,同时提请大家,特别是单独行动的女性注意,不要在晚上跟不认识的人到公

园、影院等娱乐场所,更不要随便吃喝陌生人的食品。

节目最后,出示根据受害人的讲述画出的可疑人头像,头像在荧屏停留20秒钟。

那是1993年7月的事情。

之后的半年多,此类事情销声匿迹;之前的那个作案人也没被警方抓获。

一时间,公共场所又天下太平歌舞升平。

2. 阿霞开口要2 000元,后又改要4 000元,于是……

阿霞是某纺织厂的女工,30出头岁数,未婚,面相看去像二十五六。厂里生活清淡,钞票挣得老少,日子却清闲。阿霞是弄堂里长大的女人,爱打扮,喜是非,过清闲日子难受的一类人,不是凑别人的热闹打打麻将,就是自己制造点热闹,让别人嚼嚼舌根传传闲话。

那天,她被同厂同车间好友李梅叫到家里打麻将。开头,她也没多想,与李梅同事多年,对她家的情况基本了解。丈夫是个浴池职工,后来嫌收入少不做了,凭想象,她家的日子比自己不差,可也强不到哪里。阿霞认为这场麻将也就是白相相混时光,没带多少钱就去了。

当然,出门前描描眉涂涂唇还是必要的,那屋顶底下还有男人呢。

阿霞进得门来,用眼一瞄,感觉不一样——比想象的强许多。屋里家具、桌上摆设,李梅颈上腕上的黄货让她老眼红的。

那个男人,应该是李梅丈夫吧,怎么比上次见面年轻多了,大背头吹过风的,浅驼色毛衣一看就是高档的。他上来帮自己脱外套,搬椅子,递茶水,听自己讲不吃茶,又忙拉一罐椰汁,殷勤倍至。那感觉就像电视剧里的两句台词——"如沐春风,气息如兰",对对,差不多是那意思。

窗外,两个黄鹂正鸣翠柳呢。

循着那氛围,当天的麻将也就打出了几分意思。

李梅丈夫和阿霞对面坐,这种坐法,十分方便眉目传情。看来李梅丈夫

并不满于精神交流,时不时在桌下用脚来点动作。阿霞是何许人也?早将那动作中的台词读懂,并跟着"续"上两脚——两句。阿霞用余光扫扫李梅,看她只注意手中的牌,没顾上看这边的《西厢记》,也就胆大艺更高了。

当天的麻将阿霞输得精光,可她兜里的钞票并没有花光,而是有人替她垫上了,谁?还能是谁?李梅丈夫。而且李梅并不生气。

一来二去,又三来四去,两条水里的鱼上锅煎熟了。

李梅丈夫富根只顾做他的桃花梦,没提防阿霞竟然提出无理要求。

那天,阿霞来他家。李梅和富根都在家。富根说,留阿霞吃午饭吧。李梅便拎着小菜篮子出门去了。这边房间门砰一声关上,那边窗帘刷一下拉上,把三月的阳光统统赶出室外。

完了事,阿霞冷着个脸说:拿2 000块来。

不要乱讲。富根只当闹着玩的。快穿衣服,一会儿李梅该回来了。

你不给钱,我就不穿衣服,就让她看见。

富根也是一副无赖相了。你以为我怕她看见。她早晓得了。

晓得了好,晓得了就好。

这时候,李梅拎着一篮子菜进了房间。她果真是知晓一切包容一切的样子,倒弄得阿霞不好意思。李梅对阿霞说,你想做啥事情,好说好商量。

阿霞索性把脸皮放厚,开口要2 000元钞票。

要钞票做啥事情?李梅冷静地问。

我还是没结婚的黄花姑娘,往后还要嫁人的。我被你老公睡了,不能白睡,总要讨点身体损失费和青春补偿费吧。2 000元不算多。

那是你情愿的,我又没背你过来。富根嘟嘟嚷嚷。

你给不给?阿霞的话带点威胁。你不给,我去派出所报案,讲你强奸。

富根和李梅被震住了。他们低估了阿霞的心计。

静场片刻,李梅说,阿霞你讲的也不是没有道理,总得给我点时间,借也罢凑也罢,哪能当下就要?即使银行也有下班上班,也不是随到随取那等便当。

那好,我可以等你凑齐钱款,但那就不是两千,而是四千了。

什——么？富根急了。见风就涨啊。两千四千，一分也没有。

那好，咱们到派出所说理去。阿霞一副死硬样子。她为自己想出的讨钱高招得意万分，全没顾上富根和李梅出来进去商量些什么。

后来李梅是这样对阿霞说的，先在我家吃饭。吃过饭后，咱们到另一家，那家男人有钱，而且马上能拿出现金。我已经问过他了，他讲四千没问题，只要你同他那个一下，他马上掏钱给你。你看——

中午，三个人居然同坐一桌吃下这顿饭，席间夹菜添饭还有对话往来，并不像是不共戴天的样子。

午饭后，李梅和阿霞"打的"来到一幢工房。富根骑摩托车已先到那里。三人上了二楼，推开虚掩着的房门……

这幢工房外边有一棵大大的合欢树，三月，树正开花，一朵朵粉红色小伞一样。轻风吹过，有微香散播，有先开先谢者随风飘落。

那天是1994年3月5日。

第二天傍晚，两男一女三个人拎着几只袋子朝江边码头走去。从他们走路的样子看，拎着的袋子有些分量。他们像一般摆渡客那样买好票，上船，在靠船边的地方站定。与一般摆渡客不同的是，他们的脸上没有急于回家的表情，三人之间也不讲话。轮船快靠岸时，客人纷纷朝船头挤。这三人还是不急不火的样子，等大部分客人下完了，他们才紧赶几步下船。

随后，他们买好返程船票，过江。手中的袋子却不见了。

西天上，大都市日色与暮色做最后缠绵，轮渡船头破浪前行，把一江如血残阳搅乱。

3. 阿凤与玉兰，两场戏中人物不同，布景、情节、结局却一样

桐花舞厅。

没有梧桐树，招不得凤凰来。

桐花，指梧桐树开的花；阿凤，当然就是凤凰喽。

跳舞是件让人上瘾的事情。除了音乐舞步愉悦身心,还有一种异性之间在黯淡灯光下可越界可放肆而无伤大雅的自由。阿凤一到舞场,一听到或激越或抒情总之让她心跳加快的旋律,一种冒险的心理就溢了出来,她期待着发生点什么,又害怕发生点什么,思来想去,连她自己也不清楚究竟是想,还是怕?

可能想和怕都会让人更加上瘾吧。

3月15日,她休班,上午在家睡个懒觉,做做家务。午饭后,心里又开始痒痒。她修眉画眼,卷卷头发,穿金戴银,把刚买的一身墨绿色棉丝混纺针织套裙换上,针织衣服比较显曲线。她在衣镜前上下打量,感觉十分惬意,又穿上一件浅米色真丝长风衣,娉娉袅袅出了家门。

桐花舞厅下午场的客人不多,而且多是上年纪的。她懒得与他们共舞,推辞掉几支曲子。

正等得心里干火火的,一个男人出现在她身边。

不知是否有幸请小姐跳下一支舞曲?那男人彬彬有礼,太有礼了!整个舞厅找不出第二个。阿凤对他有了一种好感,很欣悦地站了起来。

那男人果真跳得很好。

借着黑暗,借着舞曲,那中年男人在阿凤耳边呢呢喃喃,讲得阿凤脸红心跳。好在灯光暗,好在舞曲响,阿凤怕听又想听。那男人要带她到另一处坐坐,"坐"一两个钟头给她三百元钱。

阿凤有点恼,有点怕,又有点想……他把自己当什么人了?

半支舞曲工夫,那男人在耳边吹气,三百涨成五百。

阿凤心动了。五百块钱这么好挣,不挣不是戆大么?她假装有点不好意思穿上风衣,低着头跟那男人走出舞厅……

合欢树随风摇曳,又一地伞形落花,细细嗅嗅,一股若有若无的香气;行人脚步踩上,那花脏污了。

第二天傍晚,一女两男三个人与前一次相同时间拎相同袋子走出房门。他们不讲话,但行动默契。他们脚步匆匆走到江边,与下班摆渡的客人一道买票、上船、过江。船到对岸,三人下船又买好返回船票,脚步匆匆登船往回走。手中的袋子照例又不见了。

轮渡从江东到江西,正好迎着落日,打工打了好长一天的日头累了,从楼肩滑落。落日伸出的长手长脚把江水搅得暖暖的,可照在他们三人脚上却是冷冰冰的。

漱玉舞厅。3月24日下午。

一个我们姑且叫她玉兰的无业女性慵懒闲散地踱到舞厅门口,腰肢扭了两扭,几个眼风朦朦胧胧撒出去,网到一条"鱼"———一个看上去有型有款囊中有货的男人。那男人朝玉兰走过来。问她,跳舞吗?玉兰点点头,点得很有味道。那男人主动伸出胳膊,让玉兰挽住,主动买好舞票,两人双双走进舞厅。

也就是三支舞曲的工夫,两人双双走出来,看那样子,已很亲昵,已计划好下一步要去哪里要做什么。

玉兰心甘情愿地跟上那条上钩的"鱼"走了。

真不知谁是渔夫?谁又是鱼?

4. 红发女郎为了1 000元钱赎回自己的女儿,跟上那个男人去了

莲英的命真是蛮苦的。

莲英"文革"中初中没毕业,同大家一道去安徽农村插队,插队日子过得怎样,已无人知晓。只知道她结了两次婚,又离了两次婚。返城后无业,却有一个女儿。

我想用"日子过得艰难"来形容莲英,"艰难"两字嫌太轻吧。

莲英生活来源是靠自己的身体——做皮肉生意——养活自己和女儿。眼下,她接到一封信,讲她女儿在深圳因卖淫被有关部门扣下了,对方要她拿1 000元钱去赎。你怎么与当娘的一个命?莲英叹息。赎金千元,还有路费和宿费呢?不又得千元?

莲英对着那张薄薄的信纸,连哭的念头也没有。眼泪救不了女儿,得用

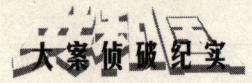

钱,而最快捷的挣钱路子还是自己身体。她苦笑着说,1 000元,你妈已不值那个价了。

4月8日下午,莲英在她那暂栖身的小屋精心化妆。她半月前把头发染成红色,自己的头发本来泛黄,近年来,丝丝银发夹杂其中,看上去枯草一样,老嘛老得来一塌糊涂。徐娘半老的样子,谁还要你?谁还给钞票你?她狠狠心,去美发店花150元染成红色。今年这行当里时兴红色,红色看上去跳跃、火爆、性感、刺激……总之钞票挣得方便些。莲英画好眼线,描好眉毛,又涂好嘴唇,紫色,再涂一层薄薄的金粉。她对着镜子端详,点头又摇头。

她把所有首饰都戴上,企图用亮金烁银来遮掩皮肤松弛的老相。穿好衣服,她义无反顾地出门了。

柯林舞厅。当她找到目标,那个中年男人要与她那个时,她狮子大开口,一千块。讲完她又悔,怕把那男人吓跑。谁知那男人竟连眼睛也不眨一眨,答应了。

还有什么好讲,这就是命,她莲英的命——她强打笑脸跟上那男人走了。

合欢树花期很长,随开随落,落了又有新花在枝头,新花不日变成老花,又悄然降落,仿佛是宿命,是轮回。雨季到了,雨是花的天敌。很快开放,很快飘落,很快被雨水污染碾落成泥。

第二天傍晚。虽是日落时分,可绝对时间比前些日子晚。一女两男行动鬼祟,总是在阴气上升阳气颓灭之际走出房门,走向江边。购票,上船,过江;下船,再购票,再上船,再过江……

那天有点不同,天下雨,细碎雨脚踢踏江面,当然没有了一江残阳如血被船头切碎。

除此以外,好像没有什么不同了。

5. 海员华欣想调外汇, 还想玩女人,于是……

那天是5月4日,青年节。

海员华欣却不管什么青年节不青年节,他40多岁,早就不算青年了,如果这个节日还能给他什么信息的话,那就是青春一去不再,生命稍纵即逝,要抓住每一个风平浪静的日子、上岸的日子、活着的日子,及时行乐。

可能在海上漂泊的日子太久了,一休假回到城市,走进灯红酒绿,华欣总有点陌生感。

不知什么地方能多调些外汇,什么地方可以找到好玩又没有病的"鸡"?此事怎好向旁人打听。幸亏有个好邻居相帮,指点迷津。邻居拍胸脯讲,他能找人换港币,比银行兑换价高许多。你有多少港币好换,统统拿上。讲完又放低喉咙,说可以带他到一好地方,先换钱,后玩。

讲得华欣心花怒放,口袋装得鼓囊囊,午饭后,乖乖地跟上这位好邻居走了。

合欢树的花已谢光掉了,绿荫更浓,亭亭如盖。

江水日夜流,流入东海,流入大洋。世事多变,它已经见多识广见怪不怪了。譬如那一女两男三个人,又一次于黄昏落日时拎着东西出门,上船下船,下船又上船,返回蜗居城市的这半边。在德高望重的江河眼里,他们不过是鱼鳖,是蝼蚁,是扬起又落下被滚滚江水带走的浊尘。

下 篇

6. 那一夜风寒水冷

4月22日,某水库码头。

那天下午遭遇的事情,扎运木排的工人老赵啥时间想起啥时间霉气!

下午,水库码头停靠一扎木排,是某公司从国外进口的原木,将从这里上岸,再用汽车运往货主指定的卸货地点。

老赵穿好胶靴,跳到木排上。他负责把上边的绳索锯断,别人再一根根钩上岸装车。

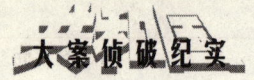
大案侦破纪实

木排是双层捆扎。浮起的面上挂着两个鼓鼓囊囊的包裹。是什么东西？老赵用锯子钩到面前来，看清是两个口袋，一个黑白相间的蛇皮袋，一个黑色旧皮包。两个袋子被水浸得软塌塌的，一股腥臭味道冲鼻子。老赵怕是发货方丢下的有用物件，一个个袋子打开察看——

这一看，把他吓得跌坐在木排上，又险些滚进水里。

蛇皮袋里是人的左右手、左脚掌、大腿和臀部。

黑皮包里干脆是人头！

所有这些已高度腐败，故更加狰狞可怖。

命案的消息迅速报往公安局，依管辖范围，凡碎尸案归重案支队一支队管。一支队接报后，派员赶往水库。

警员们在车上想，近期，已发现几起碎尸案线索，会不会是一伙人所为？

现场车到达水库，已是晚上9点。水库照明条件不好，现场灯能照亮的范围十分有限，侦查员们把那一扎木排仔仔细细察看了个遍，不少人踩进水里，鞋子浸湿了，天又下起毛毛细雨……

那一夜风寒水冷。除了老赵看到的两个口袋，没有发现更多线索。

有一点可以明确，木排不是第一现场。

经法医鉴定，这些碎尸块来自一个成年女性，她的个体识别特点有：嘴里有七颗金牙。根据尸体腐败程度，确定被害时间大约在半月以前。

根据这些特点寻找尸源，很快查清这是个做皮肉生意的女性，叫阿英，42岁。

往下从她的关系人入手，追查凶手。这是个灰色生活的女性，没有正当生活来源，收入就靠卖淫和伴舞，她的关系人既杂，又不固定。侦查员分成几个小组，进出中低档舞厅。

查出几个嫌疑人，审讯调查下来，又一一否定掉。就连查清她的大致死亡时间也费了九牛二虎之力。比较有用的线索是，有人看见阿英8日下午跟上一个男人走了，那男人开一辆红色摩托车。再从阿英的关系人中调查，有个外号叫"弹弓"的男人有同样颜色的摩托车，深入查下去，"弹弓"那一段时间在外地,没有作案时间。

到底谁是杀人凶手?又在什么地方杀人分尸?

四月底五月初,本案陷入僵局。

7. 人,男人,成年男人

5月7日傍晚,刑科所法医室主任王德明在郊县出罢一个现场,正往回赶,接到副所长陈连康的电话,先别回单位,市区有一个现场,赶到那里去。

警车拉响警报,直奔某新村。

这是一幢老式工房。工房外边有一个专排粪便的下水管道,为了清污方便,院里还有一个常年盖着铁盖的窨井。近日,本楼住户发现窨井盖子被什么东西顶起来了,一股难闻的腐臭,遂报告房管部门来清污。

当天下午,房管工人到了,掀开井盖一看,粪便污水上边浮着好多碎肉。

居民楼里哪来的这么多碎肉?房管工人心里不踏实,打电话给公安局,让他们来人看看,是什么肉?

王德明法医和他的同事不嫌脏臭,一块块将那些碎肉打捞出来。凭着过硬的专业知识及多年的实践经验,王法医得出最初的判断:是人体组织。因为人的脂肪是黄色的,而动物的脂肪是白色的。

继续打捞,又发现两样重要的东西:耳廓和睾丸。

是人确定无疑了,而且进一步判断出是男人。

从皮肤弹性和毛发发育上可判断出,是成年男人。

人,男人,成年男人——这一结论在半个小时之内就得出了。当然为了保险起见,还需将这些碎肉块拿回刑科所做进一步检验。譬如化验死者血型。

一起重大杀人碎尸案当即立案!

8. 确定现场

判定作案现场几乎成了手到擒来的事情:从房管所取来的图纸上看,这

个下水管道只管本楼一个单元六层楼12户住户的厕所马桶。

有戏了！侦查员们兴奋起来！

管片民警被找来，里委干部被找来，挨家介绍这12户人家情况。重点有三家。

用什么理由上人家查？就讲发生案子，看看你家厕所马桶，请协助配合。

第一家、第三家看过去了，没发现什么问题及可疑迹象。

其余九家仔细看下来，也没有。

二楼是一个房门两间住房，住关姓兄弟两家。大哥在外开出租车，还没收车，嫂子和孩子在家。弟弟关为住的房间紧锁，嫂子讲他外出了，房门钥匙在他手里，旁人开不开的。据片警介绍，大哥人蛮正派，没有前科。弟弟关为38岁，单身无业，曾因扒窃、流氓犯罪四次受到法律处罚。在他与哥哥家共用的厨房间水斗上取到微量血迹样物质。

顿时，关为的杀人嫌疑上升。

侦查员问他嫂子，关为什么时候回家？

讲不定。有时早有时晚。反正家里无事，他一人吃饱，全家不饿。

专案组决定，先将大部分人撤走，不要那么多人那么多车子围在这里，万一重要嫌疑人回来了，看这架势，还不把他惊跑掉了！留一部分人在这里守候，等关为回来，取到钥匙，上他家进一步检查。

车子关灯闭笛，黑暗中悄悄开走。

几路警员和里委干部把守好进出通道，屏息静气等待。

半夜12点，一辆出租车停在弄堂口，一个中等个子瘦瘦的男人哼着小曲下了车子，朝这边楼走来。

黑暗中等候多时的里委干部对侦查员讲：就是他，关为。

几路警员悄悄收拢包围圈，但没有动手。

关为上了二楼，开了房间门，进了自家屋。

几乎在同时，里委干部敲响房门，对关为说，派出所有事情找你，等你好久了，请你走一趟。

关为没多想,像他这样的老官司,进出派出所是经常事情。他同嫂子讲了一下,跟上里委干部走了。

侦查员趁机进入关为的住房,让他嫂子在一边看着,仔仔细细搜查这间房间。

侦查员在五斗橱里翻出一条毛毯,上边有血样痕迹,沙发上也有血样痕迹——按正常规律,这些东西上不该染血的。大衣柜上有一个砧板——砧板怎么会放在这么高的地方?害怕什么?想隐藏什么?——也有血样痕迹……刑科所的技术人员早将试剂带到现场,一验,是血!

技术员又将血样物质带回刑科所,做进一步检验。确定是人血,还是动物血,还有血型。

9. 畸形奇特的杀人组合

刑科所很快做出血迹检验的结果,并电话告知派出所里审讯的侦查员:人血,AB型。傍晚从窨井里打捞出来的尸块血型也是AB型。

侦查员备受鼓舞,加大了审讯力度——方才还同关为左左右右兜圈子,前前后后打"太极拳",允许他抽香烟,喝水。问他水斗上的血是什么血?关为讲,杀鸡溅上的血。问他房间里为什么也有血,杀死的鸡又飞到房间里去了吗?关为装傻卖呆,讲,你问的啥事情,我不清楚……

现在有了证据,由不得你不讲!

关为,你是杀人案的重大嫌疑人,你要老实交代自己的问题,不许耍滑头!香烟掐灭掉!

关为愣怔了片刻,片刻之间他掂出了利害:警方若不掌握过硬证据,也不会这样讲……承认不承认,只是个态度问题。与其扭扭捏捏不交代,不如好汉做事好汉当。

他灭掉手里的香烟,说,我杀了人。

哪天杀的?

5月4日下午。

在啥地方作案?

你们不是都看到了,就在我家。

为什么要杀他?

为了钱。我看他有钱,杀了他,钱就归我了。

如此简单的作案动机!

以上交代还合乎逻辑。侦查员并不松口,步步紧逼。和谁一起作的案?

就我一人。

就你一人?侦查员不相信,一个成年男人杀死一个成年男人并碎尸,不要帮手,几乎是不可能的。侦查员想起近三个月来发现几起女性被杀并被碎尸案件,特别是4月22日在水库发现的阿英尸骨,会不会也是他作的孽?

关为,据我们掌握的情况,除了杀这个人,你还有别的罪行,不交代,这个关不好过的。

关为直瞪瞪地看着审问他的侦查员。想想杀一人是死罪,杀更多人,也一条命抵了,索性全部讲出来——竹筒倒豆子,图个痛快。

我一共杀死了5个人!

如炸雷轰响!此话使全体在场侦查员震惊。

因为并不掌握其他更多线索。警方慎重了,而且凭经验,一个人杀这么多人,要么吹牛,要么还有帮手。

换个角度再问,方才你到什么地方去了?

周家湾。

周家湾谁家?

李梅家。

听话听音,李梅是个女人的名字。侦查员问:你与李梅是什么关系,这么晚在她家做什么?

打麻将啦,闲着无事找事做啦。

除了打麻将,还做什么?

没做什么。

冷　血

经常打麻将？

差不多天天去吧。

侦查员三问两问，便将关为同李梅的关系问了个底儿掉，除了麻将搭子，他们还是不正当性关系的搭子：姘夫姘妇。

一路警员直扑周家湾李梅家，带她来做旁证。

熟睡中的李梅被叫醒带来。侦查员从她黑郁郁的脸色和冷煞煞的目光中看出，这女人不是省油的灯。对于侦查员的询问，李梅除了交代关为刚从她家打完麻将离开，再不多讲。

凌晨3点，黑夜与曙色相逼最紧的时刻，人体生物钟也最低谷的时刻。侦查员将李梅和关为因犯罪嫌疑扣在这里，各自的心理防线正在微妙地演变起来：

自己守住而对方叛变，怎么办？原本干涸坚硬的抗审外壳开裂了。

一个小时后，两个人统统交代。

这是个畸形又奇特的杀人组合，姘夫姘妇与姘妇的丈夫联手作案杀人。

警方急忙派员去抓方才忽略了的李梅的丈夫富根，不光是忽略，按一般人思路，姘夫和丈夫是天敌呀，怎么能组合一起相安无事并干下可招致杀身之祸的罪恶呢？

好在富根不知不觉睡得正香，侦查员赶到那里，抓了个正着！

此时是8日凌晨4点，距离报案刚刚10个小时。

10. 冷血

在法制新闻这一行当从业十几年，可能比别的行业记者更多接触黑暗，更多贴近丑恶。总是在"见一恶，长一胆"之后，以为再不会一惊一乍。可是，错了。现实发生的总能穷尽你对恶的想象——小恶之后，还有大恶，大大恶……于是在心灵屡震之后，不禁发问：人，怎么会罪恶若此？人心，怎么会冷酷若此？她、他，还是人么？！

李梅得知富根在外边拈花惹草后，不是以嫉妒、怨恨来反抗，而是用同

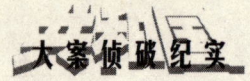

等方式报复,勾搭上关为。于是这个家不再称其为家,虽然有家的屋顶,家的户籍,但却没有一个家庭正常的伦理支撑。

以恶制恶,使这个家维持平衡平静,倒也相安无事。

富根没有正当工作,靠用摩托车非法拉客,难有固定收入。何况"泡妞"更是件赔本买卖。

李梅基本有工不做,好逸恶劳,搭上关为做姘夫,还时不时想用点小礼物"加深感情"。

关为从服刑场所出来后,一直没有正当职业,但他不会有一天停了三餐,也不能缺少四季衣服。

这些都需要钱。

钱从哪儿来?

富根曾于1992年到1993年期间在公园、影院用麻醉抢劫方式夺人钱财。

这样的案子富根一共作了十起,警方接报八起。后电视台制作了一台节目,富根从电视荧屏上看见自己的摹拟像,害怕了,往后的半年多他收手,没再作恶。

劫来的钱有出无进,很快花光。

此时阿霞"送"上门来,她紧逼富根和李梅拿出4 000元钱,富根和李梅起了杀心。3月5日下午,富根先骑摩托到关为家,阿霞和李梅乘出租车到一幢老式工房,上了二楼,进了关为家——阿霞才发现,关为不就是常在一起打麻将的搭子么?

此时富根夫妇已经悄悄退出房间,到外面望风。

房间里边的阿霞喝了掺有麻醉药的饮料,很快昏昏睡去。屋外的富根夫妇进来,李梅用被子捂住阿霞的头脸,另两个男人用电线勒阿霞的脖子,阿霞很快死去了。

第二天,他们三人将杀死的阿霞分尸后,拎着坐船过江,趁机把那些劳什子丢进江心。

李梅把劫得的金银首饰要么卖给私人金铺,要么打造成别的样式,衣物要么自己穿——也真敢穿!要么变卖成钱,供他们开销。

第一桩案子作罢,他们也胆战心惊过一阵,蛰伏着,没敢再做。过了一段时间,没有发现动静,恶向胆边生!他们蠢蠢欲动,开始计划干第二票!

他们三人有了组织分工:富根负责到舞厅搭识作案对象,两个原则,一是年纪不要太轻,太轻要价高,恐难上钩;第二身上黄货要多,越多越好。

3月15日,桐花舞厅,阿凤倒霉。

3月24日,漱玉舞厅,玉兰。

4月8日,柯林舞厅,莲英。

这样干下来,三人手头虽然有了些铜钿,但仅够填平他们欲壑的底子,他们的贪心太大太大,恶,也就因太大太大的贪心膨胀起来,他们决定再作案的对象要身上有钞票,钞票嘛越多越好!

海员华欣成了他们盯牢的第五个目标:有钱、贪色、粗心。此目标果真很容易上钩,身上的钞票也比以往任何一人都多,还是挺括括的港币。

要不是智者千虑——马桶下水道堵塞,他们冷酷的恶行不知还要延续到什么时候才会收手。

该叫"不是不报,时候未到;时候一到,一切全报"吧!

11. 警官的反思

此案一破,带破四案。

侦破过程中,有侦查员到被害女性家调查了解情况,竟有家人不知该女性已死多日。问他们,没看报纸和电视台的寻人启事?答曰:一天忙嘛忙得来头昏昏,哪里顾到这些东西?

东西?侦查员无言以对,那怎么是东西?那是活生生的人命,是你们亲人的命啊!另一种普遍存在并日渐滋生蔓延的冷漠让他们心寒。冷淡——冷漠——冷酷——冷血,没有什么必然么?

对于全社会精神文明、综合治理的大问题,侦查员就有些力不从心了。

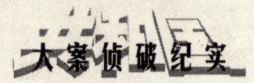

大案侦破纪实

他们能总结的是：犯罪团伙的结成及作恶方式超乎一般人想象，那么作为不是一般人的警察，就要有比一般人，甚至比犯罪分子更强大的想象力。

虽然警察特别是刑警这个职业是为犯罪而存在的，破案子，抓凶手天经地义；但是出一个个血腥残忍的现场，从被害者关系人入手，发现一个个过着令人扼腕灰色生活的人生，抓捕一个个因种种原因走上歧路的犯罪分子——的确不是一件轻松的事情，不像溜旱冰、跳迪斯科、唱卡拉OK……

他们既然选择了刑警，就等于先天选择了一种被沉重浸泡，远离洁净高雅悠闲的生活，他们中的多数对这样的选择无悔。

但同时，他们也希望人们能过得更健康、更美好、安安生生。

祝你平安！是刑警年年岁岁对公众衷心的祝愿！

兵布钻石楼

高红十

> 案发时间：元旦；地点：五星级宾馆；被害人身份：很可能是外宾……于是，这起凶杀案便变得不那么寻常了！

引 子

在相当一部分人不信科学而信菩萨的年代，他未能免俗。

由于近年来在国内外奔走，在股市里搏击，不平静与不平常成了他生活的主旋律。忙碌中度日，日子过得特别快。最热季节里的一天，他隔着证券交易所的玻璃墙，看窗外的人群，熙熙攘攘如蝇如蚁，脸上的表情大同小异——奔柴米油盐为房子票子；再回头看室内仰望股票显示屏的一张张脸，怎么都像出自一个化妆师的手艺——渴望发财发大财目光炯炯。

当天是7月8日，按说是不错的日子，七、八——期望着发。可整体低迷的股市并不如多数人期望地发起来。依旧是烂泥一滩扶不上墙。好在他做得早,看盘操盘脑子蛮灵光。个股稍涨就抛,大跌再买进,稍涨再抛,居然在多数人只赔不赚时,稳稳坐进了大户室。当天,他小发一笔收手不做了。面对室内室外芸芸众生,他有了一种高居人上的满足。

望着墙上的日历,他突然想起,今天是他30岁生日!怎么赚钱赚得连生日都忘了?而且是三十而立的大生日,钱迷心窍!这可不是什么好兆头。不做了不做了,一星期收手不再做,好好歇歇,静心想想,想想前三十年,后三十年,找个老和尚看看相,好好调理一阵,再说。

他并没有马上找到老和尚,而是拖到黄叶满地的初冬;他也没到哪个名山大川求佛访仙,而是在股友的指点下,找了一位据说蛮灵的陈大师。他并没一上来就问富贵荣华,而是让大师给他看看身体如何,有无疾病?

陈大师稍加端详,问他清早排尿是否细而断续,时间比较漫长?问他晚上是否觉睡得不安稳,一夜总要醒好几次?他想了想,觉得对路。遂问陈大师怎样调理。大师给他在纸上写了一张方子,无非几味有益无害的中药:枸杞、莲芯、西洋参、六味安神丸。他把方子好生叠起揣进口袋,迟疑着还想问些什么。

大师不愧为大师,要他但问无妨。

他说他今年30岁了,三十而立,请大师给他看看命相如何。

陈大师这回把他好生看了一阵,沉吟良久,面无表情地说,你今年前半年还可以,命旺财旺。

那后半年呢?他问。

后半年不大好。

他吓了一跳,问,怎么个不好法?

看你印堂间有股煞气,后半年恐有血光之灾降临。

他愣怔片刻,信了怕了。求大师指点个避灾的方法。

陈大师想想,说,你住的地方不好,像汪洋大海中的孤舟,下不了锚,也无岸礁依托,浪大势必翻船。换个地方住住。

他诚惶诚恐地谢过大师,递上一份不菲的礼金。

兵布钻石楼

这一年往后的日子,他一直没回自己家住。自己那个破家也真没什么住头,三天两头改换住所,找他成了一件挺困难的事情。捱到本年度最后一天,1994年12月31日中午,他住进上海市中心一座五星级饭店,为了最后一天避灾,也为了有个像样的地方迎接海外飞鸿。

他小小年纪居然也相信命啊运啊那一套!

或许命运对他和他的同代朋友是有些特殊。上海电视台制作过一部电视连续剧《孽债》,讲几个云南知青子女到上海找自己亲生父母的故事。据说上海做过知青的中年人的形象为此大大受损。不少人戏问他们:可在天南地北留下过孽债?"孽债"一词已成为不和父母在一起过日子的知青子女的代名词。

他和他的朋友就是所谓的"孽债"。父母当知青多年,又就业回城,只是回不到出生、上学的故乡都市,回不到上海,那一份融化在血液中的思乡之情怎能一斩就断?为了孩子的教育和前途,父母亲纷纷把他们送回姥姥家或奶奶家,先上学,后就业。

这又是一个不算小的社会问题。隔代教育要么溺爱,要么放纵,要么不管也不会管。而知青子女从相对艰苦的边疆来到中国第一大都市上海,又正值心理极不稳定的青春期,会有什么事情发生?

好与坏,不好不坏……

可能穷尽一般人的想象,可能黯淡所有的文学艺术……

什么都可能发生。

我的采访是在事情结束后的一年半,当事人都已不在人世,所以我无法了解更多。无法了解这些返城知青子女的生活经历和心路历程。只听说本案中一名知青子女也找人看过相,那个看相人从他名字的笔画中算出会有灾祸临头。叫他改一个名字,躲过预示着灾难的笔画。

于是他信了,改了。

可是灾难并没有躲过。不仅他没有躲过灾难,还给别人带来了灾难,就

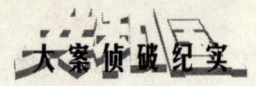

在1995年那个元旦。

元旦那个清早

1月1日。元旦。

中国人对元旦的重视程度远不及春节,加上这两年大城市不让放烟花爆竹,过年的动静又小了许多。一般人家睡睡懒觉,走走亲戚,吃点好的,看看电视,两天假期很快就过去了。过年,原本就是换本新挂历罢了。

清早6点,上海虹桥机场的清洁工老黄就开始做一天的清洁工作。老黄手脚勤快,不一会儿身上就冒汗了。他打扫到国内候机楼10号边门的垃圾箱边,将扫起的垃圾往箱里倒,发现箱口塞着一大卷东西。此时天已大亮了,他看清那团东西是一只鼓鼓囊囊的塑料袋子。他放下扫把,抽出那只口袋打开来看,最上边是一件卷着的棉毛内衣,衣上隐约有污物,等翻开那卷棉毛内衣,老黄吓坏了——内衣裹着两把木柄匕首,匕首很新,晨曦给锋刃镀上一抹寒光,一把上边还有干涸的血迹……

7点钟,老黄从垃圾箱取到的那只老霉气的口袋放在了虹桥机场公安处刑侦队桌上。经过清点,里边除了棉毛内衣裹着的两把匕首,还有一副金丝边的眼镜、一块染血的手帕、两个钥匙圈、一副黑色羊毛手套。塑料提袋上印着"鸿翔"字样,这是上海一家老字号服装店的名字。

这分明是一件血案的遗留物!可是血案发生在何处呢?

有人认得两个钥匙圈中的一个是彩云宾馆的。那另一个呢?

钥匙圈上有一个牌牌,牌牌上印有像包公帽子样的图案。经向有关部门打听,确认是市中心的一家五星级宾馆。

机场公安处的同志迅速乘车赶往这家宾馆,找到宾馆保安部,保安部的同志确认该钥匙是他们宾馆的。保安部的同志带着来人到了钥匙圈上标注的1706房间门口。敲敲门,门里没动静;再敲,还没有;他们用拾来的钥匙打开房门——第一眼看见的是拖到地上的席梦思床垫掩盖着两条白白的人腿。暖气很热的房里嗅得出一股淡淡的血腥味……

999——救救救

元旦,难得的一个假日,不值班的刑警清早大多在家休息——睡懒觉。

刑侦总队三支队探长王晓民被电话吵醒。问是啥人啥事体?

话机那头是宾馆保安部经理王晨,老熟人了。王晓民讲,侬拜年么不会晚点,正好困觉呢。

王晨语气急火火的,宾馆出命案了!

侬勿要瞎讲。老弟,今朝啥日子侬晓得哦?过年唉,瞎讲要霉气一年的。

王晨那边更急了,不开玩笑,真的发案子了!

王晓民睡意全无。什么案子?发在哪里?什么时候接报的?

王晨说,我也是听保安打来电话说一个客人死在1706房间里了。我这就过去,我家离宾馆远,怕路上塞车。你家近,你先去看看,把现场管住。我马上就到。今天元旦,别惊了客人。

王晓民是那家宾馆的管片探长,管片发案,又是这么个敏感日子……事关重大!放假不放假早就轻描淡写,他收拾一下,急忙赶往发案现场。

刑侦总队值班室接到报案,总队长张声华、副总队长秦士冲带着痕迹技术人员、法医、侦查员赶往现场。张总叮嘱出现场警员:今天是元旦,别惊动住店客人,统统换便衣,车子不要闪灯不要鸣笛。他叫大家将车子在离宾馆还有一段距离的小弄堂停下,警员们提着仪器、工具步行到宾馆后门,从职工电梯进入中心现场——1706房间。

宾馆所在地的静安公安分局接到报案,迅速给放假休息的警员发呼机:999,999,999……这是他们约定的有血案子的呼叫信号。999——救救救!见此信号,也别多问,你赶快到局里来。

静安分局刑侦支队的姚队长带着老婆孩子,拎着礼物正往老丈人家走,呼机响了,见是999,他把东西交给老婆,掉头朝局里赶……

静安刑队的队员,有的在家睡觉,有的帮老婆做家务,有的去小菜场买菜,有的出门走亲戚,在接到信号的那一刻,他们不再是丈夫、父亲、女婿、兄长;他们只有一个共同的职称:人民警察,公众安全的保护者。

他们边往静安分局赶,边在心里想政委昨晚的交待:明天是元旦,你们放假回家,呼机都挂好,没有电池的换上电池,万一发案子不要找不到人。他们想:政委的嘴够"毒"的!

此案是当天发生的第三起血案,法医、痕迹技术人员和侦查员们有点忙不过来了。

卫生间的滴血

元月一日,尤剑达法医在刑侦总队刑科所值班。接报后,他立即赶往发案现场。

由于发案时间——元旦,地点——涉外宾馆、被害人身份——很可能是外宾。几方面情况特殊,这起凶杀案的现场便变得不那么寻常了。刑科所几位高职称的法医全部到场,现场勘查格外仔细。

1706室客人头南脚北呈左侧位躺在地上,尸体被席梦思床垫覆盖。掀开床垫,可看到该人头被羊毛衫罩着,口中塞有宾馆卫生间的白毛巾,身穿一件白色毛巾浴衣,双手被一根领带捆绑。法医尸检发现,此人身高1.64米,背部有一处深度刺破伤口,胸部有八处深度刀伤,直达心肺,左右心室均被刺穿,肝脏有四公分贯通伤,左胸第三根肋骨骨折。此外,该被害人前胸、腹、后背还有十多处试探伤;头部、颈部有多处擦伤。

法医得出的结论——被害人系生前被他人用领带捆绑双手,用毛巾堵塞口腔,并用单刃锐器戳刺胸、腹、背部等,伤及心、肺、肝,引起大出血致循环衰竭而死亡。法医还从被害人前胸后背不少处浅表刺伤中，分析是两人作案，前后夹击，有一个威逼被害人的过程，而这一过程在致死伤口之前。机场捡到的两把匕首可以在被害人身上留下同类伤口。死亡时间是1994年和1995年新旧年交接之际，天最黑暗离天亮最遥远的时刻——12月31日深夜12点左右。

　　法医出现场，特别"青睐"血迹的状况：溅血、滴血……形态、分布布局，是否是第一现场？有否有拖拉的痕迹？从血的起点到终点看作案全过程，看有无非被害人血迹？什么血型？估计伤在何处……对旁人避之唯恐不及的血腥，他们却很感兴趣……职责使然、良心使然。

　　死者血型为B型。

　　尤法医仔细察看血迹的走向，看完客房间，又看卫生间。他发现卫生间马桶中大便还没有被冲去，可见被害人应对突如其来事变的仓促。地面和洗手台面上有两滴滴血！滴血不同于溅血和大面积渗血，血的来源方向不同，形状不同，性质也不同。如果是被害人的，那他什么时候留下这两滴滴血？搏斗受伤害时？临死挣扎时？都没有道理。假设凶手行凶过后，身上沾血又带到卫生间，也不可能如此新鲜、孤立地滴下来，总有个来龙去脉的过程。这两滴滴血却没有，可能的解释是，血迹来自凶手，凶手受伤了！

　　经化验比对，这两滴滴血是O型，不是被害人的，倾向是凶手的了。

　　这就为侦查员下一步侦破工作缩小了摸排范围：凶手左手有伤，血型O型，并把这一信息传递到凶手可能看伤的医院。

　　据痕迹技术人员检验，1706房间门锁完好，无工具破坏痕迹，南侧靠墙那面控制柜上的电话听筒线被利刃割断；床的靠背上有两处明显刀痕；原先合并的两张床垫被分开。东面床垫上床具都在，被掀起一个角，西边席梦思床垫压在死者身上，床垫一角有大量血迹。房内只有死者的一条西裤、两件衬衫，还有几根纱手套的线头；没发现死者的外衣和行李箱包。

　　协助破案，是宾馆保安部经理义不容辞的责任。王晨除了帮助调查访问本宾馆可能接触过凶手的服务员和客人，还要尽力把凶杀案造成的负面效应减到最小。首先，他和他的部下把17层楼面的客人调到别的楼面。告诉客人,本楼层热水系统出了点毛病,需要修理,请你们协助搬一搬,对不起了。动作要快、要利落,解释要简练,态度还要好。好在是旅游淡季,客人不多,很快调动完毕,17层楼面全部是办案人员了。

时近中午,房间暖气温度很高。王晨发现尸体已经有点"咕噜"了。他又提出迅速将尸体搬离宾馆。此建议得到刑侦总队领导同意。他迅速调动数十名保安将17层楼层所有出入口封住,将被害人尸体用床单裹好,装上服务员的工作车,从内部工作人员电梯下楼,警车开过来,正对着宾馆后门口,尸体进入车子,很快被拉走。

相信绝大多数住店客人不知道身边发生了什么,欢度节日的好心情没受影响。

因在特殊时间、特殊地点发案,上海市公安局领导十分重视,朱达人局长到场,易庆瑶、毛瑞康副局长到场,静安区彭副区长到场,静安分局张俭分局长到场,大家心里都不轻松。

蹊跷的查房人

侦破工作按常规分几路进行。

查死者身份。从登记住宿的电脑上查出,死者并非外国人,是持有中国护照近年多在国内外穿梭跑动的中国人。名叫刘民,1964年出生,地道的上海人。他父亲现住在上海,在上海也有住所。刘民曾于1989年办过赴加拿大护照,未签下证,又办赴赤道几内亚劳务护照,并于1992年签成,当年刘民从赤道几内亚转赴澳大利亚。多次护照签证,使他成了一个身份难定的国际流动人口。其实他大多数时间在国内做股票生意。他是12月31日中午登记住进本宾馆1706房间,登记离开时间是1月2日,也就是说,刘民住进该宾馆几小时后被害。

既然发案线索来自机场。一路警员到机场查航班客人,查客人中有无住宿过案发宾馆。数十个航班四五百客人查下来，没有头绪。

据当晚滞留1708房间的服务员介绍，半夜12点左右听到1706房有呼救声。

据大堂服务员反映，当晚接到过四个楼面五位房客的投诉，有公安人员查房，态度不好。随即派保安人员了解情况，发现人已不见。

向投诉客人了解详情。

18楼一位姓董的台湾客人说，昨晚，也就是31日晚11点10分，两个男青年敲门，问他们是什么人？做什么事情？其中一位出示了一张上有"公安局"字样的证件。董先生开门让他们进来。两人检查了董先生的护照，问房间里还住别的人么？董先生讲，我的女朋友。女朋友在哪里？在卫生间。两人看见房门口女朋友的高跟鞋，没再讲什么，出去了。过了15分钟，那两人又来敲门。此时我女朋友已从卫生间出来。他们查我女朋友的证件，追问女朋友与我是什么关系。我女朋友是上海人，与我谈朋友一年多了。那两男青年讲，你们年龄相差这么多，关系一定不正常。女朋友讲，我和他交往我父母亲都知道的。这是我母亲家的电话，你可以打电话问她。一个男青年真就打电话问女朋友的母亲。女朋友的母亲讲一切情况她都清楚的。这时，我女朋友看见另一个男青年拉开她手袋的拉链翻看，心里顿时起疑——查房也不该翻客人的东西，不合规矩的。这两人纠缠一阵，走了。我女朋友心里别扭，不想陪我呆下去，要走。我讲，你不能马上走，他们说不定在什么地方等着呢。后来，我女朋友坚持要走，我才把她送下楼，送上出租车。时间？我看过表的，11点45分。

记得两个查房的人什么长相么？

两人都是二十四五岁年纪。一个身高1米68左右，皮肤黑，胖，圆脸，穿一件布夹克衫。另一个比他稍高点，1米70左右，比那个人瘦，白，尖下巴，戴眼镜，讲普通话，穿白色风衣，风衣里边是白色羊毛衫，手上拿一副深颜色手套。

其余被查客人反映大致相同：来人出示过带"公安局"字样的证件，进来后，不像是正常执行公务，有点鬼鬼祟祟，态度也不和气。

据静安公安分局领导介绍，有权到宾馆查房的只有两个部门，一是管辖地派出所，二是分局治安科。不是随便就可以查，要掌握犯罪线索，要有任务。经了解，这两个部门昨晚没有任何一家去该宾馆查过房！

可疑的查房人！

市局领导非常重视这一情况，指示：不管这两人与凶杀案有无关系，也要将他们的来龙去脉查清楚，公安局不能跟着背黑锅！

一路警员按时间段看电视监控录像带子。两个嫌疑人"跳"出来了。

这两人31日晚11点进入宾馆，穿着打扮与台湾客人董先生讲述的很像，其中一人手里提着一个旅行包。12点，这两人离开宾馆，手里的包不见了。保安人员在18层消防门找到一只无主包，正是那两人带进宾馆的。再让董先生通过录像辨认，他看了两遍，说，两人很像查房的人。

这是两个什么人？与被害人又是什么关系？

张声华总队长请上海铁路公安局张欣根据客人讲述，画出嫌疑人头像，向有关部门分发。

先从与刘民相识的关系人查起。

刘民的家庭关系简单，父母早年离婚，母亲又再婚。办出国前，刘民跟着老父亲过，家里还有一个父亲前妻的女儿、刘民的妹妹。自从他办了护照国内外跑动，与家里来往并不密切。

刘民的社会关系相对比较复杂，股民圈里认识他的人有几十个，但没有亲近的朋友和太熟的熟人。

侦查员出现场时，发现1706卫生间洗手台上有一张纸条，上面写了一些阿拉伯数字和"徐汇住宅办、钱家塘"几个汉字。破译那几组数字并非难事，"2688899"是虹桥机场问讯处电话总机，"4524、5538"是分机号，"CAI502、11：40"是民航班机号及到港时间，"791"也是航班号。再去民航查询，CAI502航班是中国国际航空公司班机，1月2日11点40分由日本大阪抵沪。791是另一家航空公司由上海至北京的航班号。显然纸条上这一组数字是为了查一趟飞机，接一个人。

再查刘民住进宾馆后共往外打出四个电话。最后一个电话的通话时间是12月31日晚11点43分11秒——从这个电话上看,至少此时1706房间情况正常。案发当在这之后。

查清与刘民通话的,都是些上海做股票的股友。据股友介绍,刘民最近股票生意做得顺手,发了不少财。他在上海的固定住处,不对外人讲的,让股友有事情呼他,最近股友为了找他方便,还借了一只手机给他。为了协助破案,股友把刘民呼机号码和手机号码统统告诉了警方。

现场不见呼机,更不见手机,死者身边钱财皆无,显然这是一起谋财杀人案件!只是一时难以知晓钱财损失多少。

股友还说,他同刘民12月30日还见过面,说到2日要去机场接一个人。

接什么人?

他的女朋友丽,从日本来。他订这房间主要是为了女朋友。

元旦正逢冬至过后,白天最短,黑夜最长。何况再长的白天也经不住这么多任务切分。不少侦查员觉得,怎么才辞别家人,就到了吃午饭辰光?顾不上吃午饭,黑夜又遮盖住眉梢。跳出一个线索,马上有人冲进刺骨的寒风中去查实;发现一个嫌疑人,赶快审讯查清……时间不等人!

快破快捕,才可能把命案的负效应控制到最小,否则,逍遥法外的凶手可能制造新案,一切的痕迹与记忆会随着时光流逝越来越淡漠,破案也将愈发困难。而且,"纸里包不住火",五星级宾馆发案的消息迟早会被传出去,干警、宾馆,连上海市的形象都会因之减分,负效应难以估量。

三支队警员顾崧就像上足发条的机器,记不得出来进去跑了多少回数,元旦这天是顾崧外婆80寿诞,全家十几口人聚在一起为外婆过生日,热闹之际,外婆发现疼爱的外孙怎么没有到场。家人只对她讲在单位值班。值班不会调一调?外婆让家人呼外孙。让他赶快回来喝一杯祝寿酒。

还说喝酒?顾崧那天的晚饭半夜12点才吃上。外婆,外孙这次对不起了,等完成任务后再罚酒三杯吧。

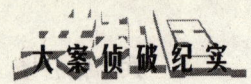

第一天假,不少侦查员没吃够饭,没睡足觉,才眯了两三个小时,眼一睁,新一天工作铺天盖地滚滚而来……

好消息,大哥大在用

2号那天下雨。先是毛毛细雨,后来越下越大。

上午10点钟,刑侦总队三支队支队长凌致福笑嘻嘻进来,对大家讲:好消息,大哥大在用!

奔波劳累了一天一夜的警员精神大振,电光火石般的推理在脑子里闪过:大哥大是被害人的,凶手将大哥大劫走,眼下使用大哥大的人不是凶手,也是与凶手密切相关的人,找到他,当离凶手不太远了——破案已曙光初现。

侦查员也判断出,凶手是个才入道的"雏儿",嫩得出水!

此时刑侦总队三支队和静安分局警力统在一起,同心协力投入案件的侦破。

一路警员到机场替死者刘民接机。

CA1502号航班正点到达上海虹桥机场。几位着便衣的警员表情严肃地盯着出港的客人。他们已经知道刘民要接的女朋友丽原先是同行,当过警察,后辞职赴日本"扒分",某个场合与刘民相识,并确立女朋友关系。丽此次回国是想与刘民过个新年,并与双方家长确定婚姻。

接机警员见丽的家人走向一位小个子年轻女性,他们也缓缓地迎了上去。

虽然不再当警察,丽仍有着一份常人没有的警觉与敏感。接机人中没有最该到场的刘民,却有几个似曾相识的陌生人……她猛地想到:多半刘民出事了!不是别人坏了他,就是他坏了别人。凭她对刘民的了解,刘有赚钱的心,但无坏别人的胆,那就是他被别人坏了……

警方将她领到静安分局,直截了当讲了案情经过。

兵布钻石楼

警员们没有听见哭声,丽的妆化得太厚,看不清脸上表情的细微变化,无法得知她有多伤心。他们甚至无法判断,自己希望还是不希望听到哭声?有的人甚至联想起如果自己有那一天,自己的妻子、女朋友会怎样做?

几位警员的目光从丽的脸上移开。他们也为自己在大过年的日子里扮演"报灾"的角色感到尴尬。没办法,谁让他们是警察?

片刻,丽提出看看刘民。

警方也需要有更亲近的人确认一下刘民。同意。

细雨霏霏,小车的雨刷拂来佛去。天哭了么?为谁?……

丽到底是当过警察的人,胆子比一般人大。陪同前往的侦查员发现丽朝那地方走去的脚步依然平稳,她推开房门,走到"他"的身边,她自己用手拉开蒙在刘民脸上的白单子,露出肩部就停手。好在刘民受重创的部位在胸腹部,容貌未毁长相依旧。丽静静地看着那张两天前还活泼乱跳眉飞色舞的脸,想着他在长途电话中与她商量假期的安排……有侦查员看着墙上的电子表,两分钟后,丽用戴手套的手摸了摸那张冰凉得如同隔世的脸,把白单子拉上,那张脸遮没了。丽与刘民不为人知的感情交往在这两分钟中戛然而止。

阴阳两界,无路沟通。天都无奈,何况人乎?

丽讲不出更多与案情有关的线索,警方打电话让家人接她走,看见她小小身影被家人撑起的雨伞遮住,听见细密的雨脚在伞面轻叩。

侦查员来不及叹息。

1月1日大哥大使用情况被一一排出来。其中下午1点53分和2点50分与杨浦某新村某户人家通话两次,引起警方注意。专案组警员与管片民警上家访问,只有一位老婆婆和一名中年妇女在家,再打听老婆婆的儿子、中年妇女的丈夫到啥地方去了?告知去闵行串亲戚。警方派人去闵行将男主人找回来,询问谁在昨日下午接到过电话。众人面面相觑,表示没有。

侦查员不好将案情公开,只打听家里可还有其他成员?

老婆婆讲,还有个小囡何云。

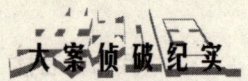

何云是我的外孙女。我女儿当知青,和她爸在外地回不来,外孙女按政策可回上海,户口就落在我家。

何云人呢?

今天上班去了。

啥单位上班?过年也不休息?

唉,在一家大商店眼镜柜台。商店就休一天假,她昨天在家。女孩子大了,交际广,她一在家,电话老多的。

你外孙女多大?

18岁,还不懂事体。

这个何云与本案有关么?

不管有没有关,一定要把她找到,电话的事情问问清爽。

这路警员直奔那家大商店。考虑到不要惊着可能的知情人何云,也不要给她周围环境带来不良影响,侦查员找到那家商店保卫部门,请他们协助,编个理由把何云"请"出来。

何云来了,青春少女,活泼可爱。侦查员的第六感已排除她与血淋淋的凶杀案有直接关系。

侦查员措辞委婉地将需打听的事情讲出口——你昨天下午接到的两个电话是谁打来的?

何云没当回事地说:唉,是毛丁。上中学时的一般同学。

你与毛丁关系怎样?

一般同学能怎样。

那他大过年的一个下午给你打两个电话,一定是喜欢你,请你出去玩,跟你谈恋爱吧?侦查员故意逗何云。

何云依旧满不在乎,大大咧咧。毛丁是有那个意思,可我没有。侦查员看出来,何云是个清可见底不会藏假的女孩,有着一般女孩的可爱处,也有被男孩子追的女孩的傲气和不太过分的小架子。

那他打电话找你有什么事情?

他不得了了！他"大"了！以为这样我就看得上他了。何云不以为然地噘噘嘴。

侦查员十分感兴趣，毛丁怎么个"大"法？

他昨天打电话给我，请我出去吃饭。我没去。他又讲他有一部大哥大，让我有事同他大哥大联系。

他可告诉你大哥大号码？

何云讲出的大哥大号码让侦查员心花怒放——就是案发现场丢失的那部！

侦查员把何云带到发案宾馆。此时何云已有所感觉，她只想到毛丁可能干坏事了，但究竟干了什么坏事，头脑简单生性快乐的何云并不多想，她还觉得坐着小车被警察带来带去的，蛮好玩。

侦查员把她带到录像监控室，先给她看张欣画的嫌疑人摹拟头像。她看后，摇摇头。问她，像不像你那位"大"了的朋友？她坚定地摇摇头，不像。又让她看发案前后的录像带，让她辨认有无她那位中学同学。她看得仔细，因为她感到事情有点严重了。

突然，她指着电视机上从电梯门出来朝外走着的一个人说，就是他，毛丁！

遥控器将该镜头倒过去，再放。那个头面不清楚的年轻人走回电梯，又原样缓慢走出来。

小何，看看清爽，不要眼睛花了看错人。侦查员提醒何云，何云不知道事关重大，可他们知道。

何云不服气地讲：他不走还不敢肯定，他一走路，就那个样子，一只肩膀高，一只肩膀低，死难看。就那样子，"大"了也改不了。

再倒回去，再看。

何云斩钉截铁地认牢伊——何云的指认把毛丁显影为本案重要嫌疑人。

大哥大通话记录上还有预订出租车的内容。将该车司机请来看录像辨认，也指认出与毛丁一同走出电梯走出大堂的两个年轻人就是乘坐他车子的客人。

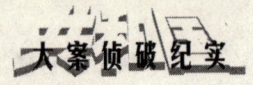

对象基本明朗。侦查员们心情激动,血流加快。

兵布钻石楼

一路警员沿大哥大记录来到升荣家,升荣刚离开。确定升荣是重要嫌疑人的信息传来,这路人马便再也动弹不得。看住升荣家所有来人和来电,不能走漏风声,如果升荣有电话来,要想法打听出他的位置,设计调他回家,并把他抓住。

而此时升荣家亲友若再加上回来的两个涉案嫌疑人,力量大大超出警方。没办法,只能咬着牙坚持!

时不我待!

要与对象面对面交手,尽快将他们抓捕归案。

静安分局周正副局长做何云工作,请她协助警方将毛丁拘留。何云这女孩倒是聪明,她看出此事非同寻常,毛丁不管犯了什么事,事大事小,总之不是好事。警方既提出要求,推不掉,也不好"淘浆糊",索性痛快答应,早点看到水落石出,免得隔着布袋摸猫,好奇心痒痒。

好吧。

周正问她,平时怎样与毛丁联络?打哪个电话?

打我家附近的公用电话,我Call他,他按公用电话号码复机。

一切照旧,免得引起他怀疑。

此时需一名女警察陪同才好。正要出门,看到刑侦支队副队长方士敏的爱人,方队长的爱人是治安科民警,那天正好在局里值班,周正向她讲明情况,她二话没说,跟着何云上车就走。

雨声淅沥,雨雾迷蒙。警车停在何云家附近公用电话亭边。周正让何云"呼"毛丁,在等复机的工夫,他又教给何云怎样与毛丁对话。总之像没发生任何事情,语气轻松自然。

叔叔,侬放心好了。何云眨着大眼睛点点头。

电话铃响了。何云抓起话筒。

阿拉小云啊,阿拉今朝下班早,侬有啥安排?

那边受宠若惊地说:(看侬有啥安排,阿拉随何小姐。)

下雨天,到哪里都泥泥泞泞的,不好玩。

(那就到啥子地方吃晚饭吧,晚饭后如果雨停了,再商量去啥地方玩。)

有啥好吃的?上海就那么几家中档餐厅,吃得来都不想吃了。再说人家正减肥,晚上只吃水果不吃饭。

(吃海鲜好了,海鲜吃了不会发胖。)

海鲜介贵的,侬请得起?

(别用老眼光看人,阿拉今朝手头宽裕,请侬吃海鲜笃笃定定没问题。)

何云又哼哼唧唧了片刻,看到周正局长点点腕上的手表,才赶快转入正题。那好吧,就去吃海鲜。侬讲去啥地方?

(钻石楼。)

周正在手上写字,字朝着何云。

钻石楼在啥地方?太远阿拉不高兴去的,天下雨,路嘛蛮难走。

(十六铺码头,是钻石楼分店。菜味道蛮好的。侬打车来,阿拉给侬报销。)

哟,侬今朝真的"大"了!好唉好唉,阿拉晓得了。十六铺码头,啥辰光?

(7点半钟。)

阿拉尽量啊,阿拉怕堵车子,会迟到一歇歇。侬一定等啊,不见不散。噢对了,还有啥人一起,两个人老没趣的,毕竟过年么。

……

还有升荣和他的女朋友。有数了。侬一定等阿拉。

顿时手机、呼机响成一片。分局长张俭调动所有能调动的警力——兵布钻石楼。

韦探长、陈探长、警官小周和方士敏上了一辆出租,先行奔向十六铺码头的钻石楼餐厅。

周正副局长跟着何云,带十来个警员随后赶到。周正让方队长他们先去勘查现场情况,圈定嫌疑人,等何云赶到,把人认准,再动手抓捕。

此时,一是觉得人手不够,二是觉得车子不够。

案情十万火急,不管人手够不够,车子够不够,如箭上弦,弓拉圆,所有警力扑进细雨霏霏、节日灯火璀璨的大上海之夜。

先遣小分队乘坐的出租车在禁行标志前停了下来。前边不好走了。司机回头说。

四位警官扔出一张钱票,推开车门,冲进雨中,直奔钻石楼。临上楼前,他们定定神,摸摸别在腰部的手枪。

四人上了二楼。四双眼睛对整个二楼厅堂做环绕扫描——靠窗一张桌上坐着两男一女三个人,还有一个位子空着。他们用眼睛余光扫视座位上那两个男青年,与案发宾馆电视监控系统显现的两个男青年对比。很像!

既然没到动手时间,不能总这么大眼瞪小眼四处乱看。四位警官不约而同走向嫌疑人旁边的桌子。落座。

方士敏边随意翻着桌上的菜单,边小声布置,他和韦探长对付一人,那两个警官对付另一个。方士敏背对着那张桌子,正前方有一面镜子,可清楚看见那一桌人的一举一动。那桌人显然还没开始正式晚餐,点了一些西餐小吃、酒水、饮料,随意用着,边吃边说笑边朝楼梯方向张望。其中一人突然伸了个懒腰,这桌的四位警官清楚地看到他伸出的左手戴一副黑颜色薄质地的手套——尤剑达法医曾指出一个凶手与被害人搏斗时左手受伤,就是他了!

服务小姐走过来,问他们点什么菜?

原以为糊弄一会儿就动手,没有在这里吃饭的打算,更何况囊中羞涩,也没有在这里吃饭的实力。可是小姐殷勤站在旁边,打开本子,攥牢笔,四警官仿佛听见霍霍地磨刀斩人声……没办法,点吧。

他们点了四个凉菜,要了两瓶啤酒。小姐一边巴巴地不走,等着他们点热菜,并主动为他们介绍该餐厅的特色海鲜。

先上凉菜,我们吃着,一会儿还有别的客人,等他们来了再点热菜。小姐撇撇嘴走了。四位警官轻舒一口气。他们哪里有心思吃凉品热?旁边坐着杀人案疑凶。他们留神着那张桌上的西餐餐具,刀刀叉叉在那两男青年手里舞动。一会儿动起手来,先打掉那些劳什子。怎么周局长和何云他们还没到?

一会,那张桌上的一个男青年起身,到服务台上打电话。厅堂里生意红火,人声嘈杂,听不清他讲些什么,只见他打完电话又朝外边走去。这桌的韦探长坐不住了,起身跟上他。原来他去上厕所。韦探长跟着他厕所里兜了一圈,又回到餐桌边坐下。

这时他们听见一阵响动,很多双脚踏楼板的杂乱震动——根本不像一般食客随意悠闲,透着一股紧张的逼迫。周局长他们来了!

四位警官知道不能再等,这么大动静会惊了正吃饭的两个犯罪嫌疑人。在何云上楼转身朝着那桌人走去的同时,四位按捺不住的警官猛虎样扑了过去。周局长一群人也泰山压顶样冲将过来——宣告最后的晚餐结束。

二楼厅堂里大乱。食客们慌不择路,没头没脑乱跑乱撞。一楼又有爱看热闹的食客拼命往上探头探脑。

我们是公安局的。不知什么人大吼:我们有任务,不相干的人让开!

厅堂里一下子清浊分明。战斗几乎不对等,对手太弱了。五分钟不到,两个犯罪嫌疑人已被扭麻花样扭进KTV包间。分头开始审讯。

你叫什么?

田磊。

叫什么?

田磊。

到底叫什么?

田升荣。

毛丁早被何云指认得清清楚楚,无处躲也无处逃了。

此时是2日晚7点45分,距报案刚刚36小时。

大案侦破纪实

"孽债"故事新编

静安分局后勤部门已为侦查员做好宵夜点心,烧热洗澡水,为大家接风洗尘。

侦查员们不能松心休息,他们还得连夜审讯,搜查赃物,使案子"打井见底"。

没见过此阵势的田升荣脸色发白,他哆哆嗦嗦说,只对周局长一人讲,人多了他什么也不说。

周局长留下一个记录员,让其余人退出,关上审讯室房门。

边审讯边取赃。一个通宵下来,水落石出。

升荣、毛丁和何云都是上海知青后代,共同的出身使他们相识相交相熟相伴。父母曾经的苦难不知是否是他们经常的话题,还是他们不愿回顾的以往;总之他们会比别的出身的子女多一些同命相怜吧。

都市对他们最强烈的诱惑是物质,是只要有钱什么都能到手的商品,当然你若没钱别说到手,连看一眼都不容易——譬如住在这些星级宾馆里的人五花八门的消费方式,老百姓又知道多少呢?

这些知青子女的父母大多数是工薪阶层——有相当一部分人处于下岗待业的行列,养活他们吃饭穿衣上学已属不易,哪里有多余钞票供他们高消费。

没有高消费的条件,并不能扑灭高消费的欲望,没准越得不到越渴望呢!

这都是我在案发后采访时的联想,肤浅简单也不用担责任的联想。每个知青家庭都有一部不平常的故事。

毛丁与升荣四个月前才认识,毛丁也差不多从那时开始"追"何云。何云有一份相对稳定的工作和自顾温饱的收入,而毛丁和升荣没有。十八九岁,心比天高,几乎没有挣钱养活自己的像样本领,对工作还挑三拣四,想轻轻松松挣大把铜钿,求职的经历成了一串碰壁的记录。

两个"孽债"四个月的交往是怎样的?怎样从一般青年变成残酷夺命的

杀人犯？因为与案情无关办案时无人多问我在采访时也便不知,只知他们在1994年最后一天的行为——那也是他们在这个世上身心自由的最后一天。

自由,并不保证善良和美好。

他们已决定那天要杀人越货——过年了,满大街霓虹闪亮的橱窗,各大商家隆重推出的新年营销策略……强烈地刺激着他们的困窘,他们不甘心困窘,他们觉得自己有能力改变困窘。他们选中大款云集的五星级宾馆。

31日中午,也就是刘民住进宾馆的同时,毛丁与升荣见面了。他们先到"张小泉刀剪店"买了两把木柄单刃刀具,又到另一家百货店买了一根领带、一只旅行袋。看看尚早,两人又到繁华街市的"顶呱呱西餐店"喝了两杯咖啡,边喝边自嘲地说,今晚过后,他们的餐饮将不会这么简单。

日落楼隙,夜幕垂降,黑夜总是给恶人壮胆。两个小恶人加紧行动了。

他们来到星级宾馆密集的静安区,并无特定目标。哪家宾馆里有他们看上认为有"货"的人,就"造访"哪家。

他们先是跟上一位日本老太太,看那老家伙身上皮毛光亮,耳朵上珠钻点点,想必房间里藏金纳银。日本人一般有钱,不像西亚中东人比中国人还穷。今晚就干她了,干巴老太太,一吓唬就掏钱,好办!

他们跟进老太太住的宾馆,又一直跟上楼层,跟到客房间。谁知老太太房间里一房间人,足有四五个……毛丁和升荣悻悻地乘电梯出宾馆,又去了另一家五星级宾馆。

另一家也没有得手机会。

时已深夜。旧的一年即将过去,新的一年即将到来。各宾馆都开始了隆重热烈的元旦晚间节目。两个小恶人更显得形单影只。

时间一个钟点一个钟点过去。两个小恶人等得不耐烦,什么新年不新年?兜里没钱,都是旧年穷年破年。何况旅行包里雪亮锋刃弹弹跳跳,那是一股恶的胁迫,胁迫他们飞刀夺命!

10点45分,他们进了刘民住的这家宾馆。首先到卫生间藏好刀子——人腰上别了一把,物色到一位住15层的外籍客人,随后乘电梯上到18层,准备从18层消防楼梯走到15层作案。谁知15层消防门是锁着的,进不去。两人又沿消防楼梯走上18层,把旅行包扔在18层消防门处。升荣拿出一个印有公安字样的工作证——是升荣父亲的工作证。升荣父亲是东北某省铁路公安处的技术干部,不知他是怎样搞到手的——借查房为名寻找作案目标。

他们连着去了四间客房,不是人多——像那个姓董的台湾客人,就是客人警惕性高,总之他们没有得手机会。

此时他们被接二连三的失败惹"躁"了,"毛了",他们已经等不及了不管不顾了。

11点45分,他们借着那张证件,闯进1706房间,他们看见刘民的大哥大、呼机,及露在外边的钱财,互相用眼睛示意:就是他了。

趁刘民回身找护照的时间,两个小恶人动手了。升荣在刘民前面,用刀威逼他交出钱财,毛丁在他身后,不时用刀尖点划刘民背部。刘民突然动作,夺过升荣的刀子,与之搏斗。升荣左手受伤。此时,毛丁从背后猛刺两刀,刘民摔倒床上。两人用领带捆住刘民双手,用毛巾塞住他的嘴巴,又上前猛捅猛扎,直到刘民血肉模糊倒地死亡。

完事后,两人共抢得价值五万元的钱物,从衣柜里翻出刘民的衣服换上,逃离现场。为了转移视线,他们乘出租车将作案工具丢弃虹桥机场,将自己身上的血衣丢弃某公房花园,将刘民的身份证和护照丢进黄浦江。第二天,他们急忙用抢来的钱购置"皮尔·卡丹"皮夹克、衬衣、皮鞋等衣物。

等案子破掉,清点赃物时,不到两天时间,他们已花掉8 000元人民币和1 300美金,也就是说,在连白天带黑夜的30几个小时里,他们平均每小时花掉600元——真应了那句古话:花钱如流水。够得上疯狂。

可惜从他们手流出的不是水,不是自己劳动得到的净水,而是别人的鲜血与生命。

据交代,他俩原打算3日再到某星级宾馆干上一票,就逃离上海躲风。然而,在他俩动手之前,侦查员似神兵天降,坏了他们的如意算盘,将他们送上了断头台。

惊天牛案

杨远新

本案起源于一头常见的黄母牛,但由于少见的巧合和其他因素,导致案情扑朔迷离。宁乡警方为对丢牛群众负责,苦苦侦查两年之久,省、市、县兽医专家数次鉴定,均未使涉案人信服。警方迫不得已采取强制措施,涉案人及亲友、群众不服,引发了数千群众与警方对抗、冲突,"万民申诉书"惊动党和国家领导人。查不清小小牛案,愧对江东父老!警方狠下决心,调整部署,乔装下乡,深入群众,终于使真相大白。此案虽小,却内涵丰富,令人深思。

国办73号密函飞向湖南

北京3月,冰消雪化,暖风徐送,中南海的柳树绽出鹅黄,石景山的松柏

叶出新绿,每一条大街小巷都洋溢着浓浓的喜气。

八届全国人大三次会议正按拟定的程序,在庄严雄伟的人民大会堂举行。2 000多名来自各条战线、各个阶层的人大代表,与党和国家领导人一道,共商国家大事。

3月15日,大会秘书组信访组主办的《信访快讯》第48期,以极快的速度呈送中共中央政治局、书记处各同志,国家主席、副主席、大会主席团常务主席、国务院总理、副总理、国务委员、全国政协主席、大会副秘书长、各大组组长。并增发湖南省代表团。

《信访快讯》内容引起了党和国家领导人的高度重视,也震动了湖南省代表团的头头脑脑和每一个成员——宁乡县近日发生重大警民冲突事件。

湖南省宁乡县煤炭坝乡国庆村全体村民向乔石委员长写信,反映该县公安局在1995年3月3日,不顾事实,强行抓捕村民贺春奎时,与当地群众发生冲突,在当地反响强烈。

事情的起因是:宁乡县煤炭坝乡国庆村村民贺春奎,本是一位朴实农民。1993年12月经过正当途径买回一条母牛。不料却招来一场灭顶之灾。宁乡县涌泉山乡一位吴姓村民向宁乡县公安局报案,称贺的母牛为他所丢。后经技术部门鉴定及大量证明材料证实,贺之牛决非吴之牛,宁乡县公安局某些干警不顾事实,错误定性,硬是认定贺之牛为吴之牛,几次欲强行带走贺之牛,使贺春奎蒙受冤屈,遭受巨大经济损失。贺春奎多方投诉,要求实事求是处理此案。

不料,1995年3月3日下午,宁乡县公安局出动小车8辆,载着60多人,带着武器和刑具,在不通知村组干部的情况下,包围贺家,将贺春奎及80多岁的老父贺应时抓走,激起了宁乡、益阳、桃江三县交界处的群众的义愤,他们闻讯赶来,齐声质问,一下子就围上来几十人,邻居卢介奎说:"你们这样搞不合理。"村民贺正安见状气愤地说:"你们不依法办事是旧社会的作风。"……围观的数千群众无不痛心疾首,愤怒斥责。

惊天牛案

这一事件严重阻塞了交通,两头来往的车辆摆成了长蛇阵,司机、旅客以及三县交界处赶来看热闹的群众都义愤填膺,人们都大声质问公安。这样双方对峙达4个小时……

值得补充的是:被抓走的9人中,有4人是在生产途中单衣赤脚拖走的……

3月16日,中共中央政治局委员、书记处书记、国务委员兼国务院秘书长罗干同志在这期《信访快讯》上批示:"拟请湖南省委政法委核查并报处理结果。亦请建新同志阅示。"

3月18日,中共中央政治局委员、书记处书记、中央政法委书记、最高人民法院院长任建新同志在罗干同志的批示上画了重重的一个圆圈。

接着,[1995]73号国办秘函飞过黄河,飞越长江,飞向湖南。

湖南省人民政府办公厅:

　　转去任建新、罗干同志对《宁乡县近日发生重大警民冲突事件》(八届全国人大三次会议《信访快讯》第48期)一文批示的复印件,请送省委政法委员会核查并请尽快报送处理结果。

国务院办公厅秘书局
1995年3月20日

抄送:中共政法委员会办公室、公安部

3月27日,湖南省委政法委副书记苏建明同志批示:

"请督查处督促长沙市委政法委认真查处并报结果。并请将任建新、罗干同志批示复印一份给长沙。"

3月28日,中共湖南省委常委、政法委书记吴向东批示:

"请长沙市委政法委组织人去查处,并报结果,如有必要,省委政法委督查处可去一同志帮助协调。"

这里值得一提的是,在此之前,也就是3月16日,吴向东同志已在宁乡县

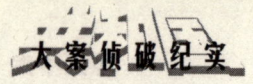

煤炭坝乡国庆村全体村民及事发地其他群众签名的《万民申诉书》上批示:

"请长沙市委政法委过问此案,一定要依法公正处理,并切实做好稳定工作。结果报省委政法委。"

3月31日,湖南省人大常委会办公厅批转了贺春奎的亲属王伯藩等人的《申诉书》——

省公安厅:

转介上访人王伯藩去你处,反映不服县公安局对其妹夫作偷盗耕牛论处问题,请督促宁乡县公安局依法公正处理。

盗牛耶? 骗牛耶?

这起特大警民冲突事件,缘起一条并不起眼的黄母牛。

1994年2月6日晚上,宁乡县涌泉山乡蓬头村上塘组村民吴有舟饲养的一头黄母牛被盗。这头牛是吴有舟在1990年7月的一天,经本村牛贩子陈学桥中间说合,从桃江县青竹山一位姓孙的村民手中花68元钱买的,且精心喂养了两年七个月,现在价值700元。

2月7日清晨,吴有舟组织自己的两个儿子吴志强、吴自强、弟弟吴凯良、邻居姜伏兵等人,顺着牛的脚印寻找,他们翻越十几里山路,终于发现牛脚印进了煤炭坝乡国庆村莲花组贺春奎家的牛栏。吴凯良悄悄走近牛栏观察,发现被盗的黄母牛果然关在里头。他招呼吴有舟过去细看,并叮嘱要看清,要搞准,这时天还没放亮,吴有舟凭借手电光,一眼就认准了是自己家的黄母牛。他们没有上公安机关报案,也没有向乡村组织报告,而采取了一点点灵活机动的战术:以买牛为名,先放20元押金,便十分顺利地将黄母牛牵回家。

他们牵黄母牛回到离家200多米的地方时,松掉牛绳,搭在牛背上,不用人指挥，牛很自然地走进了自己的牛栏。

吴家人为黄母牛失而复得高兴不已。

贺春奎自从黄母牛被买走的那一刻起，恋恋不舍的感情总是在他心头撞击。近几年，他利用农闲，买牛卖牛，赚几个活钱。经他手买进卖出的牛少说也有了几十头，而他惟独对这头黄母牛有点舍不得。他也不知这是为什么。他还清楚地记得，一个星期前，也就是1994年2月1日下午，他经益阳县岳家桥乡牛贩子唐小良介绍，从桃江县莲河冲乡曾家湾村村民李桃秀、刘浩同夫妇家，花726元买回这条黄牛婆，卖主净得716元，唐小良得介绍费10元。他购进此牛，是准备开春耕田用的。他没想到会有人找上门来买牛。他先是随便说卖牛，哪知说着说着就当了真。既然能赚百把块钱，何不就卖了算了。

贺春奎拿了20元押金，就让买主将黄母牛牵走了。过了一会儿，他才想起连买主叫什么名字、住什么地方都不知道。他立即追赶这两个人。他追上了其中一个老倌子，他问他叫什么名字。老倌子说，他叫蔡三元，住涌泉山乡的渠道边上。贺春奎相信了，记住了。他转身回家。

第二天上午，贺春奎去涌泉山乡买牛，沿渠道一路打听蔡三元这个名字，问了好几个人，都说未听过这个名字。其中一个人对他说，你的牛可能被骗了。这时，贺春奎才着急了。但他又想，乡下人，哪里会行骗呢？可能送钱到他家里去了。于是，他火速赶回家。他还未进屋就问儿子，送牛钱的是否来了？儿子说，没来。这时正是中午时分，他顾不上吃饭，立即转身询问牛的去向。一路问到蔡家冲口子上，见到一位妇女在门口泼水，他问：女同志，昨天下午是否有人牵牛经过此地？她说：没有看见，只听说上塘组的吴有舟，诨名叫舟三的人失去一条牛，在垛子屋寻到。贺春奎问到舟三家时，火冒三丈，指责他是个骗子，要他把牛还给他。哪知，舟三骂他是盗牛贼，并喊来左邻右舍20多人，击拳推掌，拿出绳索，要捆他送涌泉山乡政府。后来村支书到了，看了牛，交待舟三，此牛卖不得，失不得，掉不得，死了也要在。正月二十日以后再作处理。这天是腊月二十八。村支书走了，剩下村治安主任,要贺春奎把买牛卖牛的详细过程谈了一下。治安主任作了记录。贺春奎要求派人去桃江县曾家湾调查落实黄牛婆的来历。他们不去。晚上贺春奎回家了。当天深夜,他又找本村支部书记贺宝生和村长蔡楚良,请他们9日去上塘组处理此事。他们答应了。当晚他又去桃江县曾家湾约卖主9日去上塘组作证。

2月9日上午,贺春奎、村长、书记、卖主等人,一起到蓬头村,直接找治安主任。他没在家。又找村长和书记,均未在家。等到中午,治安主任回家了。于是,他向治安主任介绍了来人的身份,并要求曾家湾的卖主李桃秀向大家介绍牛的特征。卖主介绍后,他要求舟三牵牛给卖主看一下。舟三不同意。经再三请求,才勉强给看了一下。此时,舟三吓唬卖主:你作硬证会要吃亏的。李桃秀好害怕,不敢多说。这时已是下午4点钟左右,他们还没有吃中饭,于是作证的卖主与国庆村村干部就回家了,贺春奎为了防止舟三将牛掉换,到附近塘湾村邀了妻妹夫蔡菊良,再次请了蓬头村治安主任,一起到舟三家看了一下牛,然后才回家。

谁是谁非,警方进行调查取证

一个指责对方是偷牛,一个指责对方是骗牛,谁是谁非,只能以事实为准绳。

春节过后,宁乡县公安局接到双方报案,于是派出得力民警,分头调查取证。

陈学桥,男,54岁,农民,小学文化,汉族,住宁乡县涌泉山乡蓬头村横冲组。他证实:他经手出卖过一条谷黄色的小母牛给本村上塘组的吴有舟。他卖牛的时间大概是1990年7至8月间。黄母牛毛重百把斤,卖了68块钱。吴有舟将那条黄母牛喂养至今。他还告诉侦查员:吴有舟是全村最老实的一个人。加之他身体有病,当地人都称他叫"舟三姑娘"。末了他强调:他做过一年的牛生意,凭他的经验,凡是在哪家的牛栏里关过的牛,它自己晓得进栏,倘若主人家关了门,它会站在门前不离去。

第二个接受调查的人名叫吴凯旋,男,58岁,农民,小学文化,汉族,住宁乡县涌泉山乡蓬头村上塘组。他证实:吴有舟等寻牛回家时,一些人去看热闹,他在自家门口看见了这一幕。当时有人喊:放掉牛绳,看它能不能回栏,他看见吴有舟松了牛绳,黄母牛径直往牛栏里去了。他提醒侦查员:这条牛的鼻子上有个缺,带白色。这个缺是因为吴有舟当时不会上牛串,用电线串牛,刺伤了牛鼻留下的。

第三个接受调查的是参与寻牛的吴凯良,男,42岁,农民,初中文化,汉族,家住宁乡县涌泉山乡蓬头村上塘组。他证实:1994年2月7日早晨7点左右,吴有舟邀他去寻牛。同去寻牛的除了吴氏父子,还有姜伏兵、尹正初、吴志尧等人。因前一天下过小雨,路上的印迹看得清。他们寻着牛蹄印,从媳妇塘到冷水塘,再从益阳到煤炭坝的铁路上,又从铁路上罗介山出来的简易公路,再上灰山港至龙凤山的柏油马路,又下小毛路,上铁路。走一段铁路后,再走小路,最后到贺春奎的屋侧的树下,发现还有崭新的牛蹄印,恰好这牛蹄印与吴有舟被盗的牛蹄印一模一样。因为这个牛蹄印与在吴有舟家的牛栏里出来的牛蹄印相同。正当他寻牛到贺春奎屋侧时,贺春奎喊他:哎!同志,你做么子啊?贺春奎问这话时,正在自己家的阶级上理发。吴凯良回问:借问陈师傅住在哪里?贺问:你找他么子事?吴凯良说他要买条牛作田。他和陈师傅相识,但不知他住在哪里。贺讲:那你进屋耍一下吧。吴凯良就进了贺春奎的屋。这时,他家里还有一个男的、三个女的在磨豆腐。贺春奎一边给他泡茶,一边问他:你要买条么子样的牛?他讲:要买一条作得十几亩或二十亩田的牛。贺春奎说:有条黄牛婆,要900多元钱。你要不?吴凯良问他在哪里,他讲在那边,有七八里路远。因为当时他在贺春奎面前是扯的谎,是寻牛,而不是真的买牛。他就坚持要找陈师傅。他从贺家出来,与吴有舟、吴志尧会了面。他对吴有舟讲:你的牛绝对在这里,没有到别的地方去。他要吴有舟回村里多喊几个人来,吴有舟去了。他要吴志尧

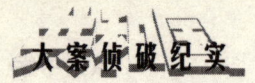

在马路上监视贺家的动向。他又第二次进了贺春奎的家。他讲：陈师傅没在家，他爱人讲已去龙凤山。他与贺春奎又谈及买牛的事。贺春奎讲："我屋里一条作田的牛要出卖，看你中意不中意？"吴凯良问他是什么样的牛，贺春奎讲是一条牛婆。他问他是什么色，他说是板栗色。他问他要多少钱，他讲要848块钱。他说：不要这么多钱吧？他讲：他是804块钱买的。他做牛生意，40块钱赚不到他不搞。吴凯良说：价钱先不讲，看一看牛的样子再说。接着贺春奎带他到了正屋背后的杂屋里，看见了这条牛。当时他心里一惊，头面、毛色都与吴有舟家的那头牛相像。他俩从杂屋出来，到了贺春奎的房里，看了一会儿电视，闲谈了一会，到这时候已是12点多钟了。贺春奎留他吃中饭。他说还要到陈师傅家里去看看，就走出了贺家。

他在马路上会了吴志龙。他问：你舟叔来没来？他答：还没有来。大约过了半个钟头，吴有舟搭三轮车来了。他就对吴有舟讲：你去贺家看看，确定是不是你的牛。吴有舟去看了。是贺春奎把牛牵出来，牵到他家屋前的地坪里看的。看牛时，开始只有他和吴有舟，后来尹正初、张月英、吴自强、吴志尧等六七个人都来了。贺春奎依然喊价848块钱。吴凯良讲：没带这么多现钱。他牵得牛去，明天送钱。贺春奎不肯，要现钱。吴凯良讲："我与你的妻妹夫蔡菊良是同学，你这样不相信我？"他见贺春奎不吭声，又提出："要他们牵牛回去，押我和我哥在你这里，等他们凑了钱，再来赎我们回去。"贺春奎同意了。

尹正初、吴志尧等人牵牛回去了，吴凯良与吴有舟就在贺春奎家等，一直到天黑。贺春奎问：钱为何还没送来？回答：路又远，牛又走得慢，钱是会送的，就不知什么时候送来。贺春奎看看天已黑了，他讲：就要过年了，家家都有事。你们还是回去，明天一定要送钱来。吴凯良听他讲完这句话，从身上掏出20元钱递给他，说：如果牛有毛病，就退牛，20块钱不要；如果牛没有毛病，那就买定了。这样，吴氏兄弟走出了贺家。

宁乡县公安局先后派出了十几位民警深入蓬头村，凡吴有舟的左邻右舍，凡与吴有舟一起寻牛的人，凡了解吴有舟喂养的那头小黄牛的来龙去脉的人，都上门作了仔细的调查，得到的回答与以上被调查人陈述的基本相同。

与此同时，宁乡县公安局刑警大队侦查员对贺春奎一方同样进行了细致调查。

首先接受调查的是卖主李桃秀。她曾于2月9日上午，被贺春奎请到吴有舟家辨认过黄母牛。当时她有些吞吞吐吐，此时面对头顶国徽的民警，说起话来如同行云流水。

"我叫李桃秀，女，44岁，小学文化，娘家住宁乡县涌泉山乡，我现住桃江县莲河冲乡曾家湾村青山湾组。我爱人名叫刘浩同。我家原有条黄母牛，去年，也就是1993年农历二月初四下了条小牛，到农历十二月二十，也就是公历1994年2月20日，我就把黄母牛卖给了贺春奎。中间人是哪个我叫不出名字，但看见了人我认得。卖价是716元，母牛的特征我还记得，一身板栗色，牛角约长4寸，呈内弯形，左鼻有缺，尾巴长些，尾巴尖是黑色，牛头上有几根几乎看不见的白毛，牛角周围有一些砣，正如人身上的疮，看不明白，用手摸就晓得。这条牛是1991年8至9月间买回来的，买来时还没生角，是条子牛，价408元。这条牛性情较温和，1992年春耕我教会它犁田。它生的那头小牛，是1993年8到9月间卖出去的。买主是宁乡县涌泉山乡黄金村的，叫什么名字我记不清了。"

接下来接受调查的是唐小良，男，37岁，高中文化，汉族，家住益阳县岳家桥乡石牛坝村老屋湾组。他说：

"我是做屠夫的，杀点猪卖，其次是种田。我认识国庆村的春奎哥，但名字搞不清。我知道他的屋住在铁路边，但没有到过他家。我是1993年在耕牛交易市场认识春奎哥的。因为有时我也杀牛卖。大约是那年农历12月下旬，我在桃江县莲河冲乡谭家冲买了3头母猪。当时钱未付清，这天我去谭家冲送还买猪的300元钱，走到莲河冲乡八一村黄家湾遇到春奎哥。他对我说，他要到前面人家买头牛，要我帮他去看看。我就去看了一下。因为价格过高未买成。我问春奎哥要买什么样的牛。他讲随便什么样的牛都要得，只要耕作得二三十亩田就行。我介绍曾家湾有一条母牛要卖掉,价钱大约700多元。不过只有架子没得肉,毛色是板栗色。讲完之后,我和春奎哥同去曾家湾,直接找到了养牛户家里。我和春奎哥看了牛。老板说要卖750元钱。春奎哥只出得600多元钱。经我双方说合,最后以716元钱成交。春奎哥另给我开了10元介绍费。这条牛的特征很明显。毛色是板栗色。是一头牛婆子,老板讲牛仔已经卖掉几个月了。这条牛婆估计140斤重。牛角2至3寸长。这条牛只要未兑换,现在见了我还认得出。哦!对了。牛尾巴较长。我是如实反映的,做伪证是违法的,这我晓得。"

小黄牛是否婚育,省、市、县 专家的鉴定结论并不一致

吴有舟、贺春奎各有证人,各据其理,而且对母牛的特征都描绘的一模一样,没有丝毫差错。这条母牛究竟是谁的呢?

侦查员喻正良等人分析认为:双方虽各据其理,但有一个明显的分歧,即贺春奎说他的牛是一头下过崽儿的牛,吴有舟说他的牛是一头未下过崽儿的牛,因此,只要搞清楚这条牛是否下过崽儿,问题就迎刃而解了。

1994年3月23日,宁乡县公安局委托宁乡县畜牧局高级兽医师喻富均、兽医师唐春山到涌泉山乡吴有舟家,对这头小黄牛进行技术检查。参加检查的有双方乡政府的领导,有吴有舟、贺春奎及其主要亲戚。技术检查之前,首先由吴有舟、贺春奎当众对小黄牛作了辨认,都确认是自己家的牛无误。两位专业技术人员对小黄牛进行了仔细的技术检查,得出了一致的鉴定结论:这是一条未婚母牛。

办案人员据此宣布:此牛系吴有舟被盗之牛,物归原主。

吴有舟及其亲友眉开眼笑,将小黄牛牢牢地圈在牛栏内。

贺春奎不服,多次找宁乡县公安局刑侦大队反映情况,申述原因,总的

一句话：他不是偷牛贼，他是牛的真正主人。

有关人员对他做了耐心细致的解释、劝导和教育工作。要他勇于认错，要他相信科学，要他从中吸取教训做好人。

贺春奎多次上访，多次失望而归。他停止了上访。

1994年7月7日，贺春奎组织亲友乡邻十多人，开赴蓬头村吴有舟家，将小黄牛抢回。抢牛过程中，双方发生扭斗。吴有舟的第五根肋骨被打断，吴自强的一只手受伤。

宁乡县公安局刑侦大队长蔡建国、煤炭坝乡党委、乡政府领导多次上贺春奎家做工作，要他将小黄牛归还吴有舟，贺春奎一家水泼不进，针插不进，并坚决表示：人在牛在，牛在人在。

吴有舟一方也不示弱，他和妻子张月英先是频繁上访，在得不到满意答复的情况下，夫妻俩顶着长长的白布，到区委、区政府，到县公安局、县政法委，到长沙市委、市政府门前长跪不起，喊冤不止。

宁乡县公安局刑侦大队再次对母牛悬案进行侦查，结果仍无突破性进展。经研究认为：该案时过境迁，加之双方活动频繁，各自搜寻对自己有利的证据，使解决问题的难度增大。认定小黄牛归属的唯一办法，仍旧只有走科学鉴定之路。

1994年10月27日，国庆村村长蔡楚良家的禾场上人头攒动。宁乡县公安局请来了湖南省农业大学动物科技学院老教授黄允基、长沙市畜牧局畜产科科长饶自兰，对小黄牛进行第三次婚育复议鉴定。到场的有县、乡、村的有关领导，有贺春奎、吴有舟双方的代表。与前两次的鉴定程序一样，首先经贺春奎、吴有舟对小黄牛予以辨认、确定，然后由专家对其进行婚育检查。结论仍旧是一头未下过牛仔的犊牛。专案组当即责成贺春奎将小黄牛牵还给吴有舟。贺春奎死活不同意，再次表示了与小黄牛同生死、共存亡的决心。第二天，贺春奎请村干部出面，一同牵牛到原牛主家辨认。刘浩同、李桃秀夫妇及当地群众确认此牛是李桃秀家卖出的无疑。贺春奎当众松开牛绳，牛径直走进了原来的牛栏。李桃秀和当地群众再次写出了书面证词。

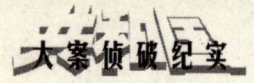

贺春奎又请来吴有舟的几位邻居,且都是白须长者,对小黄牛进行辨认,当场写出证明。

这天,贺春奎收到一份文字《通知书》:

贺春奎同志:

1994年7月7日,你组织有关人员到涌泉山乡蓬头村吴有舟家,强行将吴家的牛抢回家。该牛现经湖南农业大学动物科技学院及长沙市畜牧局专家教授重新鉴定:系未生过小牛的母牛。故认定该牛不属你所有。现经研究决定:限你在1994年11月5日前将该牛送到煤炭坝乡政府交廖正良同志处理。否则,一切后果自负。特此通知。

宁乡县公安局
1994年10月30日

贺春奎不但置之不理,反而将牛藏了起来。

1994年11月10日,贺春奎向宁乡县公安局送去了一份《桃江县兽医卫生检验报告》:

一、送检单位及货(畜)主:莲河冲乡曾家湾村刘浩同

二、送检样品:母黄牛

三、送检目的:是否经产

四、检验方法:临床检查

五、检验时间及结果:于1994年11月10日,通过对送检样品的外形观测,对照牙轮磨损情况,确定该牛年龄在5至6岁之间;乳房发育良好,乳房皮下结缔组织疏松,乳腺松弛,4只乳头大小不匀,长短有异,左前乳头长约11毫米,余3只乳头长约10毫米,右后乳头稍小,各乳头光滑柔软,呈明显被吸吮状。直肠检查表明,骨盆腔内触摸不到卵巢和子宫角。

六、初步结论：1.通过临床检查，基本排除处女牛的可能，似已产1—2胎的经产母牛。

七、其他：未作血清学检查与解剖检验。

检验医师：彭家训、刘定约、贺华梁
桃江县兽医卫生监督检验所
1994年11月10日

贺春奎表示：这是科学依据，他相信科学，他不是偷牛贼，黄牛是自己家的，他不能送给骗子吴有舟。

1994年11月22日，宁乡县公安局刑侦大队长蔡建国、副大队长赵丁山，又一次赴国庆村，和村支书贺宝生、村长蔡楚良一起做贺春奎的工作，责成其交出黄牛。贺春奎坚决不肯。蔡建国按照局领导的意图，考虑到贺春奎家较贫困的实际情况，以邻居的身份承诺：贺春奎将黄牛交出后，公安局补偿其800元。贺春奎依然不肯。其亲友反而责怪刑侦大队愿出高价赎牛肯定是心中有鬼。

与此同时，吴有舟、张月英夫妇依然头顶白布，频频上访。夫妻俩找到长沙市政府主管政法工作的副市长颜克初批了条子，要求从速处理。

一篇记者手记，一份《联合通知》

在这种情况下，宁乡县委政法委指示县公安局将母牛悬案的材料转到县法院，探讨民事判决的可能。经研究认为不妥。

1995年1月15日，宁乡县委政法委召集县公安局、县法院、县检察院负责人，并请国庆村村长蔡楚良参加，共同做贺春奎的工作，交出黄牛，听候处理。出人意料的是不仅贺春奎不同意，就连蔡楚良村长也讲不通了。这次会议毫无收获。

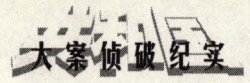

此时,一篇落款《湖南农村报》特约记者执笔的文章,寄到了湖南省公安厅、湖南省委政法委、湖南省高级人民法院。同时也在宁乡、桃江、益阳三县接壤的几个乡镇流传。

"偷鸡不成蚀把米",弄拙作骗坑良民
这桩骗牛案该怎样秉公处理?

宁乡县煤炭坝乡国庆村村民贺春奎是个老实巴交的庄稼汉,在困境中,他凭双手埋头耕耘劳作,日积月累花几百元钱于1993年农历十二月二十从桃江县莲河冲乡曾家湾村刘浩同家买了一条黄牛婆,价726元,做来年下田春耕用,不料"半路上杀出一个程咬金"。买回牛第七天上午9点左右,被本县涌泉山乡蓬头村一个报假名蔡三元真名吴凯良的人骗走,几个来人说买他这条牛,没交一分钱,说是明天送钱,他还招待了他们三餐饭,结果,第二天毫无人影来送钱,他才知道上当。他寻踪迹至蓬头,问遍了人都说没有蔡三元。结果,找上骗牛者,对待他的态度是顿时几十个人欲将他捆打。骗牛人吴凯良称他失了一条黄牛,而失牛的时间是贺春奎买牛后一个星期。因此"张冠李戴"诈骗这条牛,"假狸猫换真太子"。贺春奎急得无奈,只得投诉于宁乡县公安局与政法委,奔波县城25次,花去资金1000多元,耽误一年生产和失去一年包耕田,损失惨重,反被冤枉,而且公安局在此大做文章,大动手脚,多次更换人员四处调查,每次都遭群众斥责扫兴而归。事实确凿,证据确凿,他们还含糊不定,不秉公判断,反使贺春奎遭不平对待。1994年7月7日,贺春奎等从吴家将牛牵回,公安局传令,以所谓"强行抢牛"论处,限他于1994年11月5日前将牛送交煤炭坝乡处理。由于此牛确系贺所买的黄牛婆而没有交出。吴家所失的牛与他这条牛大小、花色、特征都不一,而且吴的亲属也证明此牛不是吴凯良的牛。桃江县的群众也多次出证此牛是刘浩同的牛,当地村干部也担保,而吴家制作伪证,由所谓畜

牧工程检测(无鉴定书)"未生过崽儿的犊牛"。1994年11月10日,由桃江县兽医卫生监督检验所检验,结论:基本排除处女牛的可能,似已产崽儿1—2胎的母牛。然而,宁乡县公安局将贺春奎一方的所有证明作无效,说什么无法律保障。对此,国庆村、曾家湾村、蓬头村的群众均气愤。一件真相大白、证据确凿的骗牛案,宁乡县公安局不公正处理,这说明了什么?时间已过一年多,此案至今未处理。宁乡县公安局要贺将牛送去,公安局花800元买下,还要他不声张,这其中又是什么原因?因此,贺春奎只能越级申诉,他要求按照《中华人民共和国民事诉讼法》赔偿经济损失与名誉损失……

《湖南农村报》特约记者执笔
1995年1月13日

没过几天,贺春奎从这位《湖南农村报》特约记者手中收到一份湖南省公安厅、湖南省高级人民法院的红头文件。

联 合 通 知

长沙市公安局、长沙市中级人民法院:

　　最近几天来,我们连续收受宁乡县煤炭坝乡国庆村贺春奎关于他在1993年12月20日从桃江县莲河冲乡曾家湾村买回一条黄牛婆,被本县涌泉山乡蓬头村吴凯良和其兄骗走所诉一案,宁乡县公安局有关主要干警对此案"节外生枝"主观武断,偏听一面之词,不尊重事实与证据而裁决。我们将于春节后调查处理。请你们协助督促宁乡县公安局在本月25日前将案卷送交省公安厅、省高院审查。并必须制止将牛销售灭案。

　　特此通知

1995年1月20日

贺春奎手捧《联合通知》，激动得泪水盈眶。有上级撑腰，他决不将牛交出。

宁乡县委政法委、公安局并不知道有这份红头《联合通知》，他们依然苦口婆心做贺春奎的工作，劝其交出黄牛，听候处理。

黄牛不知去向，丢牛者头顶白布告状

1995年1月23日，宁乡县委政法委召集县公安局局长、县法院院长、县检察院检察长及有关人员会议，专题讨论母牛悬案，形成了政法业务协调会议纪要七条。明确决定要将黄母牛从贺家牵出来听候处理。如果贺春奎执意不肯，则将其收审。

1月24日，宁乡县委政法委副书记颜克良率有关人员深入到国庆村落实政法会议决议。当他们要贺春奎交出黄牛时，贺春奎提出：他的牛已经在桃江县畜牧局作了科学鉴定，是一头下过崽儿的牛婆，他要求各级领导相信和尊重科学，不能只听一面之词，他不是偷牛贼，黄牛婆的的确确是他自己的。他不能交出。

在场的领导表示：既然两种鉴定结论截然相反，那就邀请桃江、宁乡和省市的有关专家再次进行会诊鉴定。贺春奎表示赞成。

要进行大规模、高级别的会诊鉴定，必须选择相应的场地。乡、区、县三级领导当场拍板：会诊鉴定地点选定在煤炭坝乡政府。他们要求贺春奎准时将黄牛牵至那里。

贺春奎则死活不肯。理由是：牛牵出了，就没有牵回的。他已经被吴有舟、吴凯良兄弟骗过一次，他不愿被骗第二次。在场的主要领导向他反复解释，吴有舟是个人行为，这是组织行为，有着本质的区别。贺春奎连连摇头，坚持牛不牵出，联合鉴定只能在他家里进行。

公安机关迫于无奈，作出收审贺春奎的决定，以便排除联合鉴定的阻力。哪知刚一宣布,黄牛竟不知去向,大队人马只得无获而归。

回到县城玉潭镇,侦查员将贺春奎带到刑侦大队办公室,对其办理了收审手续。这种时候,贺春奎的态度发生转变,同意将牛牵至煤炭坝乡政府进行联合鉴定,要求对他解除收审,放他回家。侦查员经请示有关领导,同意他的要求,但为了防止他出尔反尔,要他写出书面保证,并由刑侦大队长蔡建国以邻居身份担保。否则不解除收审。贺春奎同意,要了纸笔,当即写下保证书。

贺春奎平平安安回到国庆村。第二天,他照样做他的农活,似乎忘记了他留在刑侦大队的《保证书》。

1995年1月26日,刑侦大队4名侦查员受命来到国庆村,传讯贺春奎。就在他们将贺春奎带至公路,快上警车时,被当地村民阻碍,不仅将贺春奎抢了回去,而且将警车门打烂。4名侦查员空手而返。

这时,在宁乡、桃江、益阳三县交界的乡镇中流传着署名为《湖南农村报》特约记者杨公道写的一篇纪实通讯:《法律的天平不容倾斜——揭示一桩骗牛案的来龙去脉》,期待着上级有"包拯"、"寇准"、"焦裕禄"式的青天大老爷为这桩案子秉公而断。

与此同时,湖南省委政法委、省公安厅、省高级人民法院收到了一封内容相同的申诉信:

多行不义必自毙　冤情还需清官明
——被骗耕牛忧思录之三

尊敬的首长:

宁乡县煤炭坝乡国庆村一桩被人诈骗耕牛案,本是一件很清白的小事件,而且地方政府完全可以调解好的。为什么时过两年未得到处理?而要投诉于省府公安司法机关呢?因为宁乡县公安局少数干警把持此案,"一塘清水"被"搅浑了"。以小化大,不讲公道。然而,惊动三县三乡三村群众，分明早就清白的事，事实和证据确凿，他们循环轮换兵马多次调查，使多方群众气愤与厌倦，并多次来到国庆村抓贺春奎欲牵牛，每次都遭到群众斥责与制止，他们如临大敌，还号称要出动几十人再次来镇压，这是不服人心的。因此能引起上级重视和关注的是"宁乡"。他们极少数人为此案编造了一个离奇的故事，为自己摄下了一个又一个惊险的镜头。贺家买牛，吴家失牛，时间误差六七天，根本联系不上。而办案人这么重视、关心吴家的报案，脱离实际地"穷追不舍"。而对买牛者贺春奎的遭遇、损失又这么不重视，千方百计证明卖主卖给买主的这条牛是下过崽儿的牛婆，而宁乡县公安局坚持说是"处女"，把桃江县兽医卫生检测所的证实说成"无法律保证"，然而又三番五次出价买他这条牛去公安局。毫无疑问，这是图谋不轨。况且，他们要向贺买牛，还不许声张。后来又不买牛而要再三验牛，要杀牛灭案。这些，群众很疑惑，再说，贺春奎买条用牛而被害得他终日不安宁，经济损失几千元，还不能正常过日子，真是"岂有此理"？人民政府还讲道理吗？春耕将近，他想包耕一些田，可是，"保护神"还要扰乱他，终日忧心忡忡，怎能安居乐业？因此，请示上级"父母官"早日来了结此案，小民在此跪求。

公道
1995年2月20日

这些日子，作为丢失耕牛的吴有舟、张月英夫妇一方，则干脆在长沙市和宁乡县城安营扎寨，生根落户。白天，夫妇俩顶着白布书写的申诉状，在长沙市委、市政府，宁乡县委、县政府，以及市公安局和县公安局门前坐等；晚上，便打开铺盖，在以上机关门口睡觉。一时间，母牛悬案成为宁乡县，乃至长沙地区街谈巷议的话题。

1995年2月17日，宁乡县委政法委副书记颜克良给宁乡县公安局副局长李寄坤写了批条：对吴有舟丢失耕牛一案，请坚决按今年元月23日政法委业务协调会的决定办理,并尽快予以落实。

李寄坤手握这张批条,感到很沉很沉。

1995年3月3日,颜克良、李寄坤率领一支由刑侦大队、回龙铺派出所、煤炭坝公安分局和乡政府有关人员共40人组成的工作队,开赴国庆村。

这支队伍出宁乡县城西行20余里,进入青山环抱的煤炭坝公安分局,40名工作队员在分局会议室正襟危坐,听颜克良、李寄坤对此次行动作部署安排。他俩明确指出:此次行动的目的只要把牛牵出来就可以了。如果贺春奎执意不让牵牛,则将其收审。如果群众阻碍,则说服教育。如果发生暴力对抗,则将对抗者收审。如果贺春奎和黄牛均不在,则撤回下次再来。全体队员都表示领会与理解。

下午1时许,队伍离开煤炭坝公安分局,沿山道行进约十来分钟,顺利进入国庆村。

噩梦过后,省、市调查组来到宁乡

谁也没想到会发生"3·3"事件。

经历了"3·3"事件的人,都像做了一场噩梦。

"3·3"事件发生后,中共宁乡县委、县人民政府非常重视,主要领导在听取了情况汇报后当即指示,要不惜一切人力物力,组成强有力的班子,认真调查处理这一事件,不查清楚,决不收兵,并责成县政法委立即着手处理。

3月9日,县政法委召开专题会议,决定组成以政法委副书记颜克良挂帅,县公、检、法、司和回龙铺区、煤炭坝乡主要领导人及有关人员参加的共40多人的调查组,集中精力查处。

3月11日,联合调查组正式进驻煤炭坝乡开展工作。

上午,在煤炭坝乡会议室。颜克良主持召开了有调查组全体成员及煤炭坝乡副科级以上干部参加的工作会议,传达了县里的精神,通报了"3·3"事件及发展情况,并宣布成立了以公安、检察为主的侦查组,以司法局、法院为主,乡政府配合的法制宣传教育组,分头开展工作。下午,调查组召开了有国庆村支部书记、村主任、妇女主任、会计参加的座谈会,听取对"3·3"事件的意见和看法。

20天后,一份《关于"3·3"阻碍执行公务案件的情况汇报》形成,《汇报》陈述了"3·3"事件发生的原因:

一是此案的当事人贺春奎不听劝告,不听调解,顽固坚持自己的观点。对宁乡县公安局委托省、市、县有关专家对牛作出的科学鉴定视为儿戏,阻挠公安机关执行公务,在公安机关准备对他进行收审时,他采用金蝉脱壳之计,写下了同意将牛牵出的保证,以蒙骗公安机关,在公安机关派员牵牛时,他又将此是非牛藏了起来,贺春奎对"3·3"案件负有不可推诿的责任。

二是贺春奎的妻兄,现任桃江县灰山港镇镇长的文吉清,在幕后操纵一些不法之徒,歪曲事实,盲目站在贺春奎的立场上,为其撑腰打气。在宁乡县公安局组织专家对牛进行鉴定的同时,他也在桃江县请了一位小学文化程度的畜牧医师对该牛进行了非法鉴定,结论是"似是一条下过一至两条小牛的牛婆"。从而坚定了贺春奎对该牛是一条下过小牛的母牛的错误观点,也坚定了贺春奎本人与公安机关相对抗的决心,造成了部分群众对该牛身份的错觉。

三是少数不明真相的群众,不学法,不懂法,盲目介入到牛案之中,替贺春奎鸣不平。正因为有了对牛的非法鉴定,贺春奎以为有了依据,遂在益阳县堤卡子乡花500元钱请了《湖南农村报》特约记者杨公道替他打官司。杨在贺的多次催促下,伪造了省公安厅、省高级人民法院"关于责令长沙市公安局处理此牛案的《联合通知》",进一步加剧了贺春奎与公安机关对抗的心理。

四是国庆村党支部、村委会在处理牛案的过程中,不相信政法机关的调查,不相信党政机关的调解,在没有弄清事实真相的情况下,支持贺春奎告状,并且在群众中散布错误言论,使部分群众认为该牛非属贺春奎不可。

《汇报》指出了查处"3·3"案件的障碍:

在调查组积极开展工作的同时,以文吉清为首的贺春奎的亲戚却在幕后加紧活动,阻挠调查组开展工作,致使调查组工作一度陷入困境。其主要事实有:

一是指使贺春奎亲属转移是非牛,致使调查组对牛的重新鉴定工作受阻;二是组织、纵容个别人员非法制作歪曲事实真相的材料和传单,在煤炭坝、桃江、益阳散发,混淆视听,蒙骗广大群众,从而进一步激化了群众的对立情绪;三是于3月18日再次非法组织人员对牛进行鉴定和录像,混淆了事件真相;四是遥控指挥国庆村村干部,致使调查组得不到村干部支持和配合,有的村干部甚至躲避调查组;五是歪曲事件真相,采取恶人先告状的方式,去省委政法委上访,想通过上级机关的压力,干预调查组开展工作。

根据我们掌握的情况和文吉清的所作所为,调查组多次与他交换意见,要求他配合工作,共同努力处理好这一案件,并严肃指出,作为一个国家干部特别是领导干部,不应插手到这一事件中来,更不应该做反面工作。他不但不接受意见,反而制造更多的矛盾,与调查组对着干。针对这一情况,3月20日,宁乡县政法委去桃江县向该县政法委通报了"3·3"案件的情况及文吉清在这一事件中扮演的不光彩的角色,得到了桃江县政法委的重视和支持,他们及时对文吉清进行了批评和教育,并对他提出了三条要求:一是将发放的传单和录像带收回上缴县政法委,再不要插手此事;二是将牛牵出来交煤炭坝乡政府;三是做好亲属的工作,动员他们去宁乡县公安局说清问题,这样才使文吉清有所收敛。至此,此案才有了一定的进展。

3月27日,调查组又到贺春奎家与其亲戚座谈,通过一昼夜的工作,促使他们同意于29日将牛牵至煤炭坝乡政府进行重新鉴定。3月28日,宁乡县公安局通知了与牛案有关的单位和当事人,再次去长沙聘请专家和教授来宁乡对牛进行联合鉴定。3月29日,在各方面人员都到齐的情况下,文淑中(文吉清姐姐)以宁乡县公安局传唤了文固声(文吉清继父)为由,拒不将牛牵

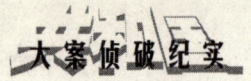

出,从而导致了这次鉴定流产。

与此同时,侦查组对参与、目击"3·3"事件的当事人进行了传唤和讯问,对参与打、砸、阻塞交通的犯罪分子进行了收审,到目前为止,已收审了11人;对脱逃在外的8名违法人员正组织力量抓捕,使之尽快捉拿归案。

整个解决"3·3"事件的关键在于分清牛的是非。由于我们内部某些人员的疏忽,牛案纠纷至今已有3年多了,时过境迁,要想侦破此案,可能性几乎为零,唯一可行的办法就只有走科学鉴定这一条路了。但由于贺春奎的亲属拒不配合,不将牛牵出来,工作组进村近20多天,连牛的影子也没有看到,从而导致了29日鉴定会议未能如期进行,在万般无奈的情况下,工作组只好于当天下午全部撤回,等待上级指示后再作行动。

由于国庆村面临三县交界处,环境十分复杂,加上贺春奎的一些亲友频频进行幕后活动,再加上这些人又大部分是外县人,我县不能对他们进行强有力的约束。因而,解决"3·3"案件困难重重,乃至于有些问题的解决是我们力所不能及的。故此,请求省、市政法委能予以干预,及时帮助疏通有关渠道,理顺有关关系,多方配合,处理好这一事件。

……

十分凑巧的是,这份《汇报》材料上报之时,党和国家领导人以及省委负责人关于查处"3·3"事件的重要批示传达到了宁乡县委、县政府。随即,省、市调查组来到了宁乡。

调查组经与县委、县政府主要负责人反复研究,认为要了解"3·3"事件的真相,必须双管齐下,一是下苦功夫,查出真正的偷牛贼;二是本着客观真实的原则,实事求是,查明"3·3"事件真相,不冤枉好人,不放走坏人。

奇特的传单和奇特的人

省、市、县联合调查组深入煤炭坝乡和涌泉山乡,对"3·3"事件真相展开调查。进乡的第一天,就发现了一张奇特的传单,不是张贴在村口电线杆上,就是悬挂于村中大树上。

买牛卖牛"交响曲"
—— 宁乡县公安局谱写主题曲

  1993年农历十二月廿七。在湘中某县农村出现一件离奇,并非寻常的骗牛案。被骗走耕牛的受害者贺春奎蒙受了一场浩劫,首先是由涌泉山乡政法书记易某感情用事,策划了吴家的谎报失牛案。然而,宁乡县公安局极少数干警对此很感兴趣,迎合了吴家一方的意愿,组织上十次调查,特别是在贺春奎买牛之地——桃江县莲河冲乡曾家湾村多次取证,证明此牛不是赃牛,是刘浩同养牛,并有来龙去脉。此牛下的崽儿卖去的地方也有证词,并且三乡三村干部群众都证实贺春奎买的黄牛婆不是贼牛。群众对此的"声乐"更大,对宁乡县公安局徇私枉法的声讨声鹊起,组成了大合唱。本来这支组合音响不应谱写,一桩事实和证据确凿的被人骗走耕牛案,并不必打一场大官司,当地政府就可以调解好的。可是,宁乡县公安局多次变换手段,买牛——验牛——抓人。又多次遭到当地群众极大的愤慨、阻拦与抗议。接近年关他们都不放手,但遭到群众的斥骂与咒骂只能忍气吞气(声)而已。至今,这曲组合音响曲使人厌倦。人们希望这音响消失,不再扰乱人心。人们欢迎的是人民警察为保护人民生命财产安全的赞歌高唱。

评论员
1995年2月

  调查组认为,此文"评论员"系《湖南农村报》特约记者杨公道的可能性极大。调查组没费多少周折,便在湖南省益阳县堤卡子乡同光村西同湾组找到了他。杨公道是个中年农民。虽相貌平平,两只眼睛却显得狡诈有神。他对调查组的到来丝毫不感到意外和紧张,相反,不等调查组提问,他主动地拿出了一份自己写的文字材料。

调查笔记

我于1995年2月13日即农历正月十四去桃江县莲河冲乡曾家湾村采访调查一趟,目的是为贺春奎在1993年农历十二月廿十日从该村村民刘浩同、李桃秀家买黄牛婆一条之事实进一步核实。我走访了几家村民及村支书刘正春、村老干部邓万春、刘庆年等人,均能证实刘浩同卖去(出)的牛确系此户喂养耕作达两三年的黄牛婆,决无差错。吴凯良、吴有身所失之牛根本不能与此牛联系得上。况且,据吴家自称,他方是同年同月26日失牛,而刘浩同卖给贺春奎的牛是20日,还有代买人唐小良作出了证明,贺春奎手中拥有证据十几份,请上级公安机关、司法机关秉公而断。

杨公道待调查组的同志看完,又主动地说:

"我原准备将这份《调查笔记》呈送省公安厅,但我算定你们会来找我,就留了下来,直接交给你们。"

接下来,他作了自我介绍:我生于1947年农历二月十九,汉族,1960年高小毕业后一直在家务农。曾在治理烂泥湖的工地上从事宣传工作。从1968年开始,先后被聘为《湖南农村报》、《益阳日报》特约记者,如今在《湖南省名牌与质量》杂志社从事采访工作。

"你们来找我,自然是因为我替贺春奎写了几篇文章的事。从牛案发生到现在,我一共去了贺春奎家6次,也去过村长蔡楚良家一次,但他不在,没有会到面。也去过贺宝生书记家,具体是哪天我记不清了。我觉得贺春奎很冤枉,我写那些文章是为了替他申冤,引起上级组织的重视,引起社会的重视,引起人们的公论,帮助他打赢这场官司。"

　　调查组的同志静静地听他讲了许多,突然问道:"作为报刊特约记者,是否知道其职业道德?"

　　杨公道回答:"特约记者的职业道德应该是实事求是,调查研究。"

　　调查组的同志追问:"你把伪造红头文件的情况讲具体些。"

　　杨公道内心一惊,表面却显得很镇静。他一直为这一点担心。眼前想隐瞒、回避,都是不现实的。调查组不掌握事实,是不会向他提问的。杨公道正犹豫间,又听调查组的同志说:"你不会要我们出示有关证据吧?"

　　调查组早已将有关证据拿到手。此前,调查组派员走访了省公安厅、省高级人民法院,核实《联合通知》之真伪。经查实,省公安厅与省高院未发过《联合通知》。

　　面对事实,杨公道是聪明人,没有作任何狡辩,一五一十讲了真实情况:

　　1995年元月19日,我在家里伪造了《联合通知》草稿。第二天一清早,我到灰山港镇一家打字复印店,打印了两份《联合通知》。红色头子字体连同通知内容先由女老板打好字,再由男老板在复印机里搞成的红色头子。我看着他制成的。我付了他9元钱。红头子3元一张,打字2.4元,复印0.6元。我印了红头文件后,径直到了贺春奎家。我将其中的一份给了贺春奎,自己留一份。我对贺春奎讲:"省里来了这份文件,你放心,会处理。我接了手,保证给你处理好。"贺春奎看了文件后,半信半疑,讲没盖公章。我讲文件不是对你们下的,我是要一份底子来交给你,是复印品。他听我这样讲便相信了。后来他舅子文吉清讲那份文件是假的,他不会害我。我在他家时,贺春奎将红头文件交给蔡楚良村长和他妹夫贺许钦看了。蔡村长看后讲:文件要是真的就好,只怕是假的。贺春奎说不会假。他后来是否给别的人看了,我搞不清。

　　我伪造省里的红头文件没有别的意思。主要因为贺春奎一直缠着我,要我带他去长沙上访,去问结果。原来寄去的告状的东西没有回音,他怀疑我是否真的寄去了。我担心他讲我欺骗他,就搞了这份红头文件。我当

时没有考虑后果,只想哄贺春奎过关就行。但我也多次要他们不要乱来,不要犯法。

在"3·3"事件前有十来天我没有去过他家里。他就到我家里来,但没找到我。那段时间,他主要急着想包点田,因牛案没处理好,要我到省里去催。但我没去,只寄信催办。我当着他面说去了,实际上没有去。我欺骗了他。他开始对我丧失信心。他说要找正式律师。我为了使他不失望,因此无视法律的严肃性而写了那传单稿。3月4日下午我从长沙回鸾凤山,群众纷纷对我说:你晓得吧?昨天国庆村发生了一件大事。抓去几个人。这回奎汉怕会要倾家荡产了。杨记者不想法帮他搞赢的话,他会背冤。听了这些话,我就产生了写那张稿子的想法。从今以后我一定会认真学好法律,在搞好本职工作的同时,协助维护地方治安。

……

根据上述事实,杨公道违反了《中华人民共和国刑法》第167条之规定。宁乡县公安局作出决定:追究其刑事责任。

是否幕后指挥? 文镇长坦陈真情

这天,省、市、县联合调查组专程赴桃江县纪律检查委员会,与文吉清作了一次严肃的谈话。

文吉清,男,生于1952年2月26日,自幼读书,1976年9月从农校毕业,先后任乡农技站干部、站长、科技副乡长,1992年7月出任灰山港镇镇长。老家在桃江县莲河冲乡莲河冲村朱家冲组。调查组向他提出了几个问题:你何时晓得贺春奎的那条牛是是非牛?你怎样请桃江县畜牧局畜牧师对牛进行鉴定的?"3·3"事件发生时你距那个被挟持的公安干警有多远?"3·3"事件发生后你做了些什么?你知道牛是从哪里牵出来的?"万民申诉书"签名是哪个安排的?国庆村的部分群众背白布上访是谁出的主意?

文吉清逐一作了回答:

1994年农历正月间,贺春奎到我家拜年讲起才晓得的。接下来到了这年11月初的一天,贺春奎把宁乡县公安局要他交牛的通知给我看了。他想不通,要求我帮忙找人鉴定。我讲牛是否有假,你搞得清。他讲:"几十年的娘舅了,你还不相信我?"我找了桃江县灰山港区畜牧站站长刘定约帮忙鉴定。刘定约要我与桃江县畜牧局贺华梁副局长联系。我给贺局长打了电话。之后,11月10日,彭家训、刘定约、贺华梁,还有灰山港镇畜牧站小丁4个人赶到灰山港镇秀江村刘超群家里,当时牛在他家。我对他们讲:第一,这是条是非牛;第二,检查是否下过牛崽儿;第三,实事求是鉴定。鉴定之前我对贺春奎讲:如果这次鉴定仍是未下崽儿的牛,那你就背冤枉算了,不要搞了。鉴定后,畜牧师等几个人口头作了结论:下过牛崽儿的母牛。过了几天,由刘定约送正式鉴定书给我。我把鉴定书给了贺春奎,并交待他复印一份给宁乡县公安局。

1995年3月3日下午,突然有个人到灰山港镇政府找到我,讲我妹夫贺春奎为牛的事要我赶快去。这个人我不认识。我见他神色很急,便要镇政府刘司机开了双排座的车子,还喊了镇政府的武装部长刘辉,赶到出事地点。当时两边交通阻塞,两辆警车停在路边上,被放了气。我看见贺春奎的父亲横躺在公路上,围了几百上千人。还有贺春奎的妹妹、娘等一些人站在路中间挡车。我觉得问题比较严重。我对身边一个公安干警讲了对牛案的四点看法:第一,贺春奎买牛,吴有舟失牛,相隔6天,公安部门应该搞得清;第二,宁乡县公安局对黄牛鉴定未下牛崽儿,桃江县这边鉴定下过牛崽儿,是否下过牛崽儿应该搞得清;第三,宁乡县公安局没有断定贺春奎偷牛或销赃,为何要他交出牛来?第四,既然未断定贺春奎偷牛或销赃,为什么要他出800元到1 000元赎牛?这个干警没有吭声。我和同去的3个人在离现场大约200米远的一农户的阶基上坐到大约晚上7点左右。然后又走进距现场50米远的一座楼房里坐下了。大约8点左右,外面起哄,我便出来看,是群众抓起了一个公安干警。我心里很着急,怕出事。这时,灰山港动植物检

疫站的小丁骑一辆摩托车找到我,问我:他们抓了一个民警,你看如何搞?我说:"第一,把民警解救出来,送到莲河冲乡政府去;第二,如果他们不同意,就讲是贺春奎的舅子讲的。"小丁就照我说的去办。

我们3个人在代销店买了包饼干填肚子。然后,我们赶到了莲河冲乡政府。我首先找了乡党委吴书记,一起与正在机关宿舍休息的那个公安干警见了面。通过交谈得知,这个干警姓杨,是宁乡县公安局回龙铺派出所的。我对他讲:你被搞到莲河冲乡政府来,是我要小丁采取的办法。你理解不理解?他没回答。我向他通报了我的身份。我讲,到了乡政府,绝对安全。今晚回去不得,明天才能回去。我要求他打通煤炭坝乡政府的电话,报告自己的去向。他依了。是煤炭坝乡党委谢书记接电话。杨干警讲了他在莲河冲乡政府。接着我跟谢书记讲了三个意思:第一,通报了我的身份;第二,据我在现场观察的情况来看,宁乡县公安局再要采取强制措施不妥;第三,我作为国家工作人员,愿意做好工作,不使事态扩大。谢书记表示:第一,感谢我;第二,要我赶到煤炭坝乡政府去。我说交通阻塞,车子去不得。我约他赶到现场接头。大约当晚12点,我赶到了现场。谢书记打发人找我。我与谢书记在一栋楼房里接了头。谢书记讲了外面的情况。我建议:当地群众的工作,由当地党支部、当地党委和政府做;亲属的工作归我做。谢书记讲:好。等村上的宝生书记来了一起做。没等多久,宝生书记来了。我们3个人赶到现场,由宝生书记做当地群众的工作,没有做通;之后朱乡长接着做工作,围观群众提一些质问,提一些要求。之后我做工作。我讲:亲属也好,朋友也好,你们提一些质问和要求,朱乡长不能答应。案子是宁乡县公安局搞的。朱乡长是搞行政工作的,他怎么能代表公安局作答复?我说:"站在你们的角度,尽管有冤屈,还是要当地党委、政府、支部、村委帮你们讲话。现在朱乡长做工作,你们不听,以后谁帮忙讲话?!"我讲这话时,有几十个公安干警在我面前。我又讲:请宁乡公安干警暂时不要采取过激行动。因为有乡党委书记、乡长、村支书、亲属正在做工作,我相信工作会做好的。我讲完话之后,宝生书记便拖起我走。我、谢书记、朱乡长、宝生书记等人,一起回到了原先呆的那栋楼房里,再次商量这个事。突然,有一个群众来通报,又抓了4个人,我们便出来看。当时现场有吊车正在吊小车。看了之后,我们便回灰山港了。

3月5日晚上,宝生书记、楚良村长到了我家,商量请律师的事。半年前,贺春奎拿了省公安厅、省高级人民法院的《联合通知》给我看。上面无公文号码,无单位公章。我对贺春奎讲:这文件是假的。并且还骂了他。贺春奎讲:这个记者会打官司。他不会搞假的害我。我看他可怜,没有多说。我答应给他请个律师。后来,我通过朋友关系,请了丁安邦律师。那次也是在我家碰头。由贺春奎向其介绍情况。丁律师讲:官司只赢不输。但现在不宜起诉,因为公安部门还没有作结论。"3·3"事件发生后,贺宝生、蔡楚良来我家,又重提请律师的事。我当即请来丁安邦,由其执笔,起草了一份《万民申诉书》。第二天或第三天晚上,丁安邦又喊了桃江四中的刘老师到我家,贺宝生书记、蔡楚良村长也来了。丁安邦对我介绍,刘老师会写作,发表过很多文章。第二天或第三天,我到了桃江四中刘老师家。当时丁安邦也在这里。他把《万民申诉书》给我看了,我提了一个看法:万民这两个字要推敲一下,因为签名的没有一万名。我记得签名纸总共17页,其中有几页纸没签满。我估算了一下,大约有700到800人签名。丁安邦讲:这个没问题。领导主要是看材料,不是看签名。这份《万民申诉书》是丁安邦负责打印的。几天后,刘老师写成了《宁乡发生一起重大警民冲突事件》,给我看了。我讲要落个款。刘老师讲是他写的,就落他的名,但他不承担任何责任。我回答:情况是由国庆村介绍的,当然不要你承担责任。《宁乡发生一起重大警民冲突事件》是我请人打印的。之后,我和丁安邦一起到长沙,在湖南师范大学的地坪里,把以上两篇文章,同时放入每一个信封,分发给全国人大乔石委员长、公安部、省委书记、省长、省人大常委会、省委政法委、省公安厅,还有长沙市人大常委会、市公安局,是否寄给了长沙市委、市政府,我不记得了。寄了这些材料之后,当天还去了湖南日报社,已经下班,放了一份材料就走了。

大案侦破纪实

3月17日晚上，楚良村长、宝生书记，还有益阳县的一个律师到了我家。他们提出要牵牛去曾家湾鉴定。在此之前，我将牛案情况报告了区政法委曾书记。他批评我不应该做这些事。以后不要再介入。所以，17日晚上我对宝生书记等人讲，领导已批评了我，我不介入了。不过我也没有制止他们再次进行鉴定。

3月18日下午2点左右，我爱人到灰山港镇找了我，对我说牛牵到曾家湾，自己主动进牛栏，完全证明牛是从曾家湾买的。她要我搞录像机去录像。我到灰山港宾馆借了录像机。负责录像的是桃江广播电视局的。当时正好是成立桃江电视驻灰山港记者站。这些人原先就认识我，我也认识他们。但我喊不出他们的名字。录像时我没有去。

3月19日早上，我邀了区里贺区长，到县里找县委文书记汇报。文书记当即通知县委政法委莫书记，还有县公安局汤局长，听我汇报了牛案的全部情况。他们都批评我不应该介入亲属的事，并叮嘱我再不要介入了。

3月20日，莫书记通知我和镇党委罗书记上县委政法委，我俩按时赶到。他通报了去宁乡的情况，要我们做好三件事：第一，再不介入；第二，协助把牛交出来；第三，桃江方面要抓的3个人，要我做好工作，送到派出所。

3月21日，莫书记通知我到灰山港宾馆，对我批评教育，也交待了以上三项任务。第二天我便写了条子给宝生书记，要他做好我妹夫父母的工作。一是把牛交出来；二是再不散发材料；三是把已散发的材料尽力收回来。我是打发我妻子送去的。

又过一天之后的晚上，我去了一次国庆村。我喊了宝生书记、村长、妇女主任到贺春奎家，一起做他父母的工作。但没能做好，我便回家了。

又过了几天，桃江县人大副主任、县委副书记、政法委莫书记，还有宁乡来的同志，在灰山港镇找了我，又要我做好两件工作：一是交牛；二是交人。当时我想交牛的工作应该做得好。当晚，我与镇政法委丁书记赶到国庆村，找宝生书记，没找到人。我们只好回家。夜深了，我们又去国庆村，找到宝生书记、楚良村长，将其请到莲河冲乡政府做工作。终于被我做好了。只是他俩要我做好我姐姐文淑贞的工作。当时我姐姐住在我家。我又拖了他俩到我家,跟我姐姐做工作。我姐姐讲她不晓得牛在哪里。我狠狠地骂了她。她说的确不知道牛在哪里。她愿意去国庆村做工作。我姐姐连夜跟贺宝生、蔡楚良、丁书记赶往国庆村。我没有去。第二天一早,我问丁书记结果如何。他讲:工作做好了,牛会牵出来。到了下午2点多钟,我接到区政法委曾书记的电话,说是宁乡县公安局邀请的省、市畜牧专家都到了煤炭坝,要对牛重新鉴定,结果我妹妹家的人没有把牛牵出来,要我再去做动员工作。我立即邀了镇党委罗书记、镇企业公司李经理等人,赶到国庆村宝生书记家。当时我想:只要做好了贺宝生、蔡楚良、文淑贞、蔡菊良的工作,就能将牛牵出来鉴定。我首先邀了贺宝生到蔡菊良家做工作,要他把牛牵出来。他说不知道牛在哪里。再做其余几个人的工作,都说不晓得牛的去向。没办法,我们只好回家。第二天,我要我妻子和我姐夫再去国庆村做工作。他俩去了,下午回来告诉我:工作做好了,已经把牛牵到了灰山港派出所。至于牛是从哪里牵出来的,我搞不清。是谁安排国庆村的人背白布上访喊冤,我也搞不清。我以党性担保,我没有安排。

公安局长受困国庆村, 民警回忆惊心动魄

《万民申诉书》反映:"1995年3月3日下午1时许,宁乡县公安局出动60多人,在李建坤副局长的带领下,全副武装,乘7辆警车和1部囚车闯进国庆村,将贺春奎家团团围住。干警若干冲进屋里,夺下正在吃午饭的贺春奎及其80岁老父手中的饭碗,强行押到公路上。几位知情的村民替贺春奎说公道话,有的被强行拘捕,引起当地群众的公愤,于是发生了群众堵车和与干警扭打的情况。3月4日凌晨3点钟,本来经煤炭坝乡党政干部和被捕者亲属代表做工作,围观群众开始疏散。然而就在这时,180多名干警将群众

包围……"

　　这里受到指责的副局长李建坤,有一字之误,实为李寄坤。他时年45岁,汉族,高中文化,生在宁乡,长在宁乡,担任过多年的公安局办公室主任。一张娃娃脸,见人总是三分笑。中等身材,走起路来像吉普车开动,有一股冲力。

　　事后,他回忆了自己在"3·3"事件中的经历:

　　3月3日,由县政法委副书记颜克良和我带领刑侦、治安民警40余人,执行1月23日政法委协调会决议,去贺春奎家牵牛。队伍于下午1时左右出发,当赶到贺春奎家时,刑侦队教导员赵丁山第一个进入贺春奎家,发现耕牛已藏,而贺春奎在家。我即表态将其带走。有几个妇女大声喊:"快来人!抢牛的来了。"霎时,男男女女从各个屋场拥出,走在前面的十多名干警已将贺春奎和4个打车拦车的人送往分局。我也随车到了分局。后发现煤炭坝分局一辆警车和刑侦大队一辆警车及多名干警被困。我立即组织十多名干警前往解救,并向县局报告,要求增援。我返回现场时围观群众增至约两千余人,我和干警们无法脱身。相持一段时间后,治安队来了8个干警。他们进入现场,立即被分割包围。围攻开始时,有人制造事端,将贺春奎的父母横放车下,用布蒙身,造谣是公安局抓人时压死的,还有一个1.68米左右的中年男子,手扳警车反光镜引起出血,也在群众中散布是被公安干警打伤的,使得群众反感大增。此时,我和颜书记又去鸾凤山街上打电话,要求县委政法委组织公检法司来人增援。打完电话,我和颜书记分工,他等待增援的队伍,我和煤炭坝分局副局长张伟建回现场指挥,当我走进围困现场时,突然有人高喊:那就是李局长,是他带队来的。顿时,男男女女蜂拥般围攻我,将我警帽打落在地。幸亏分局部分干警迅速赶来,将我与围攻人群隔开,并保护向前走。中途仍继续遭围攻追打,我坐上治安队警车准备开走,围攻者马上将车团团围住,谩骂侮辱的同时几次组织翻车。被打伤的民警曾海龙也上了这辆车,不久警车被放气,无法开走。到4日凌晨3时,增援的大队伍才将被砸坏的3辆警车吊运回城,堵塞十多个小时的交通才得以恢复,事情才算平息。

"3·3"事件发生时,宁乡县公安局治安队民警谭正春就在李寄坤身旁。事后,他对当时的情景作了描述:3月3日下午约2点,治安队接到领导通知,增援被围攻的正在煤炭坝执行公务的刑侦队干警。我队教导员组织8名干警乘车赶赴国庆村,推开了横在公路上的手扶拖拉机。但因贺春奎等人在现场制造了种种假相,贺春奎的父亲装死横在公路中央,头上盖尸布,身子底下垫稻草,加之地上、警车上有血迹,再加上贺春奎的娘、堂客和其他亲戚哭哭啼啼,一些不明真相的群众、被堵车辆的司机、旅客信以为真,就连我到达现场时也以为老人一定是死了,致使执行公务被阻。干警们零散地分布在现场,我当时站在距现场约100米、距公路约20米的一所学校里待命。下午6点,李寄坤副局长只身从鸾凤山往现场走来。贺春奎的娘指着他骂:"你就是李局长啊!就是你这个家伙害得我家破人亡。"贺春奎的堂客,还有几个妇女也跟在后面指指骂骂,紧接着又跟上来一帮人,连声喊:"打啊!"看到形势不对,我怕李局长有意外,就喊了站在我身旁的同队干警戴晓敏一同跟在人群中,暗中保护李局长和其他干警。当时也有分局两个干警在李局长两侧。一路上跟在李局长后面的人越来越多,吼声越来越大,至少有五六次大吼:"打啊!打啊!"我紧跟在人群中,走了将近一里路,李局长等被紧紧围困在一辆解放车门旁,后无退路。只见一中年男子,约40岁,脸色红润,个子约1.67米,把李局长的警帽抢下来往人群中砸,其他围观的群众有的挥起拳头向李局长挥去。这时我边抽出手枪,边大声吼道:"散开!"朝天鸣了一枪。鸣枪之前我还看到刑侦队干警胡建新被人推围墙似的推下了公路,是他自己再爬上来的。我鸣枪以后,寂静了约3秒钟,人群中又沸腾起来,他们把矛头指向我。贺春奎的堂客,还有一个约30岁的女人用手指着我骂:"你用枪打人啊!你打呀!"我讲:"我并没有用枪打你们。我只是鸣枪警告,你们不要乱来。"贺春奎的娘向我走过来,边走边骂。后面几百人,有的手拿石头向我逼近,又是那个抢李局长警帽的中年男子,好像是用脚踢我的右腮部。我顾不及,左腮部又被石头击中,鲜血直流。至于谁砸的,我没看清楚。

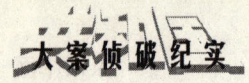

我清醒地意识到：我的处境十分危险。为了防止事态进一步恶化，我不能再有其他过激行为。我只得从背后的公路主动下撤，迅疾往田里跑过去。田与公路约有十几米的坡，高约七八米，在跑往田中的路上，待我站定转身时，公路上砸下来无数石块，幸被我一一闪过，但我从公路上到田野时，身上有3处被石头击中，左右腮部及背部左肩胛骨红肿，疼痛难忍。有一位近30岁的中年男子从我面对公路的右翼走过来，要缴我的枪。我对他讲："你不要乱搞啊！我会对你不客气！"他才没有靠近我。我绕道从山坡回到警车旁。我看了BP机上显示的时间，正好是6点40分。

已由刑侦大队副大队长升任教导员的赵丁山对当时的情景作了记录：

3月3日下午1时许，所有参战干警分乘7辆警车，由乡政府分管政法的副乡长带路，开往国庆村。当警车开到贺春奎屋前的公路上，车掉头停下，所有干警下车，往贺春奎家里走去。我第一个踏上阶基，首先朝牛栏里看了一眼，牛不在，然后我就进房里，喊了贺春奎一声，讲明是到他家里来牵牛的。问他牛到哪里去了，请他牵出来交给公安局处理。贺春奎讲，他把牛牵到别人家里去了。他人去可以，牛就去不得。我要他同去公安局把问题搞清楚。于是我和他一道出门，往公路上走。刚走到他家地坪，他妹妹大喊："公安局抓人啦！抢牛啦！"当地村民纷纷拥来，由少到多，集拢了几十人。贺春奎的父亲从侧房里出去，边走边喊："公安局的来抢牛啦！"贺春奎的爱人、母亲也到了公路上。我们要贺春奎坐上警车，其妹妹、妻子拦住警车不让走。有一姓肖的司机，50岁左右，将警车的前引擎盖扳开，反光镜扳掉，他的手指被反光镜划出了血，他就大喊大叫，说是公安局的打了他。民警将他拖开，让警车开走。当警车开走时，村民贺正安捡起一块大石头，将警车的后玻璃砸烂。民警气愤已极，将他抓上车。这时，卢介奎、蔡新国、贺件良等人手持扁担等物拦住警车，不准开动。民警边解释，边劝他们让开。他们不但不让，反而打车。民警迫不得已将他们拉上警车，强行往前开，后面两辆警车却被贺春奎的父母、妻子、妹妹等人拦住，并爬进车底上躺了，致使这两辆警车无法撤离。肖司机继续扬言他被公安局打伤，用手指上的血往公安干警身上乱涂。贺春奎的妹妹则喊公安局用车子压死了他父亲,和另一名妇女一起抱了其父亲横放在公路中间,将来往的车辆堵死。导致不明真相的群众越围越多,指责公安机关不该打死老人。有几个人揪了我,用拳头朝我身上乱打。我仍对他们进行说服教育。后来多亏当地一位戴眼镜的老人将我解救出包围圈。围困的时间越来越长,围观的人也越聚越密,过往的车辆也越堵越多。贺春奎的妹妹又将后面两辆警车轮子里的气全部放掉。到下午5点多钟的时候,不知谁认出了李局长,喊着要打。几个青年及几名妇女就追打了李局长。民警曾海龙、谭正春等人奋力保护。曾海龙的嘴巴被石头砸伤,谭正春的脸被打伤。被放气的两辆警车无法开离现场,一辆前后玻璃被砸,随车工具、备胎、录音机、警报器被搞走,车门上的油漆被划坏,一辆被掀翻,玻璃被打烂。

治安队民警谢志科回忆:

就在闹事群众围攻追打李副局长时,公安干警前往救护,其中刑侦大队曾海龙、治安大队姜望明朝天鸣枪示警,没想到闹事群众更加疯狂,喊道:"公安局的开枪打群众,用石头砸死他们!"顷刻间,石块像落雨一样。曾海龙、姜望明被石块击伤,我左手受伤。那些人还将警车玻璃砸坏、轮胎放气,并掀翻其中一辆。我们从3月3日下午1时开始执行公务,到次日凌晨4时县局增援队伍赶到,方被解救出来。被围困15个小时,共有3辆警车被砸坏,2辆警车受损,多名民警被打伤。同时,由于贺春奎家属的煽动阻挠,致使公路堵塞15个小时之久,过往车辆上的司机和旅客怨声载道,造成了极坏的影响。

贺春奎发誓:如果这头牛不是我的,你们用枪打了我!

收审所,在中国的法律辞典里,已成为历史典故。但在母牛悬案发生

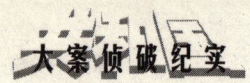

时,它还处在红红火火的时期,公安抓了人,一时无法查清事实,作出处理,先关进收审所。

宁乡县收审所不大,坐落在沩水北岸、县城以东的一片小山丘上,紧临宁乡县看守所,给人一种望而生畏的感觉。

1995年3月3日,这里被关押的人员大幅度增加,公安人员时来时去,与平时显得不大一样。

贺喜秀,从3月4日到5月4日,公安人员3次对她提审,提审她的人不同,但她的回答却一直没有改变。

她是镇办企业做饭的。3月3日晚上7点钟,她听人讲她的父亲被打伤了。她租了一辆车,于晚上9点半钟赶回了娘家。她没有进屋,看见父亲贺应时睡在公路中央,一些人围在那里,公路两头堵了很多的车,旁边停了一辆警车,没看见公安人员。她就守在父亲身边哭,边哭边喊:"我父亲买了这头牛,不晓得为何搞这么大的场合?"

收审所里,她对公安人员说:"我当时也不知道我父亲被打伤了没有,也不晓得是什么人打了他。我当时的意思是,让我父亲睡在公路上,不通车,人民政府、公安机关会来处理的。我一直守在我父亲的身边。我嫂子文春秀也守在那里,一直到凌晨3点多钟,这时候公安局的人来了,要将我父亲放到公路边上。我讲,我父亲被你们打伤了,要搞清这个事才放到公路边上去。公安局的人就强行把我父亲抬到公路边上。我和嫂子文春秀上去不准抬。公安人员抓我嫂子,我就拖住我嫂子,怕她被抓走。结果我也被抓起来了。当时公安机关要抬我父亲到路边,好让汽车过路。我们不该阻止。我不懂法。"公安人员问:"你这是什么行为?"她答:"是违法行为。"公安人员问:"你打算怎么办?"她答:"我不晓得怎么办。"

文细英,家住涌泉山乡塘湾村蔡家组,距国庆村贺春奎家有十多里路。她是在3月3日晚上9点多钟,与丈夫蔡菊良从外面做客回家时,发现窗台上用石头压着一张纸条,上面写着:贺春奎被公安局抓走,文春秀被公安局打伤。夫妻俩心里直冒火,连忙赶往贺春奎家。到达时已是12点了,只有一个七八岁的小孩守屋,所有大人都集中到公路上去了。文细英、蔡菊良夫妇赶到公路上,大约有一二百人围在那里,姐姐文春秀躺在警车前面的一张竹凉床上,姐姐的公爹贺应时躺在另一辆警车底下,身子下面垫着稻草。文细英说:"我当时气得不得了,因为一条牛,闹出这么大的事。我喊一声姐姐,问是怎么回事?姐姐告诉我,公安局的来抓你奎哥,我去拦,被公安局的踢了一脚。并且捋起裤脚让我看了。我心里越加生气,一直守在我姐姐旁边。"后来,司机要求放车,并讲好话:"我们还是2点多钟来的,到现在已是10个钟头没吃饭了,天又冷,求你们放我们走!"文细英等不肯。僵持到深夜2点多钟,增援的干警到了,开始疏导车辆。文春秀和她的婆婆死活不让吊车。文春秀用竹凉床挡住来往车辆,不时在公路上打滚。"公安干警拖我姐姐起来,我就上前去扯我姐姐,不让她被抓走,这样我也被抓起来了。"收审所里,文细英对调查组的人说:"我错了,不该阻止公安人员执行公务。我要求政府实事求是,对我从宽处理。"

在煤矿做事的贺件良已有几天没回家了,3月3日上午他休息,于是往家里赶。十几里山路甩在身后,一阵风似的回到了国庆村。"我到家里12点多钟,看到村旁边的公路上有一些公安人员,有一些警车,有好多老百姓,我就知道是因为贺春奎家的那头牛的事。我觉得他受了冤枉。我拦住第二辆警车,不让走。这时上来几个公安人员,把我捉上车。我看见贺春奎的堂客在我被捉上车时,边哭边在地上打滚。"贺件良被关进了收审所。调查人员多次问他,都是这样回答。调查人员问:"你为什么要阻碍执行公务?"他答:"一时糊涂。当时太冲动了,我错了,愿听从政府处理。"

村民小组长,是中国最基层的行政长官。时年49岁的贺正安就担任着这一要职,管理着国庆村文山冲组的二三十户人家,一百多号人口。3月3日这天下午1点多钟,他正在村长蔡楚良家吃中饭,忽听贺应时喊他:"安崽!公安局来人牵我家的牛,你要帮我。"他起身穿过几丘田,到了贺春奎家。这时,公安局的一些人已从贺春奎家里出来,一些群众围在那里。贺正安对公安局的人讲:"你们拿的国家工资,吃的国家饭,这桩牛案已有两三年了,都一直没有处理好,真是呷饭的。"在收审所里,调查人员问他当时被抓的情形。他说:"当时,公安局的人批评我,我就从地上捡了一块石头,朝路边一辆警车打了一下,挡风玻璃破开了。这样,公安人员将我抓上了警车。"调查人员问:"你当时看见了什么情况?"他回答:"贺应时躺在警车前轮子下,贺应时的女儿就在侧边对着公安干警吵闹。""贺应时是怎么到警车下面去的?""我看见他自己爬到警车下面去的。""你看见贺应时及其女儿动手打人吗?""贺应时没有打人。贺卫辉也没有打人,也没有打警车。""你看见公安局的干警打人吗?""没有打人。应该实事求是。""你看见公安局的干警用电棒打贺应时吗?""没有。公安局的干警确实没有打人。""你知道自己的行为是什么性质?""是犯法行为。不该打烂警车玻璃。"

国庆村莲花组村民卢介奎也是因参与3月3日闹事被公安局收审的。他对调查人员说:"3月3日中午12点至下午1点的样子,我正在家里吃中饭,听见本组贺春奎的父亲在外面喊:'来了抢牛的,你们都来呀!'我停下吃饭,从家里出来,朝贺春奎家走去。我们两家相隔只有七八十米,在去的路上碰见许多穿警服的人,抓了贺春奎上警车。我对他们讲:'人民政府要实事求是。'又有两个公安人员拖贺正安上警车。我上去帮贺正安的忙,抓公安人员的手,我说:'你们不要拖,不要抓人。'我掰干警的手,要他们放了贺正安。我没掰开,又往停车的地方走。我看见贺春奎的父亲贺应时躺在一辆警车底下,还有贺春奎的妻子文春秀、村妇女主任蔡中良等人也拦在警车前面。这个时候人还不多,也没打车伤人。正在这里,有一辆警车开过来,一个伢子打烂了警车上的反光镜。警车马上停了,下来几个公安人员。当时我正在警车旁边,公安人员就把我抓了,拖上三轮摩托车。我挣扎,头撞在摩托车上,出了一点血……"

贺春奎是第一个被关进收审所的。调查人员问:"为什么收审你?"他答:"县里要我牵牛出来,我不肯,才被收审的。"问:"3月3日公安局来你家牵牛,牛放在哪里?"答:"牛放在本村文山冲组粟山丘田里吃草。""3月

3日那天你在家干什么？""开秧田的排水沟。""你是怎样被抓起来的？""没有铐。两个人押着，一个人抓我一只手。""请你把当时的具体情节讲清楚。"贺春奎回忆道："3月3日我做事回家准备吃中饭，在房里做事时，县公安局的赵教导员等两个民警到我家，对我讲要我一起走。我随他俩走到地坪里，当时有一些人在场，其中我喊了乡政府的唐乡长一句。后我被叫上了停在公路旁的警车。车子刚开出二三尺远的地方，我看见我堂客和我父亲追上来，挡在我坐的那辆警车前面不让走。他俩被干警扯开了。我坐的那辆警车径直开到煤炭坝分局。4日凌晨4点钟，我被送到宁乡县公安局收审所。"调查人员问："你有什么要向上级反映的吗？"贺春奎不假思索地说："如果这头牛不是我的，用枪打了我。我的这头牛是深板栗色，一根毛有两种色，一节深，一节浅，牛头正中有几根白毛。我将牛买回时，我堂客就讲买条戴孝的牛不吉利。"问："你兑换了别的牛没有？"答："没有。是桃江买回的原牛。如果我换了牛的话，我可以用脑壳担保。"问："你有别的要求吗？"贺春奎十分干脆地回答："我只有一个要求。牵了这条牛，到桃江县曾家湾给群众看看，由他们讲是不是我买的牛。如果不是，听凭政府处理。"

警方铁了心：不破牛案，无脸见江东父老！

专案组在组织100多人查处"3·3"事件的同时，又组织了以刑侦队副队长李金龙为首的四人刑侦小分队，侦破牛案，查清作案人，进而分清牛是非。动员会上，县委常委、政法委书记程再华语重心长地说："牛案是要案，要下决心破案，这样，对上才有个交待，对下才有个答复，同时有利于树立公安的良好形象。此案真相大白于天下，是事关全县稳定的大事。任务光荣而艰巨，办案民警必须树立破釜沉舟、不破不收兵的决心。无论遇到多大艰难困苦，无论费多大的精力，无论花多少时间，都要把牛案拿下来。否则无脸见江东父老。"

局长谢树南、副局长李寄坤、刘祖为与刑侦小分队成员一道,对前两年的牛案侦查工作进行了认真的回顾与反思,制定了明确的办案思路:以现场为依据,不带观点,调查摸底,发现盗牛案件,从人到案,从案到人,挖出真正的盗牛贼。

李金龙率侦查员戴湘闵、蒋文化、姜焕新乔装改扮,隐姓埋名,自带干粮,住进了蓬头村。他们与群众打成一片,取得群众信任,开展深层次的调查摸底工作,从而发现发案现场周围有几名盗窃作案的嫌疑对象。

经排查,单身汉陈福兵嫌疑大。其一贯小偷小摸,群众敢怒而不敢言;1993年农历十二月廿六晚上,其去向不明;那段时间,其做牛生意亏本,没钱过年;其经常往益阳县堤卡子乡的关系人家里去,煤炭坝乡国庆村是必经之路;其家里曾被盗耕牛一头,他发现了盗贼没有报案,而是私了;一年多来,尤其是"3·3"事件发生后,每当有人在其面前提起吴有舟家的黄牛被盗案,其神色反常,还说:"事情闹这么大了,真正的盗牛贼被挖出来,肯定会判死刑。"

李金龙、姜焕新正面接触陈福兵,发现其心理压力大,思想负担重,情绪十分沉闷。与之接触的过程中,发现他手里有一张购买耕牛的票据,不待提问,其神色紧张地说:"这条牛是我买的,有证人。"此地无银三百两。这表明其对牛案反应敏感。

刑侦小分队把握火候,不失时机地向蓬头村的群众公开了真实身份。群众万分惊讶:没想到这几个和蔼的蛇皮商,原来是公安局的办案民警。不论男女老幼,都积极主动地向他们检举揭发陈福兵的偷鸡摸狗行为。

时机成熟。李金龙、姜焕新等传讯陈福兵。首先针对其畏罪心理和侥幸心理,开展细致工作,解除其怕死的顾虑。在5个小时的较量过程中,先是像挤牙膏似的一点一点吐出平时的偷盗行为,最后才迫不得已交代了1993年农历十二月廿六晚上伙同桃江县莲河冲乡大坝桥村张某盗窃吴有舟家的母黄牛,第二天下午宰杀、出售的犯罪事实。

拘传张某。然而,其只供认盗窃谭谷中家耕牛一案,死活不承认盗窃吴有舟家黄牛的犯罪行为。

刑侦小分队分析:陈福兵在同案上讲假话,在赃物去向上讲假话,盗窃吴有舟家黄牛是事实,有没有张某一同作案值得怀疑,因为陈福兵一直担心黄牛被盗案惊动了党和国家领导人,他一旦被查出,肯定会被枪毙。他咬定张某同案,企图减轻自己罪责,死也要有个垫背的。下一步讯问必须讲究策略,因势利导,迫使陈福兵交待真实案情。

副局长李寄坤亲自提审陈福兵。开始,陈福兵仍只供认盗牛事实,其作案过程、赃物去向与前两次讯问大同小异。李局长连续追问牛头、牛骨头去向,陈福兵交代牛头销给了其弟陈四平。李局长突然发问:"张某会交代与你一起盗窃吴有舟家的黄牛一事吗?"

陈福兵回答:"他肯定不会交代。假如我是他,我也不会交代。"

"那是为什么?"

陈福兵低头不语。

李局长与李金龙等分析:张某未参与作案的可能性大。

刑侦小分队连夜查证:张某无作案时间。

再审陈福兵。李寄坤、李金龙对其先动之以情,晓之以理,做教育感化工作,并严肃指出:只有老实交代,讲真话,吐真情,才是唯一出路。陈福兵额头上冒汗。李寄坤、李金龙进一步揭穿其假话,同时也肯定其真话部分。陈福兵的心理防线彻底崩溃,如实交代了独自盗窃吴有舟家黄牛的全过程。

1993年农历十二月廿六,天黑时分,陈福兵听别人讲,本村吴有良家建房竣工,贺新放录像。全村的人几乎都集中到那里去了。他觉得这是千载难逢的好时机。晚上12点左右,他从家里拿了一根6尺多长的尼龙绳,带上手电,离家出门,七弯八拐,潜至吴有舟家的牛栏旁。吴有舟家的大门上了锁。无疑都到吴有良家看录像去了。他将两根松木做成的牛栏方取下,斜放于右墙,走进牛栏,抓住牛串,将自带牛绳上到牛串上,牵了牛离开了吴家。

第二天上午10点多,陈福兵将牛牵至益阳县堤卡子乡同光村厂口屋组

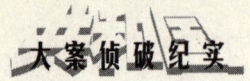

村民、其妹夫蔡若虞家,下午借来杀牛工具,两人一起动手,在蔡家堂屋将牛宰杀。本村村民蔡资凡以20元买走牛头及部分牛骨头。陈福兵用一根棍子挑了牛皮、牛肚,送到桃江县莲河冲乡大坝桥村张小群家。当时,张小群正在拖拉机上卸猪皮。两人一番讨价还价后,将牛皮、牛角、牛尾过磅,共31斤,以93元成交,付现款60元,后付清剩余部分。牛肉130多斤,全被同光村一带村民买走。

刑侦小分队根据陈福兵的交代,迅速核对人证物证及其时间、路线,完全吻合。依据《中华人民共和国办理刑事案件程序》第171条之规定,连夜递交了《关于"2·6"牛案的破案报告》,并建议依照《中华人民共和国刑法》第151条以盗窃罪追究陈福兵的刑事责任。

警方知错即改,局长亲送被拘群众,警民互致歉意

宁乡县公安局是一个有着光荣传统的优秀集体,从1949年建国至今,发生在县内的所有大案要案,一律告破,无一起积案。以往凡侦破了大要案件,局里都会举行不同形式的庆功活动,局长亲自给破案有功人员敬酒,提高士气,鼓舞斗志。这已是多年来的规矩。此次侦破了引起党和国家领导人高度关注的母牛悬案,局里不但没有举行祝捷活动,反而从机关院内的气氛,到每个干警脸上的表情,都显得很压抑、很沉闷。全局300多名干警,几乎都在想同一个问题:

母牛悬案破了,真正的盗牛贼是陈福兵,吴有舟家的黄牛不在贺春奎家,而是早已到另一个世界去了,那么因母牛悬案目前还被关押在收审所里的贺春奎等8人怎么办?

共和国历史上的第一个双休日。宁乡县公安局的全体民警没有休息,从局党委到股所队,就如何看待和处理母牛案开展大讨论,人人都要谈看法,

讲意见。第一天，每个会场都笼罩消沉而又悲壮的气氛。到第二天却发生了彻底的变化，严肃而活跃，庄重而轻松，全局上下达成共识：

实事求是。知错就改。有错必纠，人非圣贤，焉能无过。怕就怕为了顾全面子，坚持过错，一错再错，那将铸成弥天大祸，成为人民不可饶恕的千古罪人。

动听的喇叭吹起来。

欢庆的锣鼓响起来。

局长谢树南率领全局干警列成两行长队，簇拥着挂了大红花的两辆警车，来到收审所。他们以最隆重的礼节，从收审所里请出贺春奎、贺喜秀等8人，迎上车，给每个人胸前戴上大红花。警车启动，锣鼓喧天，浩浩荡荡送往煤炭坝乡国庆村。

县城万人空巷。所过之处，群众、车辆驻足观看。人们无不惊叹："只有共产党的干部才会知错改错，才有勇气向群众赔礼道歉。"

车队行至国庆村，全村男女老幼都围了上来。那些在"3·3"事件中说了过头话，做了过头事的群众都感到深深的自责，纷纷拉着民警的手致歉认错。

令人没有料到的是，宁乡县公安局负荆请罪的车队回到局机关的第二天上午，突然大门外响起了震耳欲聋的鞭炮声。贺春奎、贺喜秀等率领他们的家人，运来了宰杀好的整猪整羊，向宁乡县公安局的民警表示慰问。民警的手与民众的手紧紧地握在了一起。那情景感天地泣鬼神，无论城里人，还是乡下人目睹这壮观的场面，都激动得热泪盈眶，久久不愿离去。

那段日子，全县发案率明显降低，刑侦大队、治安大队年底统计的数据表明，与上年同期比较，刑事案件下降了48.52%，治安案件下降了52.76%。县城玉潭镇、煤炭坝乡又再现了五六十年代那种路不拾遗、夜不闭户的大好局面，并保持了一年多时间。这不仅使常人感到惊讶，就连专门研究中国农村问题的权威专家也大感不解。

这种现象，出人意料。

这种现象，令人深思。

刘少奇文物馆西周青铜编钟被盗案

杨远新　陈双娥

湖南省宁乡县花明楼,因是伟人刘少奇的故乡而名扬天下。如今,海内外怀着崇敬景仰的心情来此参观瞻仰的人络绎不绝。为了适应形势发展的需要,伟人故里除了原有的刘少奇旧居、刘少奇纪念馆,又新建了刘少奇铜像广场、刘少奇文物馆,同时结束了花明楼无楼的历史。一座规模宏大、特色鲜明的花明楼矗立于沃野之中。从高处俯瞰,这五大景区形成一颗五角星,相互辉映,闪闪发光,连接这五大景区的是一条宽阔坦荡的水泥公路。善良的人们难以置信,贪婪、罪恶的魔爪竟然伸向了这神圣的地方……

刘少奇文物馆西周青铜编钟被盗案

风雨夜，魔爪伸进国家主席文物馆

1999年3月28日，虽说是刮风下雨，参观刘少奇纪念馆的中外游客依然川流不息。

18时许，随着风加大，雨加骤，天渐暗，来纪念馆参观的人流渐渐减少。18时15分，在刘少奇纪念馆与刘少奇文物馆之间的水泥公路上，驶来了一辆灰色125嘉陵摩托车，骑车人穿着一件绿色雨衣，除了两只眼睛露在雨衣外面，其他均包裹得严严实实。

纪念馆的工作人员本来要关门落锁，看见这辆从宁乡县城方向疾驰而来的摩托车，以为是赶来参观的客人，便耐心地等待着。

可是，125嘉陵摩托车没有驶入纪念馆，而是缓缓驶向了纪念馆背后的刘少奇铜像广场。

纪念馆的工作人员关门落锁。

那辆灰色125嘉陵摩托车驶至刘少奇铜像广场，掉转头，朝刘少奇纪念馆缓缓驶来。

天已黑，纪念馆内亮起了灯。

那辆摩托车仍在刘少奇铜像广场至刘少奇纪念馆的水泥公路上徘徊游弋。

这时，刘少奇文物馆背后的山林里钻出两个人，相继爬上了正对文物馆后檐的那棵樟树。两个正欲从树上往文物馆的屋顶上爬，突然有人轻声说："算了！我不搞了。"

3月29日，又是一个刮风下雨的天。

19时，那辆灰色125嘉陵摩托车又来到了刘少奇纪念馆至刘少奇铜像广场的水泥公路上来回行驶，骑车的人依然穿着一件绿色雨衣。此刻，一个男子爬上刘少奇文物馆背后那座山丘，来到那棵樟树下，脱下皮鞋，抱住树干，爬上树顶，吊住一棵粗树枝，身子像荡秋千似地动作了一下，利索地落到了刘少奇文物馆的屋顶上。他翻过屋顶，从腰间解下绳梯，捆绑在外梁上，

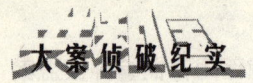

双脚踩着绳梯,逐级下滑,进入文物馆内……

1999年3月29日20时25分,宁乡县公安局110指挥中心接到刘少奇文物馆的报案:"馆内陈列的两件宁乡县枫木桥乡出土的西周时代的青铜编钟被盗。分别为国家二级、三级保护文物。无价之宝呀!"

一时间,案情惊三湘,震四水。省、市、县、乡各级党政领导和公安机关的头头脑脑们均感责任重大。前国家主席纪念馆陈列的珍贵文物被盗,无论政治影响还是经济价值,均难以估量。不将这两只西周时代的青铜编钟追回,无法向世人交待,无法向后人交待,无法向长眠九泉的刘少奇主席交待。

湖南省公安厅主管刑事侦查工作的副厅长唐中元为之震怒。为尽快追回被盗文物,挽回不良影响,他派具有丰富侦查经验的刑警总队副总队长杨兵全赶赴刘少奇纪念馆,指挥省市县三级公安机关侦查员展开破案工作。在杨兵全临出发前,唐中元副厅长握着杨兵全的手,语重心长地说:"你要迅速破案,务必使两只西周时期的青铜编钟完璧归赵。"

杨兵全领命出征。他经过一个多小时的驱车疾驰,于29日24时赶到了刘少奇文物馆。他与集结在这里的市、县有关领导梁建强、程再华和侦查员一道勘查了现场。

刘少奇文物馆西侧防护窗螺丝被卸下,旁边的水泥坪里有三颗生锈的螺丝,文物馆西侧北角柱梁上系着一副绳梯,绳梯由红白两种尼龙绳和杂木棍、铁丝固定而成。绳梯长9.3米。文物馆推拉门靠落锁的第三根横栅方被剪断,竖方向两边变形,陈列编号为0103、0792西周时期的青铜编钟的玻璃柜被击碎。

杨兵全、梁建强、程再华等人根据现场情况分析,这是一起特大盗窃文物案。作案者胆大妄为,对纪念馆、文物馆、旧居、铜像广场的环境十分熟悉,有可能居住在附近。同时,案犯作案目标准确,与文物打过交道,对文物馆觊觎已久,事先准备了作案工具,并来此作过案,因某种原因未遂。两人共同作案,一人潜入中心现场附近接应。警方以刘少奇纪念馆周围的37个村为重点,向长沙、望城、韶山、湘潭、湘乡等地辐射,对历年来有盗墓及收购、贩卖、走私文物行为的人进行重点调查。与此同时省公安厅向各地公安机关发出协查通报,严密盘查车站、码头和公共复杂场所,监控销赃渠道。

当夜,宁乡县公安局紧急召开全局中层领导会议,通报案情,并将嫌疑对象摸底表发至各派出所和刑侦中队。

一时间,花明楼四周的东湖塘、朱石桥、南塘、宗司庙、双狮岭、杨林等路口,宁韶公路与319国道交汇的喇叭口,均有民警设关堵卡,逐车逐人检查。

重点嫌疑对象家距刘少奇文物馆500多米

就在各路侦查员按照指挥部的部署开展工作的时候,杨兵全调来刘少奇旧居有关文物案卷,拂去积淀的灰尘,打开仔细阅读、研究,拓宽自己的侦查思路。

刘少奇同志年青时就离别故乡,告别亲人,历尽千辛万苦,为中国革命作出了杰出的贡献。他热爱故乡,热爱人民,生前百忙之中到湖南农村考察,了解社情,体察民情。

1961年5月3日傍晚,刘少奇同志身着蓝布衣,脚穿蓝布鞋,和夫人王光美一道回到了阔别40年的故乡炭子冲。他没有惊动乡亲们,径直回到了旧居,吃、住都在那几间老屋里。5月9日,刘少奇同志在旧居度过了最后一天。那天下午,他没有告诉任何亲友,悄悄地离开了故乡。因为那时农村很穷,他不忍心惊动乡亲们。

杨兵全面对刘少奇旧居,崇敬之情油然而生,决心不负厚望,尽快破案。功夫不负有心人。派出去的各路侦查员向他报来了50个嫌疑人名单。他逐一分析、筛选,最后将家住花明楼镇双狮岭村南塘组16号,家里距刘少奇文物馆500多米的刘文胜列为重点嫌疑对象。

刘文胜盗过墓,做过文物古董生意,常年流窜在外。编钟被盗前,有人看见他在文物馆通向刘少奇铜像广场的水泥公路上游来荡去,东张西望。他

还多次进入文物馆展览室。

杨兵全命令各路侦查员对刘文胜做深入细致的侦查。

侦查发现：刘文胜曾对县城某单位人说，刘少奇文物馆里有个像水壶一样的宝物，值得几百万元钱。他已经观察好了，利用刮风下雨的晚上，可以偷出来。要是成功，他们一辈子吃好穿好玩好的钱都有了。农历十二月中旬的一天。他从宁乡县城横跨沩水的公路桥经过时，与刘文胜相遇。刘文胜将他拉至河边僻静处，又谈起去花明楼偷青铜编钟的事，他当场拒绝。

侦查员们继续排摸。4月2日，又得到新的线索：一个经营三轮出租车的车主，与刘文胜交往密切。侦查员以租"叭叭车"为名，将车主请到了刑侦大队所在地二里坡。车主快人快语，实情相告：去年12月上旬的一天，刘文胜邀他去花明楼盗窃刘少奇文物馆的青铜编钟。他害怕，不愿意去。刘文胜劝他：不冒险，就发不了财。冒一次险，然后过一辈子有钱人的日子，值得。此后，刘文胜行踪更加诡秘。大年三十那天，刘文胜离开车主家，不知去向。

3月28日，刘文胜突然冒了出来，并找车主的邻居祝某借了那辆灰色嘉陵125摩托车，还借了一件绿色双人雨衣。

3月30日9时左右，刘文胜带了一个年纪约40岁，皮肤很黑，头发凌乱，操湘乡口音，自称家住娄底的男子，来到祝某家还那辆灰色125摩托车和那件绿色雨衣。

深夜，杨兵全指挥侦查员团团包围了刘文胜家。开门的是刘文胜的父亲，一名执教多年的中学教师。刘文胜的母亲，一位朴实的农村妇女，怀里搂着一个五六岁的小男孩。老两口介绍：刘文胜从小很懂事，读小学、初中时，一直是班上的优等生，进了高中，每次考试成绩排全班前四名，可到了一年级第二学期，有人邀他捉黄鳝赚钱，他经不住诱惑，每晚放弃自习，走村串乡捉黄鳝。赚的钱并不多。然而，赚得不多越想多赚，由此诱发了对钱的强烈欲望，学习成绩急剧下滑。高考名落孙山，只得回乡务农。此后，刘文胜成天与一些不三不四的人鬼混在一起，渐渐变懒变馋，一年到头不做正经事。这使得教书育人、本分做人的刘氏夫妇伤心透顶，忧心忡忡。按照乡

刘少奇文物馆西周青铜编钟被盗案

村的习俗,父母管教不好的忤逆之子,只有娶个聪明泼辣的媳妇来调教。于是,经老两口幕后操纵,刘文胜与邻近的东湖塘镇的郎笑敏相识,相爱结婚,生一男孩。那些日子里,刘文胜的确如父母所愿,疏远了那些狐朋狗友,变得安分了一些,可没过多久,又回到了原来的老路上,对郎笑敏的话不但不听,有时还以武力相威胁。郎笑敏一气之下,撇下幼子离家出走。刘文胜又成了自由人。他嫌偷鸡摸狗太小家子气,发不了大财,索性干起了盗窃文物古墓、贩卖文物的勾当。

刘氏夫妇说起这个不争气的儿子,摇头叹息,泪如雨下。

侦查员在刘家没有发现刘文胜的去向,也没有发现与被盗现场的绳梯相吻合的杂树、尼龙绳,大家都急如星火。

他习惯乔装侦查,结交了很多特殊朋友,关键时刻获得了重要的情报信息

指挥部决定分四个战场同时展开侦查。由长沙市公安局刑侦支队重案大队派出三个侦查小组,分赴长沙、南京、广州,控制那里的文物市场,严防青铜编钟落入国际文物贩子手中。以宁乡县公安局刑侦大队为主的侦查力量,继续追踪。

4月2日,宁乡县公安局主管刑事侦查工作的副局长赵丁山着笔挺西装,戴镶金眼镜,夹鳄鱼公文包,走进了潇湘夜总会。他身材高大,五官英俊,举止洒脱,堪称典型的美男子。他自踏入门帘的那一刻起,像磁铁似的吸引了旮旮旯旯的众多目光。他警校毕业,从普通侦查员,到刑侦大队副大队长、大队长,直至主管刑侦的副局长,宝贵的青春年华奉献给了宁乡的刑侦事业。宁乡人提起他的名字如雷贯耳,但真正熟悉他容貌的人却很少,因为他习惯乔装侦查。多年来,他结交了很多特殊的朋友,他从他们那里得到需要的情报信息,但这些朋友则不知道他就是大名鼎鼎的神探赵丁山。

今夜,他从潇湘夜总会得到了一条重要的信息:青山桥乡有个叫贺大块的人,做过文物生意。此人40岁左右,肤色如炭,头发蓬乱,讲一口湘乡话,自称家住娄底。其另一个明显特点是:他有两个女孩。

赵丁山立即将其与刘文胜一道送摩托车到祝家的那个人对上了号。此人极有可能是刘文胜的同伙。

4月3日天刚蒙蒙亮,肖学强、王明华、傅涛,一道赶到了距县城玉潭镇近百公里的流沙河镇,向刑侦中队的同行通报了贺大块的情况。流沙河镇位于宁乡县的西南边缘,与湘潭的湘乡市、娄底的涟源市接壤,人口稠密,地形复杂,流沙河镇由于地理位置的优势,是两市一县交界处的商贸集散中心。长期驻守在这里的流沙河刑侦中队的侦查员们,平时将大量的时间和精力用于熟悉和掌握辖区流动人口情况。因为他们深知,在市场经济环境中,经济大搞活,人员大流动,只有对流入流出人口情况烂熟于心,办案时才不会盲人骑瞎马。中队的侦查员听了肖学强等情况介绍后,肯定地说:

贺姓人都集中居住在辖区内的青山桥乡田心村,但贺姓人中间没有贺大块这个人。

肖学强仍不甘心,提出亲自调查了解。他们挨家逐户访问,果真没有发现与贺大块体貌特征相同的人。

肖学强等没有灰心,他们到湘乡、涟源两市的公安局户政科,利用人口信息系统检索查询,终于有了收获。湘乡市翻江镇园艺村村民贺如生,42岁,体貌特征和家庭情况与贺大块相吻合,个人档案资料记载其曾做过文物生意。

肖学强等立即赶到园艺村,就贺如生的情况开展外围调查。得到的情况却令人失望:案发那几天,贺如生一直在家没有外出。家里也没有来过外人。肖学强嘱托村里的治安积极分子秘密监控贺如生的行踪,并留下了联系方法。

他率领侦查员回到玉潭镇,分头到几家地下文物市场作调查。有人反映:青铜编钟被盗案发生前后,贺如生到玉潭镇几个文物贩子家里出入过。

肖学强再次率领侦查员赶赴园艺村,悄然侦查贺如生家的情况,发现其屋后的山林里有与作案工具绳梯上相同的杂木。这进一步证实了贺如生有作案的可能。但此时的贺如生已离家一天,去向不明。

肖学强等分析:莫非其察觉了公安机关的动向,远逃他乡。他们觉得这种可能性不大,因为所有侦查工作都是暗中进行的。

守株待兔不可取,另用良策暗中监控。4月5日11时许,刑侦大队接到秘密电话:贺如生已回到家里。

侦查人员驱车直奔流沙河刑侦中队,与中队侦查员共同研究抓捕方案。他们考虑到贺如生家处于湘乡、涟源、宁乡交界部,人员复杂,为了避免抓捕行动受阻,人员和车辆被困,决定采取密捕方式。

他们来到青山桥镇租车市场租乘两辆农用车,急驰园艺村。按照事先分工,张喜良及其车上的三名侦查员,驶至村口便下车分散潜入山林,埋伏在贺如生家周围,监视屋内动静,随时准备应对意外情况的发生。肖学强及其车上的三名侦查员负责抓捕贺如生。农用车开到贺如生家门口,这时,一个高大男子担了满满两箩筐稻谷,跨出堂屋,走向谷场。肖学强观其相貌很像要抓捕的对象。他灵机一动,突然呼了一声贺如生的绰号:"贺大块!"

担谷的高大男子立即抬头应答:"什么事?"

肖学强为进一步证实,又问:"贺如生,你晒谷呀?"

高大男子将两箩筐稻谷放下,回答:"是呀!不晒,会发霉。"

同一时候,张喜良已趁肖学强与贺如生对话的机会,从其身后进入贺如生家,他仔细观察,发现了与盗窃现场遗留物相同的尼龙绳。他提起绳子朝肖学强示意。肖学强心领神会,他弹了一个响指,王明华、傅涛一拥而上,架着贺如生两只手,抬起,塞进了农用车。车门关紧,车轮旋转,农用车箭一般离去。

审讯异常艰难

流沙河刑侦中队,一时间各路刑侦高手会聚,对贺如生展开审讯。

他们原以为是一场顺利的审讯,结果变得异常艰难。贺如生表面老实巴交，交待问题时却异常狡猾。他说自己没偷没抢，只是超生了一胎，但这已经作过罚款处理。

尽管是密捕，但贺如生的家属和村邻还是嗅出了异常。开始有人找到流沙河刑侦中队，要求还人。

警车载着贺如生，呼啸着驶向县城玉潭镇。贺如生被直接押解到位于玉潭镇东北角的二里坡，这里是刑侦大队、看守所、拘留所的所在地。从远处看水绕青山，绿树成荫，从近处看，铁网高墙，壁垒森严。

4月6日夜，万籁俱静。山坡上，刑侦大队审讯室里灯火通明。贺如生面对侦查人员威严的面孔、犀利的目光，他浑身颤抖，汗如雨下。肖学强恰到好处地抛出已掌握的证据，刺到了贺如生的痛处。他知道狡辩、抵赖毫无作用，不得不交待作案经过。

他说，他吃了刘文胜的亏，听了他的哄，一辈子后悔不尽。他又说，他不仅自己上了贼船，还拖着傅共祥也上了贼船。

今年2月中旬的一天，刘文胜、傅湘阳来到他家。刘文胜对他说有一桩大买卖要做，做成了吃喝几辈子的钱都有了。就是缺个胆大心细，忠诚可靠的帮手。贺如生问刘文胜：我做你的帮手行吗？刘文胜说：你当然是我的帮手，我早已把你算在了中间。除了你，还要一个。贺如生不假思索，推荐了傅共祥。因为他有恩于傅共祥，自感傅共祥会听他的。

肖学强追问："傅共祥是什么人？"

贺如生交待：傅共祥是湘乡市壶天镇石狮村人，29岁，因为家里穷，讨不起老婆，是他给傅共祥成全了一门亲事。傅共祥夫妇对他感激不尽，逢年过节都要提着礼品登门看望。

刘文胜一听有这层特殊关系，感到满意。他急着要与傅共祥见面。然而，此时的傅共祥已到涟邵矿务局祖保煤矿挖煤赚钱去了。

3月24日上午，贺如生带了刘文胜、傅湘阳一同来到祖保煤矿。一看这里人多，没有安静说话的地方。贺如生顿生一计，谎称傅共祥的岳父因饮酒过量身亡，喻菊秀要他尽快回家料理后事。妻令如山。傅共祥拔腿就往家里赶。一路上,他既为岳父突然身亡伤心落泪,又细算着后事安排的种种开支。贺如生一直隐瞒着真相,并将他骗到了自己家中。

落座后,刘文胜对傅共祥说:"实话告诉你,你泰山大人还活着。"随后说出了拉他入伙盗窃刘少奇文物馆陈列的两件西周时期青铜编钟的计划。

傅共祥考虑了片刻,点头答应。

3月25日,刘文胜带着贺如生、傅共祥、傅湘阳,爬上刘少奇文物馆后面的山冈,察看了文物馆四周的地形,熟悉了外围情况。继而,四人从刘少奇文物馆前门购票,进入陈列室。他们夹在众多的参观者中间,听着讲解员的解说。当他们进入第三间陈列室时,刘文胜拉着傅共祥、傅湘阳,渐渐挤到了陈列着0103号和0792号青铜编钟的展柜前。刘文胜使了个眼神,傅共祥对两件土里土气的东西居然是无价之宝有点怀疑。他细读编钟旁贴着的文字说明。

他们对这段文字读起来很吃力,但还是坚持读完了。参观的人走了一批,又来了一拨。他们随着新来的参观者往外走。

这天夜里,他们在贺如生家商定了盗窃青铜编钟的方法、线路和作案时间,并用杂木、尼龙绳制作了绳梯。

3月26日早晨,刘文胜要求贺如生找人借一辆摩托车,以便作案时快去快回……

贺如生交待到这里停了下来,他喝了一口茶,说:

"按照分工,我没有去县城,没有去刘少奇文物馆。至于他们三人行窃的详细经过,我不太清楚。"

矿工们听说他居然盗窃刘少奇文物馆,都朝他连连吐唾沫

就在审讯贺如生的时候,宁乡县公安局刑侦大队大队长周子帆率领侦查员驱车连夜赶至湘乡市壶天派出所,通报了青铜编钟被盗的情况。

大案侦破纪实

凌晨5时,壶天派出所全体民警上阵,带领宁乡刑警,分头包围了傅共祥、傅湘阳家。入室搜查,这两人均不在家。其家属告知:他俩作案后均未回家。宁乡、湘乡刑警联手展开侦查布控,获悉傅共祥又到涟邵矿务局发包的煤矿里挖煤去了。两地侦查员乔装改扮,深入矿区,对所有煤矿逐一摸排。

周子帆大队长翻山越岭,连续查了三个煤矿,没有丝毫收获。他拖着疲惫之躯,来到又一座私人承包的煤矿,走到近前,看见临矿的一家小卖店门前围了一堆人,牌战犹酣,打牌的和看牌的都十分专注,谁也没有注意他的到来。他仔细观察在场的人,突然眼睛一亮,那个抓了好几张"机动主"的赢家,正是他们要抓的对象。他暗示壶天派出所的民警确认,果然无误,于是两地民警分开人群扑上去,挥起手铐,锁住了傅共祥那双脏兮兮的手。

傅共祥先是一惊,继而故意大声吼叫:"你们这是干什么?"

周子帆:"你胆敢盗窃刘少奇文物馆,法律不容!"

傅共祥喊叫的目的是想激起不明真相的矿工帮他一把,造成混乱,他伺机脱逃。他没想到,矿工们听说他居然盗窃刘少奇文物馆,都朝他连连吐唾沫。他低下头,在矿工们的责骂声中随侦查员离去。

周子帆等将傅共祥押解到刑侦大队,没给他喘息的机会,立即进行审讯。

傅共祥交待:3月28日,刘文胜、傅共祥、傅湘阳从贺如生家出发,乘车赶到宁乡县城,向祝某借了125嘉陵摩托车,由刘文胜驾驶,载了傅共祥、傅湘阳,首先来到花明楼镇双狮岭村南塘组刘文胜的一户邻居家,取了早已准备在此的一把海剪,又骑摩托来到刘少奇文物馆。刘文胜与刘少奇纪念馆的门卫都是熟人,因而没有受到阻拦。他们进入纪念馆的管区后,刘文胜穿上绿色雨衣,骑着摩托车,徘徊于刘少奇铜像广场至文物馆一华里长的水泥公路上。傅共祥、傅湘阳携带海剪、绳梯、化纤编织袋等作案工具,钻进文物馆背后的山林中。

18时,刘少奇纪念馆、文物馆、铜像广场、旧居等所有参观的场所,由热闹变得清静,忙碌了一天的工作人员用餐去了,纪念馆、文物馆、旧居均落了锁。傅共祥、傅湘阳按照刘文胜事先安排,这时爬上了文物馆后檐下的一棵大樟树。他俩从这棵樟树顶部的枝杈间,可以跳到文物馆的后檐上。

刘少奇文物馆西周青铜编钟被盗案

傅共祥、傅湘阳爬到樟树顶部,傅湘阳吓得两腿打颤。他对傅共祥说:"我怕。莫搞算了,下去。"傅共祥也有几分心慌,说:"你不搞,我也不搞了,一起下去。"他俩从樟树上滑下来,返回到公路上,向刘文胜作交待。刘文胜埋怨了几句,便将他俩带回了自己家里。尔后刘文胜付给了傅湘阳5元钱,打发其回家。

3月28日夜,刘文胜、傅共祥再次密谋。刘文胜对傅共祥许诺:只要替他帮忙弄到两只西周青铜编钟,他付3万元报酬。

3月29日18时许,刘文胜、傅共祥再次携带工具,窜至刘少奇文物馆。刘文胜在文物馆前面望风接应,傅共祥沿文物馆后山小路来到那株樟树下,脱下皮鞋爬上树顶,跨到后檐,踩着瓦片,翻过屋顶,用绳梯吊入文物库院内。他窜过院中的草坪,凭借海剪剪开陈列室的拉闸门,潜入室内,砸烂文物柜的玻璃、栏杆,搬出编号为0103和0792的一大一小两只重约50斤的出土西周编钟,塞进尼龙编织袋,背上退出陈列室,窜过绿草坪,沿绳梯爬上前檐,翻过屋顶,朝后山扔下编织袋,又从后檐跨到樟树上,滑落到地面。

刘文胜早已在此接应。

他俩连夜骑车载物,窜至贺如生家。

4月1日清晨,刘文胜、贺如生带上两只青铜编钟,乘车赶往南京销赃。没有找到合适的买主,便又乘车返回长沙,然后搭车到湘潭、株洲寻找买主。

警方紧追不舍,分头追捕。4月10日,湖南省公安厅统一指挥,长沙、株洲、湘潭公安机关开展集中清查行动。4月16日,长沙刑警历经几天几夜的艰苦追踪,终于从文物贩子手中追回了失窃18天的两只西周时期的青铜编钟。

如今,这两只分别为国家二级文物、三级文物的西周青铜编钟,仍以编号0103、0792,在刘少奇文物馆原址陈列,向络绎不绝的中外游客展示着中华民族古老而灿烂的文明,为刘少奇纪念馆和旧居增辉添彩。盗窃这两只西周时期青铜编钟的犯罪分子也受到了法律制裁。

惊天凶案,公安部发出A级通缉令

杨远新 陈双娥

2003年4月18日,中华民族文化促进会副会长、泰国华人总商会会长、泰华报人公益基金会主席、著名旅泰爱国侨领陈世贤与其司机兼保镖,在租住的澳门葡京大酒店8001号贵宾室被劫匪抢去价值730多万元的财物,陈世贤因被捆绑而窒息死亡。陈世贤长期热心于祖国的经济建设和公益事业及中泰两国友谊,其遇害引起了公安部的高度重视。4月19日,公安部向湖南警方发出限期半月内破案的指令。湖南警方众志成城,撩开重重疑雾,排除道道险关,十一天后,终将犯罪嫌疑人抓获归案……

一、北京密电,粤湘警方紧急行动

4月19日,新华社澳门分社发布了这一不幸的消息:在泰国坐拥数亿身

惊天凶案，公安部发出A级通缉令

价，担任内地多个省级人民政府顾问要职的泰华报人公益基金会主席陈世贤，18日身携数百万现金与筹码到澳门，后被人发现死于葡京大酒店8001号贵宾室内，700多万元现款及筹码被劫。这是一宗纯粹的劫财案？还是另有别情？警方正展开调查，追捕犯罪嫌疑人。

陈世贤在澳门被害的消息传出，一时间成为轰动事件。尤其是泰国政经界大为震惊。泰国驻港澳领事专程前往澳门了解案情。

就在新华社澳门分社发布这一消息的时候，同属南国大地的湖南省公安厅正拉开侦破此案的大幕。

这天是星期六，久雨后难得的一个晴日。中午，湖南省公安厅办公大楼，恰似停泊在港湾里的一艘战舰，风平浪静，悄无声息。突然，副厅长唐中元办公室的电话铃声响起。他赶紧抓起话筒，神色立刻变得深沉凝重，公安部部长助理、刑侦局局长张新枫指示：

陈世贤先生长期以来热心于祖国的经济建设和公益事业及中泰两国友谊，其被害引起了党中央、国务院及公安部领导的高度重视。犯下这宗惊天大案的嫌疑人可能是湖南人，并很可能潜回湖南境内，湖南警方要立即开展查证、抓捕疑凶和收缴赃物工作。

无论再深沉、再沉着的人，面对这突如其来的重大案情，内心都会激起波澜。

一时间，两支精锐的刑侦之师，从南北两个方向，朝同一个目标挺进。

湖南省公安厅刑侦局局长盛德元、副局长杨兵全、重案支队支队长胡新民接到唐中元副厅长的命令，时针正指向12时10分，每个人家里的饭菜都已摆上桌，他们谁也顾不上扒一口，驱车驶入京珠高速公路，从北向南疾驰，直奔位于湘南大地、南岳衡山脚下的衡山县城开云镇。

衡阳市公安局副局长王成良接到副厅长唐中元的指令时，刚与家人围坐在饭桌前，他扔下碗筷，调集刑侦精兵，分乘几辆警车，悄然出发，进入京珠高速公路，风驰电掣，挥师向北。

两支队伍汇合后，他们立即开展摸排工作。

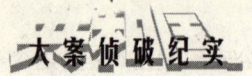

澳门警方向他们通报的情况极为有限：

陈世贤生前为泰华报人公益基金会主席，经常率团前往澳门。4月5日至7日，陈世贤穿梭忙碌在汕头老家，打点几家投资企业的事务。此后又从汕头返回泰国，同样为企业的事务忙碌了几日。4月17日傍晚，陈世贤来到了他喜爱的澳门葡京大酒店。当晚，他便在司机兼保镖许允之陪同下，换取了数百万元筹码及现金，逗留至次日早上7时许才返回酒店8001号贵宾室休息。

陈世贤回房时身上仍有数百万现款与筹码。18日15时许，酒店一名服务员入房打扫卫生时，赫然发现房内一片凌乱，两名男子被人用撕成条状的床单及球鞋带反绑手脚，口部被透明胶封堵。服务员立即向酒店保安报告了发生的异常情况。保安闻讯赶来，迅速替两人松绑，并报警求助。

澳门警方赶到现场，证实陈世贤已经死亡。鉴于陈世贤特殊的身份和其被害的特殊场所，澳门司法警察局局长黄少泽调动大批警力，对现场和附近5公里范围内所有的可疑人物进行盘查。经现场勘查，陈世贤手脚颈部均被捆绑，因布条绕及口鼻之间，这是造成其窒息死亡的原因。

澳门警方的尸检显示，陈世贤死亡的时间是4月18日7时30分左右。现场"失踪"的还有葡京娱乐公司730多万元的筹码，其中620万元为现金筹码，另有港币8.5万元、劳力士手表2块、手机2部。

澳门警方根据娱乐城保安提供的闭路电视录像分析发现，一名身高1.70米左右的中年男子曾进出陈世贤的房间，成了最大的嫌疑人。该男子身材健硕，操普通话口音，戴口罩，右肩挎一皮包。当日7时许从葡京大酒店前的高尔夫球场徒步至酒店大堂，再乘电梯上8楼，进入8001号贵宾室。40分钟后，这名疑凶再从原路走出酒店大堂，此时左手多挽了一个胀得满满的旅行袋，神色有些慌张。其走到诚兴银行前的巴士站附近，挥手拦了一辆的士，驶往关闸方向，到了关闸前下车，然后经关闸返回内地。

澳门警方寻觅到曾陪伴陈世贤一起娱乐的"叠码仔"，将他带至司法警察局调查。其没有提供任何有价值的线索。至于陈世贤的司机兼随身保镖

惊天凶案，公安部发出A级通缉令

许允之，身上亦有多处遭捆绑造成的伤痕，但其拒绝被送往医院。警方亦将其带至司法警察局通宵调查。许允之描述的疑凶体貌特征与酒店保安闭路电视记载的一致。他提供的不同情节是：疑凶行劫前，曾以找人名义敲开8001号贵宾室的门，只说了一句话，很快退出。

珠海警方给湖南警方提供的情报也非常简单：

案发当晚，广东省公安厅厅长梁国聚指示国际刑警广东联络处和珠海警方要积极配合澳门警方全力侦破。国际刑警组织广东联络处即派员赶赴珠海指挥协调，并与珠海市公安局组成联合专案组，全面开展侦破工作。深夜，广东、澳门警方在珠海市进行了紧急协商，澳门司法警察局局长黄少泽一行向国际刑警广东联络处及珠海警方通报了案情。澳门警方根据案发后许允之及葡京酒店提供的情况，迅速锁定赴澳人员唐少华为犯罪嫌疑人，并根据调查情况判断该人可能已潜回内地，请求内地警方抓捕。

国际刑警广东联络处综合澳门、珠海边检部门提供的录像监控和记录资料分析，当天入关的第四人，就是那名身材健硕的疑凶。他是湖南省衡阳市衡山县人唐少华，可能已经逃回内地。

前线指挥部立即对衡山县公安局户政股发出命令：开启衡山县公安局人口信息系统，查询唐少华的有关信息。其实不用电脑查寻，衡山县公安局的不少刑警对唐少华其人都很熟悉，甚至有的与他还是"老交情"。

唐少华，绰号"少室"，男，汉族，1963年5月28日出生，初中文化，湖南湘潭人，户籍所在地衡东县新塘镇建设路113号，现在衡山县开云镇(县城所在地)郑台街某号，无业人员。

唐少华曾在衡山县工农学校读完小学、初中；毕业后在衡东县航运公司做临时工；1979年至1981年11月在海南三亚崖县某海军陆战部队服役；1982年2月安置在衡东县交通运输公司工作，从事机械维修。学徒期间，他不安心本职工作，经常旷工。转正后不服从领导安排，不按时完成工作任务，后索性长期旷工。领导、群众对他意见很大，多次给予批评教育，他仍我行我素，屡教不改。鉴于此种情况，1984年单位对他作出除名处理。

此后,唐少华更加好逸恶劳,一直想找机会捞钱发财。1985年,他与平日"好友"朱某某臭味相投,一起偷渡香港,朱某某被香港警方抓获并遣送回内地,唐少华则侥幸过关。他在香港的5年时间里,具体从事何种职业,无人知晓。

唐少华回内地后,于1995年期间在衡山县开云镇开了一个"电游室",因带有博彩性质,后被衡山县公安局查封。

2001年,唐少华又承包衡山县电信大楼的基建工程。在此期间,他利用合同诈骗装修款10万余元,被衡山县公安局查处。

当地居民反映,唐少华每年都要去香港、澳门四五次,大部分时间在香港、澳门度过。他每次回家均带上大量现金。他在香港和澳门到底从事何种职业谁都不清楚,他本人也从未向任何人透露。

唐少华身高1.68米,体格健壮,好赌,好色,好玩,疑心重,性格内向,工于心计。由于其以往有劣迹,曾被衡山县公安机关审查过,因而具备一定的反侦查能力。

指挥部向所有参战刑警通报了衡山县公安局提供的以上情况,并复制了唐少华的照片,人手一份,分头追捕。

二、赤子情怀,激励参战侦查员

同样是4月19日,广东省公安厅在全省部署查控唐少华行动,广东各地、市、铁路、民航公安机关迅速联动,尤其是与湖南省相邻的清远、韶关两市,迅速在交界处设卡盘查。珠海市公安局派出工作组赶赴湖南协同作战。

4月19日这天,湖南警方为了掌握更多情况,也派出精干刑警赶赴广东。

当湖南省公安厅刑侦局的侦查员赶到陈世贤的家乡汕头市了解线索时,被这里的一幕深深地感动了,心灵受到震颤。

陈世贤4月18日在澳门不幸遇害身亡的消息传到他的家乡,整个城市陷入了深深的悲痛之中。山垂首,水鸣咽,鸟低飞,草落泪。男女老幼,无不叹息。陈世贤是汕头人民的骄子,长期以来爱国爱乡,在关心支持家乡建设方面,做了大量的好事善事,尤其是在教育、文化和治安建设等方面更是不遗余力。包括他的夫人陈郑伊梨女士也是汕头市荣誉市民,她追随丈夫,积极为汕头的建设搭桥牵线,做了大量有益的工作。然而,罪恶使汕头永远失去了陈世贤。人们以各种方式表达对陈世贤的怀念。

上午,汕头市委、市人大、市政府、市政协的主要领导李统书、李春洪等前往其亲友设在金银岛别墅区会所的灵堂,对陈世贤去世表示沉痛哀悼。金银岛别墅区陈世贤的灵堂前摆放着党和国家原领导人李瑞环、田纪云、谷牧,最高人民检察院检察长贾春旺等和中宣部、公安部、文化部、广东省、天津市、陕西省、人民日报社、新华社等部、地区的负责同志以及汕头市社会各界人士敬献的花圈。

20世纪90年代初,陈世贤倡议建造揭阳日报社大楼,并慷慨解囊500万元,支持报社建设,还多次亲临报社视察,关心报社员工的福利生活。

1997年5月22日,陈世贤赴天津市儿童福利院,与他长期出资托养的80多名孤儿见面,并为福利院捐款10万元。

陈世贤多年来对中泰经贸合作、文化交流作出了贡献,他相继被天津、重庆、揭阳3个城市聘为市政府顾问。

广东揭阳市是个侨乡,在海外的人也有400多万。当年陈世贤协助筹建了揭阳日报社后,又觉得揭阳市的很多民房需要改造。于是,在他的建议下,民政部在那里建起了一座"老人院"。陈世贤深情地说:"要我做顾问,这是荣誉,也是信任。我要为家乡的父老多办些实事。"

陈世贤对内地公安机关也一直十分热心支持,他是中华见义勇为基金会的两名顾问之一。他还担任广东省维护社会治安基金会名誉会长。

所有参加吊唁的人士忆及陈世贤爱国爱乡的义举,无不感动落泪。李统书更是泣不成声。末了,他请陈世贤的亲友转达对陈郑伊梨女士和子女的深切慰问。

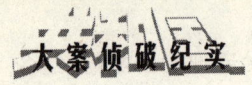

陈世贤的感人事迹,汕头民众对陈世贤的爱戴之情,激励着湖南侦查员的破案决心。

以湖南省公安厅副厅长唐中元为首的专案指挥部,就设在距唐少华在开云镇和新塘镇的两个家都不算太远的一个处所里。从省、市、县三级公安机关刑侦部门抽调的五十多名能征善战、智勇兼备的民警,分成多个专门工作组,分布在开云、新塘两镇。他们遵照公安部"水下作业,确保活口,秘密抓捕唐少华"的指示精神,进行秘密摸排和侦控。

然而,唐少华如同在人间蒸发,杳无踪迹。

指挥部分析:唐少华曾多次与国际刑警、与澳门警方周旋,逃过了一次又一次追捕,有着一套特有的反侦查伎俩,是一个非常狡诈的家伙。这次,他携700余万元巨款潜逃回衡山,绝对不会轻易在自己家中露面,而会像老狐狸一样深深地隐藏起来。他有可能藏匿衡山某处,也有可能只是把回衡山当作虚晃一枪,早已逃往他乡,甚至境外。针对可能出现的这两种局面,指挥部将所有侦查员整合成三支力量,有分有合,同时出击。

4月19日下午6时,珠海市公安局刑侦处副处长李海啸抵达衡山县参战。

4月19日下午9时,公安部五局行动缉捕处副处长卢保良赶到衡山县坐镇指挥。

就在派出去的三支侦查力量分头紧张工作之时,意想不到的情况出现了。一名侦查员因急于求成,未注意工作方法,错失了一次早日破案的良机。

三、天罗地网,公安部发出A级通缉令

一天一夜过去了,各路侦查员继续按照分工,对唐少华展开追踪。

专案指挥部日夜灯火通明。几名正副指挥长反复研究认为:侦破此案的关键是成功获取准确情报。经调查,唐少华与在外地经商的衡山县人莫维

才从小一起长大、一起当兵,也曾一起经商,两人关系异常密切。如果能找到莫维才,从他口里兴许能得到唐少华的去向。

指挥部通知正在外地开展工作的一个追捕组,先重点查找莫维才。一旦找到,立即与指挥部联系。没费多少周折,这个追捕组就找到了莫维才。

可这时的莫维才却说生意场上的事离不开,要求与指挥长通电话。他在电话那头反映:4月17日,唐少华向他借了数千元钱去澳门赌博。陈世贤遇害的消息传出,他就料定是唐少华在澳门作的案。因为没有谁比他更了解唐少华,也没有谁比他更知道唐少华急需钱用的程度。

指挥长追问:"如今唐少华去了哪里,你知道吗?"

莫维才回答:"我不知道。"但他表示,一旦知道,会及时报告。

这次通话就这样结束了,随即,一条新的线索又使大家一下变得兴奋起来。4月20日中午,负责监控省内唐少华可能落脚地点的侦查员终于发现了唐少华的踪迹。其在澳门作案后,于4月18日23时左右潜回衡山县城,先后与11个关系人有过联系。

指挥部火速派出精兵强将,对这11个关系人进行仔细侦查。结果众口一词:4月20日9时50分后,唐少华与他们再无丝毫联系,其去了哪里,没人知道。

4月22日,湖南省公安厅投入更多的警力,仍未发现唐少华的去向。

时针指向了4月23日。这对指挥部的每一个成员来说,又是一个非常难熬的日子。派往省内省外的追捕组都没有传来有关唐少华去向的最新消息。

这时,对唐少华社会关系的秘密调查早已结束,要想从这一方面获得抓捕唐少华的线索的可能性已经不大;同时珠海、广州等地的追捕工作已趋公开化;有不少在外务工的衡山人打电话到衡山议论唐少华在澳门作案的消息;加上各种媒体也不断地炒作,抓捕唐少华的工作已无密可保。

指挥部基于以上情况,经慎重研究,提出了一套新的工作思路:由秘密抓捕唐少华转为公秘结合抓捕唐少华,并确定了相应的专案侦查措施。指挥部将这一思路向上级作了报告,上级领导表示完全同意。

于是,指挥部向各路侦查员发出了新的命令:除对个别重点部位继续架网待控,力争获取内幕情况外,在一定范围内,公开缉捕唐少华。

4月23日,公安部将唐少华列为A级通缉逃犯,及时向全国发出A级通缉令,实施网上追逃和边境监控。

根据指挥部的决定,湖南省各级公安机关进行紧急动员,参战民警立即落实各项专案措施,开展大规模的专案行动。

衡阳市是侦查澳门"4·18"大案和追捕唐少华的主战场。4月24日,衡阳市公安局召开了全市12个单位的刑侦局长、刑侦大队长紧急会议,部署工作任务,12个公安(分)局都成立了专案组。按照专案指挥部的部署,各专案组在各自辖区开展工作。4月24日、25日两晚,衡阳辖区内,特别是在衡山、衡东和南岳辖区内,先后出动1500名警力,进行全面清查;对所有的宾馆、旅店、出租屋、网吧及公共娱乐场所展开了"地毯式"的清查,不放过任何唐少华可能落脚的地方。与此同时,广泛发动基层群众,广辟线索来源。在城镇街道、农村村民点、车站、码头、集市,大范围张贴通缉令,共张贴了5500份附有唐少华照片的悬赏10万元的《通缉令》;利用广播、电视、报纸等媒体公开播放、刊发《通缉令》;在重点城镇、农村,召开党员组长、居委会、村委会会议,发动基层组织协助公安机关工作,力争提供更多的线索。通过宣传发动群众,先后获得线索三十多条,并迅速予以查证。

对唐少华在省内湘潭县、株洲县和江西、湖北的关系人,由省厅和公安部协调,进行调查和布控,张网以待。对社会各界反映的情报进行分析定位,获取唐少华最新的潜逃踪迹。

四、恩将仇报,嗜赌穷极谋财害命

就在各路侦查员四处搜捕唐少华的时候,唐少华正潜藏在长沙红星旅社

惊天凶案，公安部发出A级通缉令

调养。

　　这时的唐少华断绝了与各方面的联系，独自躲在房间里收看电视。他从电视报道中了解警方的动向，有针对性地制定自己潜逃的策略。他从电视上得知他抢劫的对象原来是曾有恩于他的陈世贤，尤其令他惊惧不安的是陈世贤已经窒息死亡。他万万没有想到自己抢劫的老人就是陈世贤。陈世贤曾对他恩重如山。但他没有见过陈世贤。那年，他在汕头的一家工厂打工，盗窃工厂钱款，被工厂的保安当场抓获。厂长要将他送警方处理。他声泪俱下，说是急需钱为母亲医治重病。这家工厂是陈世贤出资开办。那天适逢陈世贤来工厂视察，闻知此事，念及唐少华有一颗孝心，命令厂长将他放了，并对他赠送5万元回湘替母亲治病。他没有想到这次澳门抢钱，抢的对象竟是陈世贤，这还不算，还使陈世贤命丧自己手中。这使他的心灵震撼，他寻思这一切的根源，都因自己贪赌种下的祸根。

　　他不知自己何时养成了好赌的恶习，曾多次到澳门葡京大酒店参赌，输光了自己做生意赚的钱。妻子劝阻，他当耳边风，劝的次数多了，他就武力镇压。妻忍无可忍，与他分居。他对分居并无异议，但规定妻必须定时将赚的钱交给他管理。妻若不从，他就恐吓要她的命。妻被逼无奈，只得将自己辛辛苦苦做生意赚的钱如数向他缴纳。

　　他一次一次揣着妻的血汗钱走进赌场，总是输多赢少。他寻思原因，突然发现了症结所在。他家住南岳山下，眼见天南地北的形形色色人等，不远千里万里，赶来南岳山，朝拜南岳大庙和祝融峰，祈求南岳菩萨保佑升官发财。他住在南岳山下，为何不求大慈大悲的南岳菩萨保佑他走好运发大财。大年初一，他先于那些朝拜的达官贵人登上祝融峰，祈求南岳菩萨保佑他走好运。烧香下山之后，他决意大干一场。

　　他向衡山的几位朋友借了4万元，办了《港澳通行证》，于是来到广州。他嫌手头的钱还少了点，又向在广州做生意的一位朋友借了6 000元。他还想多借点钱，本大利大，可苦于无处可借，他只好作罢。

　　4月17日上午，他从广州乘车到珠海，持证顺利通过拱北海关，进入澳门,选择了离葡京大酒店最近的澳门京都酒店下榻。

他随后在澳门葡京酒店进行赌博,将4万多元港币全部输光。自去年12月份以来,他先后3次到澳门赌博,累计输掉十几万元。他不甘心,早已萌生抢劫念头。所以,他在离开湖南之前就购买了水果刀、球鞋带、口罩、透明胶带等物,为抢劫做准备。4月17日,他携带人民币4万元和作案工具到澳门,是为了作最后一搏。他认为入住葡京大酒店8楼贵宾房的客人一定很有钱。实施抢劫之前,他再次到葡京大酒店"踩点",到8楼贵宾室附近察看地形,将8001贵宾室锁定为抢劫目标。

4月18日7时10分许,唐少华戴上口罩,肩上挎着一只皮包,里面装着作案前准备的一把不锈钢水果刀、两根白色篮球鞋带以及透明胶带等物,从高尔夫球场徒步潜入葡京大酒店,进入贵宾室外的走廊,恰好看到陈世贤进贵宾室休息,他便跟随到房间外。

他以找人为借口骗开8001号贵宾室,用水果刀威胁陈世贤和许允之,不准反抗,要是反抗就只有死路一条。当时,许允之要反抗。陈世贤则令他不要反抗。他说:他不就是要钱嘛。我们将所有的钱全部给他,他走就是了。许允之明白:陈世贤信奉佛教,做什么事都是以善为本,从不与人争斗。此时,他只得按老板的意思办。唐少华越发得势,堵塞二人的嘴,切断房内电话线,在房内进行劫掠。劫得筹码7315010元,其中现金码620万元、港币85000元、泰铢45000元、美元500元、人民币300元、高档手表1块和手机2部。抢得财物后,唐少华用水果刀将房间内床单割成布条,再用布条和鞋带捆绑陈、许的手脚,封堵口部。当唐少华携带筹码和现金准备逃离现场时,又发现了陈世贤佩戴的劳力士手表,便返回取下。此后,他携带所抢财物,逃出葡京大酒店,从珠海拱北入关,连夜逃回湖南。

他于4月18日23时左右潜回衡山县城,与前妻先后通了三次电话,然后,在租借的屋内对所劫财物进行了清点、包扎。

4月19日上午,他乘火车到长沙,在一家银行租了保管箱,将抢劫得来的赃物、赃款放在此箱内。

4月19日下午,他又窜回衡山县城,先后与兄长和几个朋友有过电话联系,并在外吃饭、唱卡拉OK,当晚住衡山宾馆。

4月20日,他又潜回衡东藏匿。上午在自己的出租屋内与几个朋友玩纸牌,并先后与前妻、父亲、情人有过电话联系。到了9时48分,他关掉手机,不再与任何人联系,也没有与任何人作别,离开了衡东。

4月21日,他窜到长沙中南大学湘雅医院整容美容门诊部询问做双眼皮的手术,随后找到了比较偏僻的长沙市蔡锷北路一家公司院内的个体"红星旅社"住宿,并预交了10天的房费。

4月22日,他来到湘雅医院整容美容门诊部做了双眼皮手术,术后在"红星旅社"休养……

五、运筹帷幄,艰难侦查露转机

事实证明:指挥部在莫维才身上加大投入的决策是正确的。

4月28日10时50分,唐少华连续三次拨打"1860"信息台,随后又关机。侦查发现,唐少华匿藏在岳阳市城内。

指挥部立即从衡山县公安局抽调30名认识唐少华的民警,由指挥长、副厅长张朝维和刑侦局局长盛德元等率领,赶赴岳阳,协助岳阳警方开展缉捕工作。

岳阳市公安局组织精兵强将,对唐少华可能在岳阳落脚的火车站、汽车站、码头、宾馆、网吧、娱乐场所进行秘密布控。然而,仍未见唐少华的踪影。

就在这时,莫维才向指挥部报告:4月26日有人用电话与他的朋友桑洛轩有过短暂的联系,只问了一句"维维在哪里?",不待桑洛轩答话就挂断了。桑洛轩是他的朋友,也是唐少华的朋友。这电话有可能是唐少华拨打的。"维维"就是他莫维才。他分析唐少华找他,有可能还钱,有可能是为了别的事。

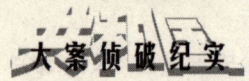

莫维才报告的这一情况，引起了指挥部的高度重视。指挥部立即进行侦控。经查证，这个电话号码为长沙出售的神州行充值卡。

警方立刻判明唐少华在株洲市火车站一带活动，他们迅速查证了长沙至深圳的K517次列车是21时50分到株洲、21时56分开的情况。他们分析认为唐少华在K517次火车上，或在株洲火车站站台上打电话的可能性极大。唐中元副厅长随即发出四道指令：

速将情况通报正在岳阳的张朝维副厅长、盛德元局长一行，立即赶赴株洲市开展侦查布控工作。

立即通知衡阳市、衡山县公安机关，密切注视K517次列车到达衡阳市的时间是晚11时22分。要在这一关键时刻内全方位开展工作，设关堵卡及对重点人员和部位进行严密布控，严防唐少华下车潜回衡山。

立即通知郴州市警方，K517次列车是4月30日凌晨1时41分到达郴州，要组织便衣登车清查，要在火车站一带布下警力进行堵截。

立即通知长沙铁路公安处，火速挑选智勇兼备的乘警登上K517次列车，配合沿途上车的刑警仔细做好清查工作。

唐中元下达完这几道命令后，又立即通报广东省公安厅刑侦局，并请求配合行动，凡K517次列车经过的韶关市、广州市、深圳市，各市警方务必挑选精明能干的刑警登车清查，同时在各自的火车站埋伏重兵堵截。沿线铁路公安机关配合抓捕行动。

一张铁网悄然撒下……

六、决战K517，真凶被擒供认不讳

4月29日早晨，唐少华躲在房子里把长发剪短，胡子刮干净，全身从上到下化好妆，他对着镜子反复看了又看，觉得自己的脸变宽了，眉毛变粗了，眼睛变大了，体态也变胖了。他感到有几分满意，他认为是该行动的时候了。

惊天凶案，公安部发出A级通缉令

他买了4月29日晚从长沙开往深圳的K517次列车的车票。

4月29日下午，唐少华将一个胀鼓鼓的黑色旅行袋交给"红星旅社"老板刘应强寄存，并说十天以后回来。刘应强二话没说，接过黑色旅行袋，替他妥善保存。这是旅社为住宿的客人服务的项目之一，他不必多问。他哪里知道面前这个汉子就是犯下澳门"4·18"杀人案的唐少华。

唐少华携带130多万元财物，坐出租车直奔长沙火车站，乘上了长沙至深圳的K517次列车。

4月29日晚11时30分，郴州市公安局接到湖南省公安厅电话指示：唐少华可能乘坐当日K517次长沙至深圳的火车外逃，要求郴州公安机关立即进行堵截。

接到省厅指令后，市公安局局长孙湘隆、副局长张湘鄩在20分钟内召集刑侦等部门21名便衣民警组成精干小分队，并由他俩直接率领，赶赴郴州火车站。为防止犯罪嫌疑人在郴州下车或继续南窜，他俩指挥参战民警兵分两路开展工作。一路埋伏在郴州火车站内外，设卡堵截唐少华。一路登上K517列车搜捕唐少华。

4月30日凌晨1时41分，K517次列车驶入郴州火车站。

这时，李广安、马建辉等6名便衣民警和郴州火车站派出所5名民警，迅速登上K517次列车。

邝光华、杨林涛等15名负责堵截的民警则睁大眼睛扫视着下车的每一位旅客。

列车启动后，侦查人员开始清查，但是第一轮清查完毕，未发现唐少华的踪影。负责清查的民警立即与负责堵截的民警联系，回答也未见到唐少华的踪迹。侦查员并不气馁，他们坚信唐少华就在这趟列车上，疑犯不可能插翅而飞。于是决定再次搜查。

此时，列车在山水夜雾间穿行，旅客们早已进入了甜美的梦乡。

4月30日凌晨3时40分，广东韶关市公安局和广州铁路公安局民警在韶关火车站登上K517次列车，与正在车上搜捕的湖南省郴州市公安局的民

大案侦破纪实

警会合。

列车继续南下。行进途中,车上的湖南、广东刑警和铁路乘警形成一个整体,与坐镇韶关指挥作战的韶关市公安局领导始终保持热线联系,互通情况,及时调整作战方案。

K517次列车上,参加行动的侦查员拿出疑凶唐少华的彩色照片,逐人找当班乘务员辨认。

凌晨4时许,负责5号硬卧车厢的乘务员反映,5号车厢有一个中年男子与照片中的人十分相似。这一鼓舞人心的消息传回韶关市公安局,局领导立即报告公安部,请示下一步的行动。公安部指示:因湖南郴州警方在列车进入韶关前不久开灯清查过一次,为避免因频繁查车而有可能引起混乱,暂不展开行动。行动时间初定在列车到达广州站前半小时。韶关市公安局领导向战斗在K517次列车上的粤湘两省刑警和广州乘警传达了公安部的指示。湘粤两省刑警和广州乘警根据这一指示迅速制定行动方案,行动时间初定在凌晨6时。

4月30日凌晨5时许,列车行驶至广东英德区间,天色渐渐泛白,过了几分钟,K517次列车进入广州花都地界,参战警员再也坐不住了,再过几十分钟就是广州车站了。旅客下车,就如同水珠汇入了大海,也如同树叶落进了大山。要搜索出唐少华这滴脏水、这片烂叶,困难可就大了。

5时30分,天色渐亮,行动开始。列车乘警长开启全车灯光,各组警员紧凑而细致地开展清查工作。

5时40分,韶关缉捕专案组警员在5号车厢17号下铺发现目标。侦查员身穿白罩衣,以检查"非典"为名靠近"目标"。白衣战士要这个男子摘下口罩,检查"非典",测试体温。这个男子极不情愿地照办时,面露惶恐之色。同一时候,民警十分礼貌地对他说:"对不起,请把你的车票和身份证拿出来,让我们看一下。"这名男子的手明显地开始颤抖。刑警许建民、叶志勇和两名铁路警员立即将嫌疑人控制,在依法检查其身份证时,嫌疑人磨磨蹭蹭,许久才从上衣口袋掏出一张身份证。民警乘机对其仔细比对,发现

惊天凶案，公安部发出A级通缉令

其身份证上的照片与持证人特征不符，存在着诸多疑点，而与公安部通缉令上唐少华相貌特征极为相似。湖南刑警感到最为可疑的是，该男子讲话带有浓重的衡阳口音。警员更加怀疑有诈，当即机智地要其背出身份证号码。嫌疑人背出的号码与出示的身份证不符。所有在场的刑警见状，相互递了个眼色，即时采取行动，将其按倒在卧铺上，不待其有丝毫挣扎，一副锃亮的铐子锁住了那双恶贯满盈的手，顺利将其擒获归案。经查，此人正是唐少华。同时，还当场缴获他的一只提包，内有赌场现金筹码1315010元、港币2000元、人民币11097元，港澳通行证一本，伪造身份证一张以及摩托罗拉手机一部。

4月30日，广东专案组将唐少华从广州押解回珠海。

同一天，公安部向参与侦破澳门"4·18"抢劫案的有关公安机关发出贺电。

5月5日10时40分，珠海市公安局第一看守所。

39岁的唐少华从号子里被提出来时看上去十分疲倦，1.68米的身形有点松垮，脚镣在水泥地上划过，发出刺耳的声音。

经审讯，唐少华对4月18日在澳门葡京酒店抢劫730多万元的钱物和残害陈世贤的犯罪事实供认不讳。

根据唐少华的供述，湘粤两省公安刑侦部门携手在长沙、岳阳开展追赃工作，起获了被劫财物。

随后，广东专案组将赃款赃物带回珠海与澳门警方及时通报情况，交换证据，进一步证实了唐少华的犯罪事实。至此，"4·18"抢劫杀人案全案告破。

澳门"4·18"大案在12天内得以成功侦破，是公安部正确指挥的杰作；是湘、粤、澳警方成功合作的典范；是湖南省各级公安机关和诸警种联动的结果。同时，再次表明了内地警方与澳门警方联手打击跨境犯罪的决心和能力。

张宁之子被害案始末

王琦 姜雷

一

1988年南京的夏天异乎寻常的热。

刚到7月,气温骤升至40摄氏度以上,而且旷日持久,数日不降。大小医院里,立刻住满了被酷暑袭倒的病号,更多的人则争先恐后地跳进了游泳池、河流、湖泊,躲避热浪。这样的高温即使在被称为"四大火炉"之一的古城历史上也属罕见。

12日晚,中山门外首苜园一幢单门独户的庭院里,充满了焦躁不安的气氛。

自摆脱了那噩梦般的政治漩涡回到南京,又经历了婚姻破裂的痛苦折磨后,张宁便带着独生儿子蒋晨一直与家人共居于此。

"晨晨呢?他究竟去哪儿了?"

此刻的张宁火烧火燎,心乱如麻,秀美的脸庞毫无血色。天已全黑了,可儿子自中午离开家,到现在还没回来!

没有人注意到蒋晨是跟谁离开家的,也没有人知道他上哪儿去了。全家人同样地心急如焚。

"会不会在他爸那里?"大嫂猜测。

张宁手忙脚乱地奔去了,又张惶失措地跑回来,没有!

亲戚、朋友、同学家,凡是晨晨有可能去的地方都找遍了。

还是没有!

12岁的儿子酷爱游泳。难道单独去游泳了?张宁胸口猛地一紧,一种不祥之感死死攫住了她。

夜已经很深了,张宁和兄弟、亲朋好友们分成几路,打着手电在附近的紫霞湖、前湖等人们常去游泳的地方,奔跑呼喊寻找着,还是不见人影……

张宁越来越恐慌,她难以止住流淌的泪水,不停地呜咽啜泣。"不要,不要对我这样残忍!不要夺走我最后的希望!"她凝望夜空,默默地哀祈上苍。

张宁一家人在寻找和焦躁中度过了一个不眠之夜。次日上午,一无所获的他们惴惴地来到新华日报社,欲登寻人启事。报社一个工作人员告诉他们,刚刚接到一个电话,在城南节制闸河段发现了一具男孩尸体,尸体打捞上来时一丝不挂,无任何可判明身份的物件。

会不会是晨晨呢?张宁家人立刻赶到水上分局内河派出所,得知尸体已被殡仪馆拖走。他们又马不停蹄地赶到了殡仪馆,可就在1个多小时前,那具尸体已被火化!

张宁家人得知当时法医曾为尸体拍了些照片,他们即刻赶到水上公安分局。可是气温太高,分局的洗印室又无空调设备,照片没法马上洗出来。

分局的干警极负责任,灵机一动,跑到街上买了小贩的大半箱冰棒,放进洗印室降温。

照片洗出来了,等在一旁的张宁的三弟张苏生脸色顿时白了。照片上,正是张宁的命根子——12岁的蒋晨!

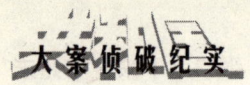

二

蒋晨死得太蹊跷。五内如焚的张宁一家人突然意识到了些许疑惑。晨晨怎么会跑到这么远的地方来游泳？尸体又为什么这么匆忙地被火化？

难道17年前温都尔汗的那一声震惊中外的爆炸余波未尽，罪恶的魔爪仍在黑暗中追噬自己？饱经劫难、倍尝冤屈的张宁，头脑中不禁闪出了这一丝猜测。不，不可能！ 17年了，谁又会出于某种政治动机，再祸及一个无辜不幸的弱女子呢？她掐断了这一念头。

可儿子到底怎么会神秘地死去了呢？

带着满腹狐疑，神情恍惚的张宁和家人，来到了南京市公安局刑警大队。侦查人员详细询问了情况，迅速展开了调查。

尸体是7月12日下午6时许被发现的。

那天天气异常地闷热。秦淮河水似乎也被蒸焙得无精打采，流动缓慢。打渔人郁老头和儿子驾着小船，悠悠荡荡地划到了节制闸西边的河段中。这里两岸树木茂密，杂草灌木丛生，显得十分僻静清幽。郁家父子是来检查早已布下的渔网，却意外地发现一具赤条条的男孩尸体，便将尸体拖到了岸边，并打电话报告了派出所。

这一河段不远处有座河闸，河水较深，水面宽阔。每当夏天都有不少人从城里跑来这里游泳戏水。因此，不慎溺水而亡的事也屡屡发生，常年在这一带打渔的郁老头就不止一次地捞过尸体。

南京市水上公安分局的几名刑警、法医赶到了。勘查结果，尸体无外伤痕迹，有轻度尸僵，无尸斑。死亡约数小时。尸体腹部稍膨隆，口鼻有较多水外溢，分析为溺水死亡。

按照惯例，并为了谨慎起见，水上分局决定将这具一时判断不了身份的

张宁之子被害案始末

无名尸体冷藏3天,同时发布认尸启事,查寻其亲属。可是,接到通知赶来现场的殡仪馆接运人员却摇头了。理由很简单却很充分,持续高温酷暑,死亡人员剧增,殡仪馆冷藏库已满,无法冷藏,运回后必须立即火化。

就这样,13日上午,蒋晨被匆匆送进了焚化炉。

侦察人员会同水上、秦淮分局的干警,重新复勘了现场,并在沿河两岸扩大搜索,对附近居民开展了调查访问,但既没发现蒋晨的衣物,也未获得有价值的线索。

在张宁的家里,侦查人员围绕蒋晨当时出走的情况,开展了详细的询问调查。近几天,张宁已准备好带蒋晨去珠海。出事那天,她进城忙于购买飞机票,中午没回来。当时在家的有蒋晨、张宁的兄嫂、侄儿、侄女,还有来做客的江西某实业公司经理金某父子。其间,经常出入张家的一个叫孙斌的青年也来过一趟。

最后见到蒋晨的是张宁的二弟媳。她回忆:大约1时30分,蒋晨在穿衣服,说是要到他爸爸那里去,后来就一个人出去的。走的时候,蒋晨什么也没带,只穿着一件淡黄色圆领衫、西装短裤,脚上趿了一双张宁的拖鞋。蒋晨走时,其余七个人都在家。

金某12岁的儿子告诉侦查人员:那天上午蒋晨曾约他下午一起去游泳,因他下午要跟父亲回江西,便没答应。整个上午蒋晨都在家,也没同学来过……

从这些情况看,蒋晨是于中午1时30分左右离开家门的,因天气酷热难当,极有可能是去下河游泳了。但他一个小孩既没带钱,也没带交通工具,怎么会溺死在距家16华里且从未到过的节制闸河里呢?即使他单独去游泳,为何不去附近中山陵一带熟悉的前湖、紫霞湖,却舍近求远?再说尸体赤裸,衣服哪去了呢?这么大的孩子,游泳总也得穿条裤头呀!

疑问一点一点汇集在侦查人员的脑子里,扑朔迷离。对人民利益高度负责的侦查人员暗暗下了决心,不管蒋晨是游泳溺死,还是惨遭毒手,都要把

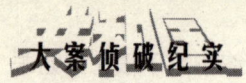

事情查清。

此案很快惊动了南京市公安局领导,侦查人员的意见得到了充分的支持。

三

黯然失魂的张宁,又一次想到了自杀。

命运对她来说似乎太不公道了。当她还是天真烂漫的小姑娘时,就已是大军区歌舞团中出类拔萃的舞蹈演员。超群的技艺、出众的美貌,加上老红军后代的荣耀,使她在花团锦簇、姹紫嫣红中,欢快浪漫地度过了童年、少年时光,又满怀憧憬地踏入了玫瑰色的青春。

本来,她的面前只有清风明月、鲜花铺路,前程似锦。对于人生,她有什么可忧虑的呢?是那段人妖颠倒的岁月,摧毁了她——一个普通少女所有的梦想。清白无辜的她莫名其妙地被吸入了眩晕的黑洞,拉进了黑暗的泥淖,又被无情地抛在了全国公众的面前。她冤屈,她愤恨,她绝望!

1971年9月的一天,当她在迷惘恍惚中第一次得知"林家王朝"的真实面目和可耻下场时,脑袋里顿时一片轰响。她清楚地知道,那茫茫大漠中飞机坠落的一声爆炸,对她的一生将意味着什么。她把头向墙上死命地撞去……

那一次,她没有死成。尽管历经4年干校囹圄的磨难,她身心憔悴,形同槁木死灰,但毕竟从深渊噩梦中走了出来。

回到南京,她脱去了军装,转业后被安排到一个历史博物馆工作。党和人民并没有嫌弃抛开她,而是赋予她重新生活的勇气。至此,她是多么渴望像平常人一样过着平淡安宁的生活,让岁月流逝抹去心头那隐隐重创。

可是,她又不幸经历了婚姻破裂的悲苦。能够支撑她继续生存的唯一精神支柱便是她的活泼聪颖的儿子。在苦闷难捱的日子,儿子那一声声亲切的呼唤，融化了多少淤积在她心头的冰封雪锁呵。

悲惨的是，厄运还是不放过她！万念俱灰的她又多次想到了死，幸亏家人的严加防备，她才没能踏上冥冥幽途。

几天下来，张宁已是形销骨立。她把儿子生前的所有照片，都挂在卧室的墙上，日夜面壁哀泣，夜里睡觉甚至也把儿子的骨灰盒置于枕边，相依而眠。

张宁全家人都被这突如其来的灾难压垮了。闻听噩耗，张宁的六十多岁老母亲猝然倒地，昏迷不醒，没过几日，鬓发皆白。年逾四十、高大刚毅的大哥，每每提及此事便泪水滂沱。远在河南、年逾六十的爷爷闻讯，哀号数声即倒地不起，第二天便溘然长逝。

四

调查工作进行得异常艰难。

现场没有任何物证可供分析。侦查人员只好把工作重点放在蒋晨如何出走这一环节上，围绕与张家有利害关系的人做文章。

当天中午，蒋晨临走时曾说了一句"到爸爸那里去。"调查证实，蒋晨事实上并没有去。那么此事是否真的会与张宁的前夫有关系？

侦查人员通过大量调查得知，张宁与前夫蒋某虽然因性格志趣不合于6年前分道扬镳，但积怨并不太深。蒋某对儿子亦是疼爱备至，他根本不可能有害子之心。蒋晨的说法只不过是借口而已。那么蒋晨当天中午突然借故出走，是受到了谁的暗约呢？根据家人提供的情况，当天上午蒋晨并没流露要单独外出的迹象，其念头好像是中午之后才产生的。整个上午蒋晨既没外出，也没同学或外人与他接触，更没接过什么电话。由此判断，暗约他的人很可能就在中午在场的人中间。

侦查人员的注意力逐渐集中到那个中午来玩了一会的叫孙斌的男青年

身上。

　　说起孙斌与张宁家的关系，还得追溯到1987年夏季的一天。
　　这天，张宁离家来到中山门外的公共汽车站候车，打算去城里洗个澡，然后上班。
　　"你是张宁吧？"车站上，一个素不相识、中等身材的男青年突然过来和她搭话。
　　"你怎么知道我的名字？你是……"张宁有些莫名其妙。
　　男青年满脸笑容，文质彬彬，说是从张宁的一位同事那儿听说过她。
　　张宁不想跟个陌生人多啰嗦，应付两句后便上了汽车。没想这男青年却笑嘻嘻一路跟了上来，和颜悦色、满脸诚意地邀请张宁去看他家收藏的古字画。张宁拒绝了，可在寂寞抑郁的心境驱使下，禁不住和他交谈起来……
　　第二天上午，男青年不请自来，按响了张宁家的门铃，依旧笑容可掬，满脸热情。这么着，张宁终于和他熟识了。他叫孙斌，31岁，原是南京秦淮区建筑公司水电工，1982年离职一直无业在家。殊不知，为了能有这一天，他已不知在张家跗近的汽车站转悠等候了多少天。
　　从此，神魂颠倒的孙斌隔三差五地来到张宁家，阿谀奉承地帮这帮那，唯唯诺诺地忙碌不停，竭尽讨好取悦之能事，还攀龙附凤地拜张宁为干姐姐。有时张宁外出，他也厚着脸皮相随左右，充当起"保护人"的角色。对张宁的儿子，他显得格外亲热，不时殷勤地给孩子买吃买喝，带出去玩耍。
　　渐渐地，张宁一家人察觉出孙斌的市井侩俗，并得知他曾因打架被劳教过，遂生厌恶之意，时常冷语相讥。可孙斌却仍是一厢情愿，依然如旧。
　　出事那天中午，孙斌也到了张宁家，在蒋晨出走后不久离开的。
　　侦查人员对他进行了专门调查。
　　"不错，那天我确实去了。说好我也跟张宁他们去珠海，那天我是送我的照片让张宁帮着办通行证的。她不在家，我也没见到晨晨。再说，我又不会游泳，怎么会带晨晨去游泳呢？"孙斌一脸坦然。

张宁之子被害案始末

调查当天中午在场的人员,证实孙斌所述的时间大致相符。然而,由于当时人多杂乱,谁也没在意孙斌与晨晨有无接触。

询问中孙斌还自称,离开张家后,2时30分回到家,洗了澡就睡觉了。他父亲可以证明。

孙斌的父亲孙步铨是个退休的公交公司驾驶员,年青时曾为汪伪政府外交部开过车,久涉江湖,人称"老码头"。见侦查人员进门,忙点头让座:"噢,让我想想。对了,我儿子那天下午回来后,一直睡到晚上。他回来时,我见他在院子里洗澡。当时我还看了看表,记得是2时30分。"

孙家住的是单门独户,走访周围群众,无人能进一步证实孙家父子的话。但另据调查,孙斌确实不太会游泳,在水里充其量只能扑腾几米远。

五

张宁毕竟是个有特殊经历的人物,自十多年前风闻全国的"选美"风波之后,一直是海内外众多人追寻关注的对象。张宁儿子意外死亡的消息不胫而走,传播之广之迅速,令人惊讶。一时间,"纪实文学"、"本报特稿"等在海内外众多报刊、杂志上纷纷出笼,有的妄加猜测,猎奇杜撰;有的添油加醋,刻意渲染,搞得沸沸扬扬,流言四起。更有甚者,海外有的报刊出于某种动机,借此案大做文章,对大陆警方大肆进行诽谤攻击。

诚然,也有不少善良的人们,出于同情怜悯之心,从全国各地写信或打来电话,对此案表示关注,其中也掺杂了不少对公安机关的微词。

面对压力,公安人员只能默默地继续抓紧工作。他们不能容忍在我们的社会里,一个孩童的生命被罪恶吞噬——不论是谁的孩子!

时间一天天过去。经过一番艰辛细致的调查,办案人员终于获得了一些有价值的线索:

孙斌千方百计地搭识张宁,并非仅限于对"名人"崇拜好奇的心理,而是有着更深的企图。两人熟识后一段时间,孙曾托人向张表示想与之结婚的愿望。这一要求遭到拒绝后,孙曾对张宁的一个好友流露过愤懑的心迹:"她不让我好过,我也不让她好过。我要让她精神上痛苦一辈子!"

出事那天中午,孙斌言称是到张宁家送自己的照片,用以办理通行证与张宁一同赴珠海。其实,张宁携子到珠海正是为了摆脱他的纠缠,嘴上答应替他办通行证云云只是应付敷衍。对此,常年混迹街头惯于鉴貌辨色的孙斌不会不明了其意。

孙的一位邻居反映,蒋晨失踪的当天晚上,焦急万分的张宁找到了孙家,请孙斌帮忙去找,但孙起初推托不愿意去,后经他人催促才跟着去找。孙斌向来对张宁和蒋晨极力讨好奉承,可在此关头却犹豫冷淡,岂不太反常?

孙斌的疑点渐渐上升。但要获取证据还得要花费相当大的功夫。市局领导听取了办案干警的汇报后研究决定:对孙斌的侦查一刻不能放松,捕捉战机,争取一举突破。

六

张宁走了,背井离乡,远渡重洋。

一位叫林赛圃的美籍华人读了有关介绍张宁情况的报纸,对她表示了深切同情,从大洋彼岸给她寄来了一封诚恳而又热情的信。他们终于相识了,他的沉稳体贴,使张宁那颗破碎的心慢慢复苏过来。经过多次接触,张宁的婚事敲定下来。

1990年2月,张宁跟着新婚丈夫,飞往美国定居。可是在机场,张宁却忽地泪眼婆娑,清泪长流。

她的心里还是丢不下惨死的儿子。临行前,她泪流满面地将晨晨的骨灰掐了少许,装在一个小瓷瓶内,挂在脖子上,揣在胸前,叮嘱前来送行的大哥:

"你一定替我将晨晨的骨灰保藏好,不要埋掉。过一阵,我将自己回国选墓地……"说到这,张宁禁不住哀泣涟涟。

七

罪孽难逃法网,善恶终究得报。

经过南京市公安机关艰苦细致的工作,案情终于有了突破性的进展。在江宁县一个偏僻的小村里,侦查员终于查访到一个当时在现场附近为民工烧饭的老头。老人介绍了两年前的那天下午见到的情况:

"那天下午,不错,是7月12日下午,大约4点多钟,我正坐在河北岸围墙根的工棚前,看见2个年轻人和1个小男娃从节制闸过来往西走。噢,是沿着北岸走的。中间1个男青年扛着个像长沙发坐垫的东西,可能是游泳用的橡皮船。什么颜色? 好像上边是红的,下边是黑的。记不太清了,反正是两种颜色的。不长时间,那2个男青年回来了,没见那个小男娃。他们的长相? 隔得远,看不清。"

"你看到他们下水了没有?"

"没看到,护坡上杂草又高又密,给挡住了。"

侦查人员拿出了一叠照片。"请您看看,是这个小男孩吗?"老头瞅了半天,点点头,又摇摇头:"有点像,但记不住了。那时游泳的人经常来,我也没注意看。"

这是条极有价值的线索。3人同去,回来却只剩下2个大人,那个小男孩极有可能是蒋晨。那么蒋晨极有可能是被2个熟识的或最起码其中1个熟识的男青年带到了现场杀害。

该是面对面交锋的时刻了。此时,孙斌因容留妇女卖淫被收容教育,与外界隔离了近一年。

由谁担任最后阶段的主攻? 市局领导点了六处3位经验丰富的预审警官。

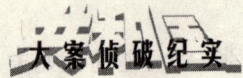
大案侦破纪实

听完侦查人员关于案件情况和前期工作的介绍，预审警官们心里沉甸甸地：此案的难度超乎他们的预料，证据少，压力又那么大！这块难啃的骨头如吃不了，连吐都吐不出。但是，面对上级领导信任的目光和死者家人的期盼，他们横下了一条心。

阅卷，分析，难题棘手：目击者见到的2个年轻人，孙斌是否在内？如果有孙斌，另一个是谁？罪证又如何收集到手？……

八

打蛇七寸，一招克敌。此案由于现场条件极差，且时过境迁，已无现场物证可取。能否最后突破的关键只能在孙斌的作案时间上做文章。为了不给早已封口的孙斌再有回旋的余地，预审警官决定不仓促上阵与之交手，而是在掌握大量原有情况的基础上，进一步作更细致的调查取证工作。

几天之后，他们的脑海里有了如下判断：案发那天中午蒋晨在出走前，一直独自一人在张宁卧室里，其余人均在客厅和厨房里吃喝玩耍。孙斌来后径直到了厨房与人说笑，其间只离开了分把钟时间，可客厅里的人却说没见孙斌中途来过。也就是说，孙斌有分把钟的时间脱离了众人的视线，极有可能溜进张宁的卧室骗蒋晨外出。孙斌以前所述那天中午根本未与蒋晨接触过的说法并不属实。

预审警官们又反复地勘查了张宁家——现场——孙斌家相距16华里的线路。孙斌于1时30分离开张宁家，2时30分已回到家里，看起来其间是不可能有作案时间的。但是，孙斌如不到现场，蒋晨怎么会跟其他人到现场呢？

正为此谜费解之时，张宁回国探亲来了。预审人员抓住时机，约她谈了整整一天，又了解到一些新的情况，即：案发当晚她曾赶到孙家问过孙斌父亲，那天孙斌是什么时候回来的，孙父说不知道。可是，孙父后来向侦查人员提供的证词明明是2时30分看见儿子回来的。难道孙父作了伪证?

案件的突破口,终于找到了。

为了达到百密无疏,预审人员对孙斌的经历、习性、性格等进行了仔细研究,在此基础上制定了严密的审讯方案。

1991年2月25日,即将自由的孙斌暗自得意,岂料,新的审查等待着他。

不久,孙斌的父亲孙步铨也被刑事拘留。此人不愧是"老码头",仍然坚持当初的证词。

"请问,那么热的天,你怎会戴着手表睡午觉?据我们调查,你可向来没这个习惯。"预审人员步步紧逼。

"这……""老码头"语塞了。

经过反复的政策教育,他终于交代了实情:那天下午,孙斌没有在家睡觉。4时多匆匆回到家,立刻忙着在天井里洗刷游泳用的一只充气塑料筏,还关照任何人来问,就说下午2点半回来睡觉的……

南京市公安局看守所。

披着满头长发的孙斌,缩着身子坐在审讯室里的方凳上。一双狡黠的眼睛透过绺绺乱发,斜射着冷光,盯着端坐审讯台后的3个预审员。

在这斗室中,双方已面对面交手数次。

此刻,孙斌开始乱了阵脚,四方脸上虽还挂着骄矜蛮横之色,可内心却已如落汤螃蟹。3年了,公安机关一直紧追不放,他们真的掌握了什么证据?与外界已断绝了1年的音讯,说不定谁已把自己出卖了。不论是在监房里,还是在审讯室里,他的脑子一直在不停地旋转着。可他毕竟有"上过山"的经历,有个曾夺过省少年象棋冠军的颇为聪明狡黠的脑袋瓜。几天来,他死死克制着内心的恐慌,拼命固守着心理防线。

但几次提审下来,孙斌发现估计错了。面前的3个对手不同寻常。他们态度不温不火,不急不躁,问起话来弦外有音却又滴水不漏,丝丝相扣,环环

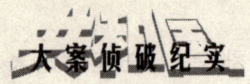

相连,不断把自己内心的防线逼向崩溃的边缘。特别是预审警官揭穿他在案发当天下午回家的时间后,他浑身发抖,不久便交代了所犯的罪行。

九

自从那个夏天煞费心机地结识了张宁后,孙斌一直做着想入非非的黄粱梦,百般讨好卖乖。当他意识到自己只不过是水中捞月后,便歹毒地萌发了杀人泄愤的恶念。然而要害死张宁,他实在有点发抖。丧尽天良的他便把罪恶的手伸向了天真活泼的蒋晨。他要让张宁痛苦一辈子。

有过犯罪经历的孙斌心里十分清楚,作案后自己肯定要被列为重点怀疑对象受到公安机关的追查。于是,他绞尽脑汁,并潜心研究了许多有关案件侦破的书刊,制定了一个周密的作案计划,从作案的时间、地点到掩人耳目的手段、方式,每个环节都作了精心的推敲。

1989年7月12日,中午1时30分。得知张宁不在家的孙斌,以送照片为名,像往常一样在街上买了10根冰棒,来到张宁家。听到蒋晨在卧室里的声音,心里暗暗高兴。他故意在厨房里大声喧哗,高声说笑,以转移人们的视线,然后乘人不注意,抽身溜进了蒋晨的房间。

"晨晨,想不想去游泳?"

"想呀!"蒋晨正在家里闷得发慌。

"叔叔带你去,快穿衣服!别跟人说,就说到你爸爸那去,出了门在外面等我。"

蒋晨觉得游泳太有趣了,连连答应。孙斌立刻返回厨房。这间隙不过一分多钟,故谁也没有注意到。

2点左右,孙斌用自行车将晨晨带到了三山街一个岗亭处,叮嘱他在此等一下,他回家拿橡皮船。随后他跑到不远处一个理发店里,找到一个外号叫"头头"的无业人员韩明松:"快!游泳去。"一向与孙臭味相投的韩明松,顾不得头发只剪了一半,便跟着出来。孙斌又回家拿了橡皮船、游泳裤,返身带上晨晨,3人往节制闸而来。

孙斌之所以要叫上"头头",是恐自己水性不好,在水里下不了手,故拉他做帮凶。

节制闸。晨晨快活地在河里逐波嬉水,"头头"游在他的身旁。孙斌一个人坐在岸边闷头抽烟。忽然,他向水中的"头头"做了个向下按的手势。

"什么意思?"不解其意的"头头"爬上岸问他。

"笨蛋,把小孩搞掉!"

"这,瞎讲瞎讲。""头头"心里慌乱起来。

"妈的抖忽什么,你不干我干!"孙斌狠狠地掐灭了烟蒂,慢慢地脱去了衣服,眼里透出了狰狞的凶光。

他下了水,在齐胸深的地方停住了,一把抓住晨晨,勒住脖子,猛力往水下按。

晨晨拼命挣扎着,双手到处乱抓。"快!头头过来帮忙!"孙斌叫着。

"我帮你挡挡人。""头头"缩到一边,没敢上来。

晨晨来不及呼喊一声,来不及再看这世界最后一眼,便被残忍地杀害了。

"妈的,水再深点真干不了他!"孙斌心有余悸地说了一句。他在水中剥下了晨晨的短裤,连同衣物交给了韩明松,让他带回去立刻销毁。

当天,他和其父以及韩明松订好了攻守同盟,并把橡皮船转移到另一个邻居家里。

1991年5月4日,畏罪潜逃的韩明松在江苏六合县被公安人员抓获,很快交代了犯罪事实。

十

美国新泽西州,一幢乳白色的2层小楼里,突然响起了急促的电话铃声。

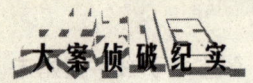

"喂?"张宁拿起了听筒,她听到了大哥从中国传来的颤抖的声音:"喂,宁宁吗?我是大哥,大哥啊!晨晨的案子破了,凶手孙斌,同伙韩明松,都被抓起来了……"

张宁热泪夺眶而出……

新中国反间谍第一案

穆玉敏

斗转星移,时过境迁,这宗轰动一时的图谋炮轰天安门案件现在成为了历史旧案。60年后再来解读这起案件,读者还能体会到建国初期公安工作的艰难与光荣。这个新中国反间谍第一案,端庄地记录在《中国通史》上。

经历过新中国诞生,或关注历史事件的人,大都知道这宗案子:外国间谍阴谋在国庆一周年之际炮轰天安门。这个案件在当时是那么的令人惊愕、气愤。间谍被枪决后,国人又是那么的扬眉吐气。

但半个世纪后,一些人用现在的思维回过头再看那个案子,就提出这样那样的疑问。这也难怪,因为这宗间谍案本身已很复杂,又放在中国的新政权顶着各种压力刚刚建立的特殊历史背景下。所以,它好像被蒙上了一层面纱。并且,这层政治面纱随着时间的推移,和人们思想意识的转变,逐渐起了微妙的变化,以至于使这个案件变得扑朔迷离、莫衷一是了。

但是,只要你耐心地翻阅历史,把案子放到当时国内国际的大环境里去思考,你会依然相信当年对这个案子所做出的结论。

破获案件的背景

这宗间谍案离不开一个核心人物——美国驻华大使馆驻北平武官处上校武官包尔德。

经过中国人民解放军摧枯拉朽的战略大反攻,美式装备的国民党军队丢盔弃甲,落荒而逃。1949年3月23日,中国革命的统帅部告别了西柏坡这个中国共产党的最后一个农村指挥部,前往未来中国的首都北平。

居住在北平西裱褙胡同的包尔德不得不怀着愤愤不平的心情,准备离开北平,前往台湾。

作为美国政府驻华使馆的武官,包尔德自1940年来华后,一贯奉行美国政府中部分人"扶蒋反共、武装进攻、经济侵略"的对华政策。抗战胜利后,包尔德受命于美国驻华大使赫尔利,以美军观察组组长的身份,到延安见毛泽东。他指责毛泽东建立延安政府,建议毛泽东听从赫尔利的话,派几个人到国民政府中去做官,听从蒋介石领导,受到毛泽东的驳斥。随后,蒋介石在美军的军事援助下,撕毁协议,发动内战。

出乎包尔德和美国政府预料的是,仅仅三年的时间,蒋介石不得不撤出大陆,美国的"扶蒋反共"政策彻底失败。蒋介石和其支持者美国不甘心在中国大陆的失败。国民党逃离大陆后,还残留了一大批反革命分子,其中武装土匪约200万人,反动党团骨干分子及各种特务分子120万人。他们针对土地改革运动和各项社会民主改革政策,不时进行种种反革命活动,到处破坏工厂、铁路，烧毁仓库、民房，抢劫粮食、财物，制造谣言，刺探情报，甚至组织暴乱，袭击、围攻基层人民政府，残杀革命干部和积极分子。从1950年春至同年秋，全国被残杀的革命干部、积极分子等约有4万余人。当年内，反革命分子在广西组织52次暴乱，袭击乡、区人民政府247次，杀害农会会员、民兵、村干部3707人。

美国对新中国在政治上采取不承认主义，在经济上实行禁运封锁政策，支持国民党残余势力进行破坏活动，勾结对新中国怀有敌意的国家，在中国边界北至南朝鲜，西至尼泊尔，拉起了一个"新月形"的间谍包围圈。

正当新生的中华人民共和国处在这样一个严峻、复杂的形势时，1950年6月25日，朝鲜战争爆发了。美国趁机武装进驻台湾，并不顾中国政府的一再警告，在朝鲜仁川登陆，越过"三八"线，战火顷刻间在中国东北的鸭绿江和图们江燃烧起来。

刚从战争的硝烟中走出来的中国人，当然不愿再受战火殃及。中国在调整对敌斗争策略的同时，1950年7月，公安部召开了第一次全国公安侦察工作会议。会上，公安部部长罗瑞卿郑重指出："第二次世界大战以德、意、日败降而告终，美帝国主义取代德、意、日妄图称霸世界，充当世界宪兵的角色，把自己置于世界当前头号敌人的地位，特别是特务头子出身的美国国务卿杜勒斯，在新中国周围，北起南朝鲜，西至尼泊尔诸邻国秘密派遣高级特务，混入美国驻各国大使馆，对中国形成新月形间谍包围，与国内美国间谍势力和国民党特务相勾结，成为对新中国的主要威胁，故而，我们的侦察情报工作必须及时转移到打击美帝国主义间谍的轨道上来……"

公安侦察工作会议闭幕不久，包尔德离开中国大陆。包尔德的公开身份虽然是武官，却是一名间谍。无论出于间谍职业的使命，还是出于本能，他都不甘心就这样被赶出中国大陆。他明白，离开大陆前，情报工作无论如何要安顿好。所以，才有了接下来的登场者——案件的主要角色李安东和山口隆一。

情报来源

第一次全国公安侦察工作会议结束后,公安部副部长杨奇清下令:"有关国际间谍的材料,往一局一处侦察科集中!"

应该说,阴谋炮轰天安门案件的破获,是我国对外国间谍主动出击的第一场战役,确切地说,是间谍防御战。在此之前,年轻的中国公安还没有经历过这样的反间谍战。它的胜利带给国人的喜悦和振奋,是现在人难以理解的,这是后话。

很快,全国各地有关国际间谍的材料集中到公安部一局(政治保卫局)一处侦察科科长曹纯之的案头。曹纯之被人称为老曹,其实当年他的年龄还不满三十,"老"字是人们对富有情报工作经验的他的尊称。

众多材料中,中国人民解放军华北军区情报处提供的材料最丰富。于是,搜集这些国际间谍资料的北京艺专日语教授徐省吾被借调到侦察科协助工作。

徐省吾先生是一名爱国知识分子,东北大连人。他早年留学日本,日军占领大连时,他被迫为日本人服务。以后随日军到了北平,被中国人民解放军华北军区情报处发展成为情报员,与情报科长方良单线联系。徐省吾教授收集的材料中,许多都是针对北京东四三条一个美国人设立的机关——"美国新闻处"的。

"美国新闻处"实际上是美国战略情报局驻华机关的分支机构,经常出入这里的,是长期居住在北平和天津的德国、意大利、日本等战败国的侨民。这些战败国侨民中的部分人以前的身份曾是间谍,二战结束后被美国收买,继续从事间谍活动。

"美国新闻处"被曹纯之的侦察科视为国际间谍在中国活动的一大隐患,观察经常出入"美国新闻处"的可疑外国人,从中发现蛛丝马迹,就成为侦察员们的主要任务。

观察和寻找是为了发现外国间谍的犯罪事实。经过侦察,侦察员发现经常出入"美国新闻处"的意大利人李安东与英国驻华代办处有联络。尽管英国是承认中华人民共和国较早的国家之一,双方在各自的首都也都建立了代办处,但在外交上,英国仍然与美国以及国民党政府保持着外交关系。美国不承认新中国,所以英国在中国半公开地为美国代理在中国的事务。

李安东首先纳入了侦察视线。很快,外线侦察员就掌握了与李安东联络密切的意大利人哲立、日本人山口隆一、德国人甘纳斯,以及东交民巷法文图书馆经理魏智。

接着,曹纯之又在与各国使馆工作人员的接触中,滤出了东交民巷一个开熏鱼店的伊拉克女人。

李安东、山口隆一与包尔德

李安东、山口隆一等人的真实面孔怎样?他们又是怎么成为包尔德的情报员的?

李安东这个名字很"中国",这也许源于他出生在中国。他的本名是Riva Anto — nio,1896年出生在上海一个意大利商人家庭。

李安东在中国长到10岁,回到意大利,1919年从意大利空军学校毕业后重来中国,在天津开设了一个名为意亚的军火公司,成为一名军火商人。他兜售给曹锟等军阀们的军火,无疑加剧了军阀混战,加深了中国人民的灾难。1926年,李安东在北京组织了意大利法西斯党支部,自任支部长,1933年起,开始积极搜集中国机密情报,1934年被意大利政府授予"意大利空军指导团"秘书长的头衔,直接协助蒋介石从意大利购买了大批飞机。

抗战爆发后,李安东又与日本"北支那方面军司令部报道部"高级特务日高富明结成密友,以记者名义在华北各地刺探中国情报,供给日军。李安东的卑鄙行径必然引起中国爱国人士的愤怒。1946年6月25日,北平警备司令部稽查处逮捕了李安东,并把他押送第十一战区军事法庭受审。

1947年5月17日,国民党政府检察官的《保定绥靖总署军事法庭不起诉处分判决书》内称:"被告在中日事件之后,未曾供给日本军火及情报。"险些被判战犯罪的李安东被无罪释放了。

李安东出狱后便知道了"救命恩人"是美国战略情报局。美国情报局无孔不入,军火商人李安东自然成为他们理想的情报人员。1948年3月11日,美国驻华武官包尔德上校出现在李安东的住宅——北京东城区甘雨胡同乙17号院。李安东感激包尔德的知遇之恩后,接受了他部署的情报任务。

这之后,李安东发展了日本人山口隆一充当情报员。

山口隆一也有一个中文名字:刘逸,公开身份是法国人魏智在东交民巷开设的法文图书馆中文部图书目录编辑。

1905年,山口隆一生于日本东京。1927年毕业于帝国大学历史系,1931年至1933年在中国东北服兵役,任联队作战参谋。山口隆一擅长驾驶车辆和使用多种兵器,性格凶残,热衷冒险,在同东北义勇军作战中多次立功,对中国人民犯下了滔天罪行。眼看在军中仕途有望,不料被义勇军战士用手榴弹炸伤,他只好退伍回国。

1938年,山口隆一再次来华,先后在青岛市船舶联合局、华北航业总会担任庶务主任、人事、文书、辅导科长,1944年调任航业总会北平办事处副处长,专门负责与日本军部、日本大使馆的联络事务。同年12月,伪华北政务委员会委员长王克敏任命山口隆一为华北航业总工会董事。太平洋战争爆发后,日本侵略者想利用中国轮船为其运输,在大东亚省设立了"华北轮船联营社",山口隆一被任命为联营社联络处长,负责与华北各轮船公司接洽。

这一时期,山口隆一还在日本特务机关"华北综合调查所"任职。1945年,日本投降后,山口隆一又被国民党军事委员会国际问题研究所看中。1946年4月22日,国民党军事委员会国际问题研究所为山口隆一颁发了研究员委任状,负责搜集、研究和整理苏联远东军事、经济、交通、文化等方面情报资料。

山口隆一在充当国民党特务的同时,也为美国战略情报局搞情报,并从情报局领取薪金。李安东与山口隆一是1946年在法国人魏智于东交民巷开办的法文图书馆认识的。两个人都与日本"北支那方面军司令部报道部"高级特务日高富明关系密切,又都是从事间谍活动的,所以,山口隆一就顺理成章地成为李安东的情报员。

李安东收罗的情报员还有德国人甘纳斯。甘纳斯是德国保世公司北京代理人。1938年来北京,1940年与李安东相识,1945年在美国驻北平领事馆工作期间,曾与李安东共同为美国搜集军事情报。李安东要发展自己的情报员队伍,甘纳斯是最好人选之一。

哲立成为李安东的情报员,一方面是两人都是意大利人,并且都曾为日本军队做过间谍工作,另一方面,两人都与美国间谍机关有过谍报工作关系。包尔德离开北平时,哲立把自己的妻子霍尔瓦特·伊美娜托付给他,带到了台湾。

看到这里大家会明白,李安东等人之所以能聚拢在一起并且沉瀣一气,其中有一个必然的条件,那就是他们都曾经为日、美、蒋以及本国做过谍报工作,并且或多或少地与包尔德有过往来。

包尔德的女"特使"

1950年9月的一天,远在东南亚的前美国驻华使馆北平武官处上校武官包尔德,被美国战略情报局召回华盛顿。包尔德此时的身份是美国中央情报局驻东南亚机构的负责人。当晚,包尔德就飞抵香港。

包尔德到香港的目的是找个名正言顺回北京的对象,与李安东秘密接头。

就在包尔德物色特使时,侦察科长曹纯之也正在对被纳入视线的李安东等外国人周围开展查找关系人工作。

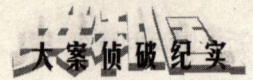
大案侦破纪实

1950年9月25日，侦察员在居住在天安门东侧南池子官豆腐坊15号的哲立家门口，发现了北京师范大学音乐系助教程梦。程梦进了哲立的家门，与哲立用英语交谈了一会儿，就告辞走了。

程梦的情况很快就报到了曹纯之那里。北京解放前，程梦曾经跟哲立的苏联妻子霍尔瓦特·伊美娜学过钢琴。霍尔瓦特·伊美娜1945年曾在程梦就读的燕京大学任钢琴教授，不久嫁给了意大利驻秦皇岛海关总督哲立。北京刚解放，霍尔瓦特·伊美娜告别丈夫，跟随包尔德去了台湾。

这时，程梦家住地的居委会来报，程梦的大姐程娜从香港来京探亲。程娜也是燕京大学的毕业生，丈夫是个英国人，解放前在北京曾与包尔德有过交往，现在香港开银行。

不是侦察员一听到包尔德的名字就过敏，他实在是个危险的间谍。每条线索似乎都与包尔德有无形的联系，难道是偶然的吗？

程娜自然不情愿接受检查，但侦察员在她的脂粉盒里找到了包尔德的半张名片。程娜说："我与包尔德是朋友关系，不是你们说的那种关系……我这次回来看望母亲，受丈夫的朋友包尔德委托，以半张名片为凭，请哲立帮助卖掉霍尔瓦特·伊美娜存在我妹妹这里的钢琴，然后把钱汇去。包尔德公开说的就是这事。我妹妹已经和哲立先生联系过了，明天上午我要去见哲立先生。"

曹纯之对程家姐妹严肃地指出，你们被包尔德利用了，还蒙在鼓里。经过工作，程氏姐妹愿意为祖国工作。

事实证明，程家姐妹与东交民巷那个开熏鱼店的伊拉克女人一样，是被间谍利用的。她们怀着善良和毫无戒备的心，替间谍做事。

在侦察员的安排下，程娜与哲立接上了头。哲立迅速接过程娜递过来的半张名片，开车赶往李安东的住地。

李安东拿到半张名片，明白是包尔德向他们下达的行动命令，随后通知山口隆一，马上与东京方面联系。

山口隆一即找到了东交民巷的卖熏鱼的伊拉克女人,交给她一个信封,请她代为邮寄。

伊拉克女人早在侦察员的监视之中。9月26日一早,她在东单国际邮局办理完航空快件后,山口隆一交给她的邮件就被北京市公安局侦察处的侦察员截获了。

信件的内容是:

CLC总部

所购灭火器于10月1日发货。一切按既定计划进行。

致以热烈的问候

山口隆一

从字面上看不出有什么破绽,似乎是一封购销通知,但一分析就感觉有蹊跷了。首先,CLC是一个间谍组织,并没有消防器材方面的业务,为何要购买消防器材?而且选在北京。其次,山口隆一是法文图书馆中文部的一个图书目录编辑,并不是商人,为何要为CLC总部购置灭火器?

再一看信笺后还附有一张用铅笔绘制的天安门及广场的地形草图,草图上一条清晰的抛物线直指天安门城楼。

北京市公安局侦察处处长狄飞大吃一惊,感到问题的严重,拍照后立即向公安部侦察处处长李国祥汇报。李国祥马上召开了案情分析会。

会上,大家都感到山口隆一的信件中隐藏着一个大阴谋,这个大阴谋针对的是天安门。今天是9月27日,再过4天,就是国庆一周年的日子,届时,党和国家领导人将登上天安门城楼,与民众共同欢庆这个盛大的节日,这个日子也正是山口隆一信里说的那个"发货"的日子。山口隆一将"发"什么"货"?如果把"发"的"货"与草图上的抛物线联系起来……大家不敢往下想了。

"我这就去向中央汇报!"

问题太严重了,如果分析是正确的,后果将不堪设想。李国祥匆匆赶往中南海。

把阴谋摧毁在国庆节之前

中共中央政治局委员兼北京市市长彭真在西花厅听了汇报,并看了证据,也感到事关重大,指示李国祥:"这很可能是炮轰天安门,杀害毛主席和中央领导同志,破坏新中国国庆的大案。事不宜迟,迅速破案!"

李国祥领命后准备离开,彭真同志又说:"要严格地把与此案无直接联系的其他人员区别开来,只捕主要罪犯。对其他人员要快查、快审讯、快释放,即使是原美国战略情报局的人员,只要与此案无直接关系,也要区别对待,没有证据,一律不准动他们。此案是第一个涉外大案,国际影响极大,切不可有一点差错。"

杨奇清副部长听了李国祥"彭真同志要求国庆前破案"的汇报后指示:马上集中京、津、冀、沈阳的优秀侦察员到公安部,共同参加破案,在国庆节前打个歼灭战!

9月28日清晨,曹纯之把公安部的侦察力量与前来参战的兄弟部门的侦察力量进行了任务分工,又把案情向大家作了介绍。

上午7时,李国祥按时到达。他下达了作战命令:经过侦察,美帝间谍企图在国庆节炮轰天安门,杀害伟大领袖毛主席等党和国家领导人,制造国际混乱。据此,公安部命令:依法逮捕李安东、山口隆一、甘纳斯、哲立等间谍分子!

曹纯之随后宣布了行动方案:"一组,逮捕李安东;二组,逮捕山口隆一;三组,逮捕甘纳斯;侦察科成副科长率领本科外勤组逮捕哲立。"

最先被逮捕的是甘纳斯。甘纳斯早上提着皮箱刚要出门,被适时赶到的侦察员拦住去路。

第二个是山口隆一。他正在东交民巷魏智的法文图书馆里,他对亮出手铐的侦察员说:"我抗议!那是我们正当的商务贸易,与间谍活动毫无关系!"

逮捕哲立时,他含糊地说:"只是正在策划,就被你们发现了。"

告诉李安东有人敲门的,是我情报人员装扮的李安东家的佣人。侦察员辛立学对他宣布:"李安东先生,你违犯中国法律,阴谋搞武装行动,我们奉命逮捕你!"

李安东无可奈何地在逮捕证上签了字,然后被戴上手铐,押上了囚车。

李安东等四人被押往草岚子。草岚子是北京市公安局预审科的所在地,同时也是公安局拘留所。

李安东等人虽然在中国生活了很多年,但毕竟是外国人,审讯他们还需要懂外语的同志,为此,公安部许多外语人才都被抽调去搞审讯工作。杨奇清副部长亲自到草岚子主持审讯工作。

侦察员搜查了李安东的书房、卧室和客厅,搜出了大量的文件,其中许多都是关于解放区军事、政治、经济等情报资料,有的情报上附有我军的部队番号和领导人姓名。李安东写给美国纽约大主教查浦曼的信中曾表示:"感到被当成间谍枪毙的恐惧。"

从山口隆一处搜出的情报资料更多,有的还被整理成卡片。

由于临近国庆节,审讯工作很紧张。李安东和山口隆一在前几次的审讯中,否认自己搞过特务间谍活动,但众多的材料和证据使他们无法抵赖。特别是在李安东住处搜出的一堆金属经过拼装,竟然是一门小型迫击炮。李安东和山口隆一才不得不承认,那封信和那张草图是寄给美军驻日最高司令部情报处的,他们准备在国庆一周年时,用迫击炮轰击天安门,加害中国领导人,制造混乱。

这几名外国间谍的材料足足有好几大本,真可谓铁证如山。1951年8月17日,中国人民解放军北京市军事管制委员会军法处对这个案件进行了判决,主犯李安东、山口隆一被判处死刑。两个人的罪状是:"替美国政府搜集我国情报,策划武装暴乱,企图在1950年10月1日我国国庆大典时,炮击天安门检阅台,谋杀我国国家元首和中央人民政府其他首长。" 甘纳斯和哲

立被判处有期徒刑,刑满后驱逐出境。

这是中国第一次处决外国间谍,这个新闻在当时是无人不知无人不晓。用民革中央发言人的话说:"是中国人民110年来继续驱逐帝国主义在华势力之后,又一次大快人心的举动。"

宣判后,李安东、山口隆一被押上汽车,开往天桥的刑场。汽车特意从东交民巷经过,沿途观看的民众群情激昂,扬眉吐气。

行刑的汽车特意从东交民巷经过,一如1949年1月31日中国人民解放军举行入城式时经过东交民巷一样,有其深刻的含义。所不同的是,解放军入城式时,东交民巷还被外国兵营占据着,而此时已经被收回来,帝国主义残留在中国的特权被中国共产党彻底肃清了。曾经参与收回荷兰兵营的原北京市公安局副局长白平说:"没从旧社会经过的人,无法想象中国人是何等地受外国人的气!"

1951年8月18日,《人民日报》《光明日报》等主要媒体公布了这起间谍案。全中国的人都为之欢欣鼓舞……

最后我想说的是,这个新中国反间谍第一案,稳稳地占据着它应有的历史位置,端庄地记录在《中国通史》上,任人去评说,由人去思量。

智取第一刺客

穆玉敏

> 据我潜伏港台的情报人员送回的情报反映，国民党国防部情报局局长毛人凤得知毛泽东出访苏联的电报后，派出特务段云鹏秘密来京，与潜伏的谍报员计兆祥接头，企图炸毁毛泽东主席的专列。毛泽东获悉后，电令在他回国前必须破案。

1949年，随着国民党势力退出大陆，大量特务也潜伏下来，从事情报搜集和各种破坏活动，企图反攻复国。年轻的人民公安历史性地担负起保卫新生政权，肃清敌特的使命。经过一年的清肃，大部分特务组织和特务分子被瓦解和挖出，余下的潜伏特务，则采取更加隐蔽的方式作着最后的挣扎。

一

开国大典前，北平被定为新中国首都并更名为北京。新中国建都后，古都一派喜气洋洋,人们憧憬着幸福美好的生活。然而,明朗的天空却不时有一束束电波闪过。

电波信号被公安部情报部门接连截获,富有经验的技术人员从电台通报呼号和拍报手法辨别出,一束束诡秘电波往来于台湾国民党国防部情报局和京、津地区。电波信号很有规律,每天早上6点半准时发射,其余时间沉默。

译电员破译的密电内容令公安部大为震惊,内容有北京市公安局侦讯处的组织状况,有北京南苑机场建筑结构情况,有开国大典阅兵式的信息,竟然还有毛泽东主席近期秘密访问苏联的机密。

另据我潜伏港台的情报人员送回的情报反映,国民党国防部情报局局长毛人凤得知毛泽东出访苏联的电报后,派出特务段云鹏秘密来京,企图炸毁毛泽东的专列。

这显然是一部敌特潜伏在大陆的电台。公安部部长罗瑞卿立即着手组建由公安部政保局、北京市公安局侦讯处和天津市公安局共同参加的侦破组联合着手破案。周恩来总理得知后,一方面命公安部门迅速破案,一方面派公安部长罗瑞卿护送毛主席前往苏联访问。

北京市公安局侦讯处从破译的密电内容里梳理线索。侦讯处侦察科副科长张烈带领侦破组逐条研究密电,从中寻找可供调查的信息,其中几条密电引起了侦破组的注意。

一条是1949年9月25日台湾国民党国防部情报局发往京津的,国民党国防部情报局对京津潜伏台的功绩大加赞扬,电称:"吾兄忠贞报国,甚堪嘉慰。吾人当前责任重大,仍希精益求精。嗣后有关匪方主要事项,均盼译确调查。"

另一条是1949年11月11日台湾国民党国防部情报局发来的,电称:"第二批接济之款,港币1500元仍以王光侠名义汇计小姐转,余设法续汇中。"

还有1949年12月12日台湾国民党国防部情报局致电京津潜伏台:"查本局赴港汇款人有被匪谋密捕可能,兄台前报收款地址,即日作废。希转知计小姐即移住址。其新址并不得给原址同住各人知道,以防万一。又兄台新收款地点、双方化名等另妥拟报核。"

京津潜伏台接到12月12日电文后复电:"新汇款地点天津西马路西门北117号忠祥棉布庄内交吴光宇,汇款人化名王林。职前台址只有计小姐知道,她的地址被匪探知,职处直接有危险,即通知计小姐移址。"

此后,情报局又发给潜伏台另一个汇款地址:天津市富贵大街58号天源义记行。

往来密电中四次提到"计小姐"。看来,这个"计小姐"是一条重要的线索。张烈率侦破组开始查找"计小姐"。

偌大的北京城人海茫茫,哪里去找计小姐?侦破组跑遍市区所有派出所,逐个翻阅户口底簿,把所有姓计的人抄列出名单,逐人甄别。

结果让侦破组大失所望,不计其数的姓计的人,没有一个满足条件的。

正在北京的侦破组为找不到神秘的"计小姐"而愁眉不展的时候,天津市公安局方面传来好消息,通过对银行系统的调查,发现了一条重要线索:1949年10月21日,香港金城银行经由天津金城银行给北京和平门外梁家园东大院甲7号沈宅汇了1500元港币,被一个叫"计爱琳"的人取走。11月10日,香港金城银行再一次经天津转北京1500元港币,取款人仍是"计爱琳"。

张烈和他的侦破组立即把北京和平门外梁家园东大院甲7号沈宅和"计爱琳"作为侦查目标。

梁家园东大院属于北京市公安局外二分局第十派出所管辖,第十派出所的所长向侦破组介绍,梁家园东大院甲7号共住着3户人家。其中一户的户主是36岁的沈德乾,浙江绍兴人,1946年迁至此地,北京辅仁大学毕业,现任周口店中华煤矿公司总经理,与妻子计致玫生有三个孩子。跟沈德乾一起生活的,还有他的妻妹计采南、妻侄女计雪玲,是一个七口人的大家庭。

第十派出所的责任区民警介绍,沈家住两层北楼,家中装有电话。沈德乾的妻妹计采南过去在学校教书,离婚后赋闲在家。

第十派出所所长还对侦破组说,他见过计采南,是个美人儿,中等身材,烫发,嘴上涂着口红,一副大耳环十分显眼,穿着雍容华贵,翻毛大衣、西服

裤,高跟鞋。

沈德乾的家人和亲戚虽姓计,却没有叫"计爱琳"的。难道取款人用的是假名字?侦查员反复对沈家人员逐个分析:沈德乾之妻计致玫已经35岁,是三个孩子的妈妈,称"计小姐"有点勉强;计雪玲是15岁的学生,还很稚嫩;只有29岁的计采南靠谱。

计采南是不是敌台密码中所称的"计小姐"呢?怎么验证呢?

二

第十派出所新来了一位年轻的户籍民警,叫杨友文,英俊机敏。他是侦破组派来查证计采南是不是"计小姐"的。

为了配合杨友文工作,侦破组请第十派出所所长安排人去沈德乾家查户口,特别强调说:"如果家里来了客人,一定要马上报告派出所!"

为了试探沈德乾家,夜间巡逻的时候,第十派出所的民警还故意在计采南的后窗外逗留,有意让计采南察觉。

这天,第十派出所的一个片儿警带着杨友文去了沈德乾家。沈德乾一副笑脸迎出房门,沈德乾的妻子计致玫也陪伴左右。

片儿警对沈家人介绍说,杨友文是派出所新来的,专门负责组织冬防和除奸工作。寒暄后,杨友文严肃地对沈德乾说:"冬天到了,家家要防火、防盗、防匪,近期要成立治安小组,不知道你们这个院的治安情况怎样,我们需要你们配合工作。"

计致玫感觉受到杨友文的信任,凑近杨友文说:"我们这个院子,总的来说还挺好的,只是……"她用手指了指东屋的赵家,"那家的情况挺可疑的。"

"怎么个可疑法?"杨友文很感兴趣,他将计就计,"要不,就请您现在带我们一起去他家看看?"

"我对他家不熟悉,采南熟,要不,让采南带你们去?"计致玫说。

计致玫的话正中杨友文的下怀,他本来就是冲着计采南来的,他正考虑怎么才能自然地把话题引到计采南身上呢,不想,计致玫却主动亮出了计采南。

杨友文悄悄地递给片儿警一个眼色,片儿警心领神会,马上对计致玫说:"太好了,就让计采南带我们去。计采南呢?我们先见见她?"

"在她房间呢!"计致玫领着杨友文和片儿警去了计采南的房间。

计采南很礼貌地站起来迎接杨友文。杨友文心想,所长说得果真不错,计采南真是美貌。她中等身材,圆脸,尖下颌,烫发,青色旗袍裹身。

片儿警问计采南:"你家里最近来客人没有?"

计采南摇了摇头。

杨友文目不转睛地盯着计采南,看得计采南有些不自在了。看够了计采南,杨友文又毫不掩饰地审视计采南的房间。他看见地上放有一双冰鞋,问:"计小姐喜欢滑冰?"

计采南笑着点点头。

杨友文和片儿警告辞计采南,计采南送到门口,杨友文边走边回头望着楚楚动人的计采南,心想,"她是不是计小姐?"

很快,杨友文的"打草惊蛇"方案有了回馈。截获的敌台密电说:"昨日有匪警人员在计小姐后窗偷听,第二日白天即查户口问是否来过客人,计小姐未予承认,最后'匪警'人员说,来客人时要报告。"

计采南果然就是"计小姐"。

三

在查找"计小姐"的同时,测定潜伏电台位置的工作也在紧张地进行着,公安部电侦组日夜不停地监听潜伏台的发报情况,同时派出测向车追踪潜伏电台的具体位置。

为了准确侦测敌特潜伏电台的位置,四辆装有测向仪的汽车,西起丰台、东至朝阳，南起大红门、北到德胜门外的关厢，拉网式地由北京城外向北京城中心逐渐收缩。

随着侦测范围的逐渐缩小，电波信号逐渐集中到东至王府井、西到天安门东的南北池子一带。接着，技术人员又进一步把电台位置锁定在南池子普渡寺东巷和磁器库一带。

1月25日清晨6点半，潜伏台发报的时间，测向车出现在南池子磁器库南岔，测向机和搜索机的交点集中在南池子磁器库南岔7号院。潜伏台可能就隐藏在院内。

为了进一步确定潜伏台的位置，侦破组派了一男一女两个侦查员，假扮夫妻，从磁器库南岔7号院门外经过。侦查员身上带有小型侧向仪，两人行动缓慢，男人戴着大皮帽子，穿着棉大衣，好像病人，女的搀扶着他，时而慢慢走，时而停下来。

为了配合这两名侦查员监测，侦破组还请供电所配合，用断电法确定发报位置。两名侦查员身上的侧向仪指针指向院内的时候，突然断电，强烈的电波信号骤停。合上电闸的时候，发报声又出现。

测向结果表明：南池子磁器库南岔7号院里藏着一部正在发报的电台。南池子就在天安门东侧，距离共和国的心脏中南海咫尺之遥，潜伏特务就在这里活动，真是胆大包天！

各路侦查工作齐头并进。"计小姐"找到了，潜伏电台的位置也确定了。但是，"计小姐"住在和平门外梁家园东大院甲7号沈宅，而电台却在南池子磁器库南岔7号院里。这两个院子之间是什么关系呢？貌美纤弱的"计小姐"是发报的潜伏特务吗？

四

侦察潜伏电台的工作，从中央到公安部都密切关注，公安部更是对侦破工作做出有针对性的指示，在对待"计小姐"的侦查谋略上，公安部要求注重精密的调查工作，防止操之过急，具体工作中，要坚持"宁丢哨"不暴露的原则，采取欲擒故纵的策略，力图发现"计小姐"的组织关系。

按照公安部的指示精神，侦破组并未急于求成，他们撒下伏兵，扩大线索，展开缜密侦查。

经过调查，侦破组得知，沈德乾有个弟媳在大学读书，思想进步，是一个可能给侦破组提供帮助的人选。经过慎重考察和谨慎工作，侦破组把沈德乾的弟媳成功发展为工作关系。

这天，沈德乾的弟媳急匆匆找到侦破组，对侦查员说："有一个情况，不知道对你们有没有用。"

"喘口气，慢慢说。"侦查员把水端到她面前。

"有一次我住在哥哥沈德乾家，晚上睡觉前，听见哥哥和嫂子计致玫争吵，好像是哥哥借了计致玫的妹妹计采南的钱，计致玫催着哥哥把钱还给计采南。哥哥不大情愿地说，'你们家的钱怎么来的，我还不知道！如果我去告了，咱们谁都活不了！'"

什么事能重大到让"谁都活不了"的程度呢？侦查员感觉沈德乾弟媳提供的线索很重要。

侦破组围绕计采南的调查还发现，计采南的前夫就是截获的国防部情报局密电中提到的汇款人"王光侠"。

侦破组还发现，计采南搬来沈宅前，曾与母亲、哥哥和弟弟住在西单王爷佛堂13号，哥哥叫计兆堂，弟弟叫计兆祥。计兆祥的户口登记簿上赫然盖着"迁出"户籍章，迁往地址栏里却空着，一个字也没有。

"计兆祥？这个名字好熟啊！"侦破组的侦查员小王一边查阅户口底簿一边自言自语。

他想起来了，那是一份自首特务交代材料里提到过的名字，自首的特务在材料中检举揭发的几个潜伏特务名单中，就有一个叫计兆祥的，在后来的搜捕中，没有抓到计兆祥，推测计兆祥可能逃往台湾了。

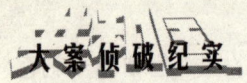

调查人员仔细查阅了潜伏特务名单档案,上面清楚地记载:计兆祥,国民党国防部二厅绥靖一大队中尉报务员,接受潜伏任务。

计兆祥是潜伏特务无疑,但是他潜伏在哪里呢?他与这束神秘电波有没有关系呢?

五

虽然监测出了潜伏电台的准确位置,但是,南池子磁器库南岔7号院里住着好几户人家,电台藏在哪户人家呢?

很快,一个目标进入侦破组的视线。院里租住着一个男青年叫计旭,这个人是1949年12月4日迁入现址的,具体从哪儿迁来的,户口登记簿上没注明。计旭的妻子叫吴岚,艺术专科学校毕业,他们有一个不满一岁的儿子。房屋租费是半年16袋面粉,另外给中介人4袋面粉,共20袋面粉。

"不知道特务计兆祥从西单王爷佛堂13号迁到哪儿去了,这个计旭又不知道从哪儿迁来的,真是蹊跷。"侦查员预感到,计兆祥和计旭之间可能存在着某种联系。

侦查员秘密接触了计旭的房东,房东老张对这个新来的房客很不满意,一个劲地唠叨:"自从计旭搬到这个院,电表的数字就比原来增加了七个字。他家每天睡觉都特晚,问他干吗睡那么晚,他不是说孩子吃奶就是说有事儿。"

电表数字陡增,说明用电量增加,电量是不是用在接发电报上了呢?侦破组联想。

北海,规模宏大的皇家园林。如今开辟成公园,成为劳动大众的乐园。五龙亭,回廊曲折,亭台巍峨。隆冬季节,宽阔的水面被厚厚的冰面覆盖,五龙亭旁边,一大片冰面被辟为滑冰场,阳光下的冰面晶莹剔透,不时掠过玩兴正浓的红男绿女。

在滑冰的人群中,一位少妇脚踩冰刀,身形矫健,在冰面上划出一道道优美的弧线,她就是美少妇计采南。

不远处的岸边,一个青年男子双手插在呢子大衣兜里,默默注视着计采南。计采南不时滑向这个男青年,停下来和他交谈一阵,样子很亲近。

这一切,都被秘密跟踪的侦查员收在眼里。当计采南和那个青年男子分手离去后,两路侦查员一路紧随计采南,一路跟踪青年男子。

跟踪青年男子的侦查员发现目标进了潜伏电台隐藏的南池子磁器库南岔7号院,这个青年男子就是计旭。

通过进一步跟踪计旭,情况更加明朗了。计旭曾去过梁家园东大院甲7号一次,在北海滑冰场与计采南接触过两次。

同时,侦查员又从截获的大量译电中筛选出能证实计旭就是潜伏特务的电文,特别是1949年11月27日,潜伏电台在给情报局的电文中说:"现已租妥房子,定月底左右迁移。此次迁移交与房东连中人费20袋面粉。"计旭迁移现址的时间,以面粉代交房租的特点,与侦破组掌握的情况相符。

计旭是不是那个在逃的潜伏特务计兆祥呢?自首特务的交代揭发材料里,没有计兆祥的照片作参照。侦查员翻阅了大量的户口底簿,终于找到了一张计兆祥的旧照。侦查员的预感灵验了,计兆祥与房东老张说的计旭生着同一副面孔!

接着,侦查员又通过计采南过去的邻居辨认,在北海公园陪同计采南滑冰的计旭,就是计采南的弟弟计兆祥。

草岚子监狱里关押着一大批国民党潜伏特务,北京市公安局侦讯处预审科也设在这里。侦破组为了摸清计兆祥的老底,来此提审在押的潜伏特务。

叶青林是国防部二厅绥靖一大队北平潜伏组十五分台台长。他供述说,计兆祥是绥靖一大队布置潜伏在北平的电台台长。北平解放前,计兆祥在王府井一带潜伏,北平刚解放时的1949年3月,叶青林在沙滩见到计兆祥,当时计兆祥带着他妻子到医院检查胎位,约好今后互相联系,但并不知道计兆祥的住址。

吴重游、宫逸民被捕前是绥靖一大队电讯总台北平区台的报务员。这两人的交代,除证实了叶青林的口供外,还检举了计兆祥手里曾有两部电台,北平和平解放时,迫于压力,他只交出了一部,隐藏了一部。北平解放后,计兆祥还暗地里与台湾互发电报。宫逸民回忆说,1949年8月的一天,他在北海曾与计兆祥见过一面,计兆祥说,他是奉情报局之命隐藏的,按照情报局的旨意,他把电台设在了南池子,情报局指示他每月往台湾报告一次情况。

在北京紧锣密鼓地进行侦查的同时,天津方面的工作一刻也没停歇。公安部监听到的秘密电台内容里,多次涉及位于天津的忠祥棉布庄和天源义记行,其中1949年1月6日,情报保密局来电告诉潜伏组:"黄金20两,由天津南市富贵大街58号天源义记行王寿恒或雷玉璞留交,如王不在向雷领取。"

1月4日,香港电告天津富贵大街58号:"交吴光宇锡两吨。"

侦查员分析,"锡两吨",是"黄金20两"的暗语。

1月12日,香港以李增健的名义又发报给王寿恒:"锡速交吴。"

1月13日,王复电香港:"转大方健悉,吴货止办,津卖困难。"

按照公安部的部署,天津市公安局加紧调查忠祥棉布庄和天源义记行。忠祥棉布庄地处天津西马路西门北117号,是1949年5月开张的,经理周学俭是个布商。布庄还有一个股东叫吴光宇,原籍山东,经常往返沈阳、天津贩卖布匹。进一步调查发现,吴光宇竟是计兆祥之妻吴岚的表兄。跟踪吴光宇的天津市公安局的侦查员发现,吴光宇的表妹,也就是计兆祥的妻子吴岚,曾经几次到天津去找过吴光宇。

天源义记行是个五金行,位于天津富贵大街58号,开设于1936年5月,股东叫雷宾玉,与李增健等人在天津开了三个五金分行。1947年,雷宾玉去了台湾,五金行的资产交给了他的外甥王寿恒和侄子雷玉璞经营保管。

调查的结果表明,天津忠祥棉布庄和天源义记行被国民党国防部情报局作为了北平潜伏台的秘密转款据点。

六

所有调查工作就绪后,毛主席访苏回国的日期也已临近,为了确保毛主席回国警卫工作顺利,公安部决定捣毁这个潜伏台。

1950年2月26日清晨6时,京津两地的行动同时开始。张烈带领侦破组的几名侦查员隐蔽在南池子的一家住户内。两名侦查员已悄悄地进入南池子磁器库南岔7号院内。

张烈计划在计兆祥发报的时候动手,但是,计兆祥并未像以往一样准时发报。张烈看着手表,半个小时过去了,不能再等了。他手一挥:"立即行动!"

几名侦查员持枪冲到计兆祥居住的房前,抬腿踢开房门,冲进屋内。计兆祥和吴岚还没从睡梦中醒来,脑门已经被冷冰冰的枪口顶住。

在沙发里,侦查员搜查出了1支左轮手枪、20发子弹。可是,屋里犄角旮旯都搜遍了,也没有找到电台。

"再搜!"张烈不信找不到电台。

一个侦查员把手伸进角落里一个不大的圆形面桶里,柔软的面粉下,侦查员的手触到了坚硬的东西。原来计兆祥将电台藏在面粉下。很快,又搜出了四本密码,还有大量电报底稿。

与此同时,侦查员将计采南、计致玫、沈德乾等人逮捕。

在百里之外的天津,市公安局侦查科科长赵师文带着几个公安人员,身穿便衣,来到富贵大街58号,没费吹灰之力,顺利地将王寿恒、雷玉璞逮捕,尔后,又马不停蹄地扑向忠祥棉布庄。出乎意料,吴光宇不在。原来此前两天,吴光宇去了北京。赵师文及时将情况通报给北京市局,几天后,吴光宇在京被捕。

计兆祥,北京人,1926年生,北京二龙路小学毕业后,先到天津一无线电公司学徒,后到国民党第四方面军无线电训练班受训,并充任该军第一总队司令部中尉报务员、绥靖总队第一大队北平区台中尉报务员。

1948年11月北平解放前夕,计兆祥受国民党绥靖总队华北第一大队长陈恭澍(军统特务分子)之命潜伏,充任该总队"北平分台潜伏台长",从事情报收集活动。当时,计兆祥领得美制交流直流15瓦电台一部,"丁密"、"机密"及公电密码三本,美制2号左轮手枪一支及子弹等,另外,领得伪金圆券7 000元,军米一袋,作潜伏活动费用,潜伏在北城豆角胡同33号,密设电台,从1949年2月起,开始与南京绥靖总队正式通报。

1949年4月间,计兆祥改归国民党国防部情报局领导,被任命为"北平潜伏台长",提升为少校台长。

1949年12月,因为害怕暴露目标,计兆祥又搬到南池子磁器库南岔7号带有暗室的房屋居住,继续进行间谍破坏活动。1949年一年内,计兆祥除供给台湾方面大陆政治、经济情报外,还利用各种方法,以华北国医学院学生和周口店中华窑业公司职员等身份,多方刺探我军事机密、航空设施、政府组织、要员行踪等重要情报。

根据搜获的计兆祥的通报底稿及通报统计,计兆祥从1949年2月至被捕前,先后与情报局毛人凤通报达215次之多。

这起间谍案是建国后破获的一起有重大现行破坏活动的潜伏电台特务案件,在全国范围引起了极大的轰动。2月27日,公安部部长罗瑞卿将《破获情报局北京潜伏台之初步报告》呈送中央。3月12日,《人民日报》特别发表了题为《加强锄奸反特工作》的社论:"北京市人民政府公安局二月二十六日破获的蒋匪间谍特务案,再一次说明了这样一个事实,即蒋匪间谍对于新中国的特务破坏,越来越紧张尖锐;我们在隐蔽战线上与敌斗争的任务,越来越细致复杂了……"

1950年3月5日,在案情全部查清后,为了震慑国民党特务机关,根据中央有关领导的指示,公安部命令计兆祥按照事先拟订的电报内容,给台湾国民党情报局局长毛人凤拍发了一封电报:"毛匪人凤,尔等逃亡台湾,逍遥法外,国内潜伏特务被尔欺骗利用,从事间谍破坏,危害国家、民族,吾等于昨日为人民公安局捕获。一切间谍行为一一坦白,愿接受人民法律的制裁,希尔等立即停止危害国家、人民之特务罪行,否则定蹈计旭覆辙,前车之鉴,望尔等三思。人民罪犯计旭。"

这样的电报成为情报战中的一段插曲,这也是号称"万能"情报员的计兆祥拍发的最后一封电报,不知道海峡那边的毛人凤看罢电文,是一种什么样的心情。

1950年6月2日,经中国人民解放军北京市军法处审理,判处主犯计兆祥死刑,立即执行。计兆祥的同案犯计采南等人,根据不同情节和认罪态度,分别被判处有期徒刑和罚金处罚。

第二天,《人民日报》又在头版刊登了《破坏革命秩序与人民为敌,蒋匪特务计兆祥判处极刑》的报道。随后,新闻电影制片厂还专门摄制了纪录片,在全国巡回放映。

历史的麦田

——"原63军副军长余洪信事件"真相揭秘

胡 玥

余洪信,一个军方高级干部,曾经在1972年5月搅得国人惊慌不安。他因生活问题面临处分而情绪失控,在军部大院持枪行凶后潜逃。公安部向全国发出通缉令追捕。民间传言纷纷,军方设卡严查,公安部刑侦专家乌国庆等人冒险侦办……山西榆次一麦田内那个携双枪的死者将揭密真相。

一

1972年6月,榆次。静静的麦田,静静的麦子熟了。布谷鸟在静寂的夜色里从一片麦地走过另一片,它曾停在某一棵树上,听见过什么,看见过什么。枪声很闷,一声还是两声?它们相对交错着,一声压在另一声上,从麦

历史的麦田

地深处,穿过一重一重的麦子和风,在沉默的树梢和无语的天空之中低徊,飘荡,陷落,再入无声。

生产队的上工钟声敲响的时候,割麦子的农人已三三两两行走在村庄通向麦田的土道上。这条道是他们一生反反复复要行走的路,昨天和昨天的昨天没有什么不同。但是,这一天,对于两个新上路的年轻的后生,却又是不同的。

这两个年轻的后生,一个十四五岁,一个十五六岁。他们脸上的绒毛和稚嫩写着这样的年龄。但是,他们叫什么名字却没有像他们稍后的发现那样记在历史的这一天这一页上,也许,他们的名字不是叫狗栓就是叫二柱子,他们的父母从他们出生就这么叫他们,他们自己也互相这么叫着,还有他们的乡邻长辈。可是,他们稍后的发现太重大了,重大到以至于把他们的名字都被忽略不提或是提了后来给忽略不记了。但是,这一天,这一页历史不提他们无论如何是说不过去的。因为他们生逢这个村庄,也生逢了1972年6月的这一片麦田:

两个年轻的后生,不及大人的体力和经验,他们没割多少垄就开始没劲了。大人们特有匀劲有章法地一垄一垄地埋头前行着,所过之处,麦子们齐茬茬地一字倒地。在麦地的中央,小一点的年轻的后生割着割着忽然嗅到一股怪怪的臭味,那臭味并非是经风吹拂掠过鼻翼就消散了,它像是有根的,就在不远处长着,是从底部升腾起来弥漫过来的,风也驱散不走的那么一股又一股。他直起腰四下里张望了一下,阳光耀眼,他的眼睛盯在的地方好像现出的是一堆黑乎乎的什么东西,他问在他前头不远的大他一点的后生,你闻到什么了吗?什么这么臭啊!

他揉揉眼,以为自己弯腰低头久了,猛地直起腰来,猛地把目光从麦垄沟投放到刺眼的阳光中,眼前发黑是常有的事儿,那一片黑乎乎的东西离他还有好几垄沟,他想扔下镰刀朝那边走走瞧瞧看到底是什么,可是,跟他一起割麦子的大人们已割到另一边的地头了,他紧着赶上在前面不远的同伴,好一同也在地头上歇上片刻。

割过地中央,臭味好像渐渐地闻不到了,他只顾往前赶,渐渐地也就不把那臭味和那堆黑乎乎的东西放在心上了。

终于到了地头,终于可以放倒了身子在地头上躺上一会儿了,年轻的后生忽然觉得那股臭味一直就留在鼻息里没有消散。他使劲地嗅了嗅,四周并无臭味,但是他从心里一阵一阵感觉往上翻恶心。他坐起身跟旁边的大人说,我刚看见田里有一堆黑乎乎的东西,而且还有一股臭味。大人说,胡说什么。后生说,不信你去看看!

没人把他的话当真。歇了一会,大家先后往回割。割到近地中央时,他的同伴说,确实有那么股怪怪的臭味。于是,两人停下割麦子的活计,朝那堆黑乎乎的东西跟前走。

一个人,确切地说是一具尸体,就横竖在那片麦田里,跟尸体在一块堆着的还有两支枪,两个后生不知深浅,就把枪一人一把,用镰刀挑着,跑了大约两公里的路,到支部书记那儿报告去了!支部书记看着被后生用镰刀挑着的那两把枪,听着后生的叙说,脑子有一刻的短路和空白。他的目光落到了桌子一角的那张通缉令上:是盖着中国人民解放军、省公安机关军管会和省革命委员会人保组红色印章的通缉令,后附公安部的二号通缉令。

通 缉 令

各市、地、州、县公安机关军管会、革委会人保组,铁路局公安处军管会、人保组:

现将公安部一九七二年五月二十九日第二号通缉令转发你们,请按照公安部要求,立即传达布置,切实认真的贯彻落实,在未接到公安部通知前,不得撤销工作,不得放松警惕,发现情况,请速告我们。

(请勿张贴)

附:

查缉现行反革命分子余洪信通缉令

(第二号)

各省、市、自治区公安机关军管会:

现行反革命分子余洪信,于一九七二年五月十八日凌晨二时许行凶

历史的麦田

杀人后，畏罪潜逃。余犯现年四十七岁，男，身高约1.8米，身体肥胖，留短发，黑红长圆脸，肉泡眼皮，厚嘴唇；头顶稍后有拇指大的一块伤疤，没头发（内有弹片），左、右上眼皮留有做倒睫手术的伤疤，但不明显；上门牙中间镶有白色塑料牙缝；喉头下方偏右有子弹伤疤；右或左鬓角下有不明显的伤疤；右肩有伤疤，比左肩低。余犯操河北省武强县口音。潜逃时，着旧草绿色单军衣一身，戴一号新军帽，佩戴领章、帽徽（注意余犯化装），内着天蓝色府绸衬衣，驼色毛背心，浅鱼肚白色秋裤，穿黑色松紧口四眼鞋和驼色尼龙袜。携带"54"式样手枪两支（枪号：后三码360、639），子弹若干发，以及电镀钢笔式手电。会开汽车、摩托。

各单位接此通缉令后，立即传达到所有工人、贫下中农，干部、职工、学生、居民及解放军指战员，并熟悉其特征。在车站、码头、边防口岸等地布置查找，发现后将其拘留，严防行凶、自杀、逃跑。并速战速决告我部。查缉余犯的各项具体措施，必须保证落实，各边防口岸必须严密控制，严防外逃。

中华人民共和国公安部
一九七二年五月二十九日

那书记看着通缉令，越看眼睛越发花，头皮越发麻，脑瓜子越胀大。他一时无法把麦田里的那具尸体和两把枪跟这么大的一件事儿联系起来，一块普通的麦田啊，这么普通的麦田里怎么可能刚好就是通缉令上的这个人？中国之大，谁保得准他会逃到哪儿去呢！怎么可能偏偏就在榆次这么个小地方，还是死在这么普通的不能再普通的一片麦田里。不过，他又一想，全党、全军、全国人民，到处都在抓他，他能往哪儿跑呢？其实在通缉令还没有下发到这儿的时候，社会上早已把这件事传得沸沸扬扬了，远比通缉令上说的邪乎。有说一个现役营团长叛党叛军，用枪打死人，潜逃在外，可能要投靠"苏修"。不久，又有自称是军中知道内情的人传出的消息说，逃犯叫余洪信，以前曾是63军哪个师的师长，因打仗勇敢，中苏军情紧张时被提为63

军副军长。北京军区各军1969年秋增援内蒙后,余还兼任乌盟的前指负责人。据说余大权在握后,在当地为非作歹,奸污妇女。众多百姓把状子告到总理处。查实后北京军区受命给予他严厉处分,其中一项是军职连降三级。1972年5月,中央军委批准,北京军区在6月底以前撤销北京军区内蒙古前线指挥部领导小组及其办事机构,各盟、市、旗、县除参加"三结合"的人员外,其他各军管部队人员均归部队。63军在山西军部开会宣布对余的处分时,据说余洪信眼神里就含有杀机。会后那晚,余揣着手枪去敲军长、政委的家门,门不仅没开,里面老军人早都隐蔽起来了。他只好隔窗朝里面打了一枪,未中。听到枪声,副政委家属开门想看究竟,被身手敏捷的余打个正着。此时军部大乱,余不敢恋战拔腿便跑。

还听传说,余洪信在抗日战争时可是"李向阳"式的人物。飞檐走壁,枪法奇准……这样的一个人,逃到哪里都是后患无穷,他提的那可都是真枪实弹,保不准谁碰上谁倒霉……

通缉令上只说是行凶杀人后,畏罪潜逃,杀了什么人?杀了几人?因何杀人?一概没说。这无疑令各阶层充满胡思乱想。传言满天飞,人们乐道于听更乐道于传,哪儿管传言有几句是真,有多少是假。况且,人们更为关心的是余洪信究竟逃到了哪里?接下去还会发生什么?

书记的眼睛盯在那两把枪上,他一拍脑门,冷汗就顺着手心流下来。天下传言汹汹,关他鸟事?现在最重要的事儿就是他必须要面对的就是这两把枪,从哪儿来,还得赶快让它回哪儿去!然后,不论那人是真的余洪信还是假的,都必须赶紧向上报告!

他的思路开始有了条理,他冲着那两个年轻的后生气哼哼地大喊:谁让你们动枪的,这是中央知道的案子,赶紧给我送回去!

两个年轻的后生,一听"中央的案子"就吓筛糠了,掉头往回跑时,腿脚就有些软和飘。他们不记得他们是怎么把枪放回原处的。他们不知那个人官有多大,他们认识的人中最大的官就是村革委会主任和村党支部书记了。这个人穿着军装,他们知道军棋里的官儿除了司令就是军长了,麦地里他们

历史的麦田

面见的那一张脸,曾经如他们一样的纯朴稚嫩过,战争年代,更曾经叱咤风云,而后来,这同一张脸,在通缉和传言中,就形同这风中的麦浪:嚣张,扭曲,变形,疯狂。当然他们面见的最后的这张脸,多年以后的今天,就像一粒散落在地的麦子,在漫漫黄尘里,不过是风烟散去时的一粒微尘。而在当年,当时当地,当事后,他们从村支部书记那儿得知那人是仅次于军长官阶的副军长时,他们有很长的一段日子不敢再去那片麦地。那片麦地,麦地里的那具尸体,常常像一个噩梦,挥之不去地跟着他们。

支部书记是在两个后生把枪放回去以后才向上报告的。报告一级一级,从县到省,不敢延迟,报告到省里,省里派人去看,觉得没问题,63军军长看后说就是余洪信,公安部报给中央,中央说,那不行,不能说是就是,得拿证据说话,首先要弄清是不是余洪信,如果是,怎么死的,自杀还是他杀。

身为余洪信专案组的专案人员,乌国庆领命赴榆次。他不知道这一次,是余洪信的真身?还是又一次的险情和扑空?因为案发以来,从南国到北疆,他已经记不清这是第几次奔赴现场给余洪信验明正身了。

二

应该说,在乌国庆的刑侦生涯中,63军副军长余洪信的案子是他经办的第一起案子。

乌国庆,蒙古族人,1936年出生在内蒙宁城汐子镇的八楞罐牧场。

"汐子"有一个由来,1933年日伪时期在那儿修铁路并建立火车站,因沙子多经常埋没路轨,当时给火车站起名儿的人就以"沙子车站"报上去了,因那人"沙"字写得草,上面的就把"沙"误看成"汐"字,所以批为"汐子车站",从此乌国庆出生的这个村才没叫"沙子"村而叫"汐子"镇了。

解放前的汐子镇贫穷落后,远远近近只有一所私塾,先后有过十几个学生跟先生念书识字,乌国庆就是这十几个上过私塾的蒙古族学生之一。上过

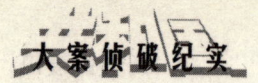

私塾的乌国庆学过蒙文也学过汉文。1950年,国家要培养少数民族干部,当时的宁城还属热河省,于是,14岁的乌国庆就被选拔到热河省的省府所在地承德医专的少数民族班学习战场救护。当时国家办这个班的初衷的是预备着把学员派往朝鲜前线抗美援朝的,后来,由于战争形势的变化,组织上又决定不派他们去抗美援朝了,如此,乌国庆就在承德一直学到1955年。这5年间,他们前几年学文化,后两年学专业。1955年8月,乌国庆被选送到上海司法部法医研究所学了一年法医专业,第二年,司法部在上海开办了一个研究生班,乌国庆考进了这个研究生班。1960年,研究生毕业后的乌国庆被分配到司法鉴定研究所工作。这个研究所后来撤销合并到沈阳中央第一民警干校也就是现在的沈阳刑警学院任教,1962年,被调到公安部的乌国庆,显得特殊并且稀有,特殊是因为他是公安部为数不多具有高学历的刑侦技术专业人才之一,稀有是他的少数民族身份,蒙古族,当年,公安部里也没有几个人。

1969年,乌国庆和许多人一样经历了下放劳动的命运,乌国庆去的地方是黑龙江佳木斯的笔架山。而在文革那个特殊的年月里,如乌国庆一样的许多刑侦技术人才最终能回到自己的专业岗位上还缘于1972年西安人民大厦发生了一起跳楼自杀案子,那个案子因为现场没处理好,总理亲自过问能办案子的人都哪儿去了,回总理说,都下放劳动去了!总理亲自批文招回!

时隔多年,乌国庆仍清楚地记得他是1969年3月8日走的,1972年3月8日回来的。

1972年,中国还没粉碎"四人帮",林彪刚被揪出来。

这一年乌国庆36岁。回京两个月后,他被中央抽去搞余洪信的专案,余洪信案是他刑侦生涯的第一案,乌国庆也是从此开始了他一生的传奇般的刑侦破案生涯的,几十年来,乌国庆所经办的案子几乎全是央批国字号大案。

那么余洪信因何开枪杀人?那晚究竟发生了什么?

坊间流传的颇多版本都是有关余洪信支左时的作风问题,乱搞男女关系和奸污妇女种种,而余洪信因何开枪杀人?那一晚究竟发生了什么,没有人能描画得清。

曾经在临河当过支边知青的学者作家李零在他的《花间一壶酒》书中记述：余洪信事件对临河人震动很大，但很多做"文革"史的都不清楚，问谁谁不知。只是后来打电话，问一个熟人，当时其在"前指"驻临河的医院工作，才知道点来龙去脉。据说，他有作风问题，搞女人，居然搞到"太岁"头上去了，惹出大祸，因而开枪打准备处理他的政委。政委有本事，一个骨碌，滚到床下，老婆被打死。我还记得，老乡管那个医院叫"毛驴圈"……

一个叫清源的网友，当年那一晚就身在那个军部大院里，忆起当年那个混乱不堪的夜晚犹在昨天：

1972年5月18日，晚上军部礼堂演出节目，好像是样板戏。我们一帮孩子基本是每逢有演出都去看，与其说是看戏，不如说是捣乱，一帮孩子聚到一起胡侃乱闹，戏散后，回到家里应是九点至十点，小时候总爱睡前看水浒、三国类的小说，看了会儿小说就关灯睡觉。迷迷糊糊中听到有人大声嚷叫，是女人的声音。由于我家的房子靠近围墙，墙外是一条土公路，还以为是那里发生拦路抢劫。当时父亲下部队蹲点不在家，母亲从里屋出来问我祖母：你听见喊声了吗？祖母说：听到了。是不是老余两口子又闹起来了，要不你过去看看……母亲和祖母说话时，又传来了"救命啊！救命啊！"的嚷叫声，紧接着就听到"叭！叭！"的枪声。余洪信家的后门离我家前门大约10米左右，他的小女儿和我是同学，母亲听到枪声后，赶紧到客厅给宋副政委家打电话。电话接通没说两句话，母亲马上放下电话说，把灯关掉！就在母亲打电话时，又先后传来四五声枪声，大约过了十几分钟，听到窗外有很多的脚步声，我掀开窗帘一角往外一看，好家伙，院里站满了持枪的战士，这时祖母对我说，别看了，睡觉！那年我才14岁，对事件的严重后果浑然不知，倒头就睡大觉了。第二天早晨开门一看，前门站着两个持枪的战士，西边靠路那儿也站着两个。我又跑到后门，那儿还有两个。这时我才感觉出大事了。很快父亲也从下面的部队赶回来了，随后军部大院展开了大搜查。枪声的经过也慢慢知道了一些，起初的两枪，是余洪信向他老婆开的，

因女儿拉而没打到，余的老婆从家中边喊边跑了出来。余洪信从家里追出来后，碰到听到枪声出来的杨副政委，一枪打中杨副政委肩膀处。后又到曹政委家，恰巧卧室灯开着，余洪信从卧室窗户向内开枪，将曹政委家属打死。随后余洪信逃出军部大院……

因为是多年以后的追忆，记忆这件事就像一列在风中急驰而逝的列车，它有自己的轨道，但我们无法一一还原固定它原始的模样和细节。就像天空无法固定任何一片云彩，它们说飘走就飘走了，说消散就消散了。我们只能从我们的角度去概念天空中的一片云彩，那不是云彩的全部天空，云彩的天空在云彩里，我们无法看清它。我们今天看到了，而属于它的天空早已没有了。这并非说我们不能完全忠实于我们曾经身在的历史，而是我们都置身于事外，所以任何一个置身于事外的人的所见所闻，即不可能是完全的事实也非真相。

而在乌国庆的眼里，那些事实和真相一直都在那儿：枪声以及死亡并非始自那个夜晚的某一个瞬间，生死有几重天，每一重都得涉过像水一样开了即关的门，而一个人不是迈进水里湿了鞋和脚那么简单，一个人，是一下子就陷进连自己都不清楚的思维里，想回身已经找不到可以退身回返的路径和通道。在维与维之间，没有墙，也没有通道。

就仿如一个人行走在自己的人生里，他的人生里正在发生着什么，只有他自己知道，他跟另外的人，本是不搭界的，他在自己的人生里走或是等待，会有一个结果。可是，他看见了与他不搭界的人，他停了一下，然后，让脚步拐了一个小弯，这一个弯的确只是一个小弯，可是它却使一切开始变得不同，一个人本来的人生会是什么样子，因为他使自己从他那人生的轨迹里脱轨而出，他自己已不知他走向哪里。

那个早晨，余洪信就是这样行走在自己的路上，他被闲置搁置在一边，他在等待一个对自己的处理结果，人们在远远近近里议论他的作风问题，当他走过时，他们装作什么都没说，只用异样的目光偷偷打量他，男女作风问题使一个人的从前和以后都变得不光彩。

历史的麦田

这时的余洪信行走在军部的院落里,天空还是从前的天空,因为心境的关系,他总觉得眼前的所有都是逼仄的,在他的眼前,一些来来去去的路,可来可去,可选择不走这一条或是那一条,也可以退身,他试着退身从一条路的尽头退回到一条路的起始,一条路的起始,有通往家的,有通往外边的世界的,也有通往军部那个小招待所的,正是在这里,他拐弯拐到了军部小招待所。一个小战士正在收拾房子,余洪信站在小战士的身后,看着小战士忙碌着,他有些碍事,但是,他没有想走开。小战士也许根本不知道他是谁,也许,小战士也听说了他的事儿。听说的可能性大,因为一个副军级的首长犯了作风问题这样的事儿比风刮的还快,如果在从前,这么大的首长小战士连见一面的机会都没有,小战士本能会对首长心怀敬畏,可是,因为眼跟前的这个人犯了作风问题,小战士心怀了厌恶和不耻,小战士懒得理他。他有些空落,有些茫然,还有一些直觉里的慌慌然,好像小战士收拾的那间房子直接或是间接地与他有什么关联,所以,他本来想转身离去的,可是,他还是硬着头皮问小战士,这房子收拾来是干什么用的? 小战士爱理不理地甩给余洪信一句话,北京军区的张政委要来!

北京军区的张政委要来!

北京军区的张政委突然在这个时候来干什么?

他的满脑子都是张政委来究竟是干什么?那个小招待所和那个小战士仿佛就像是眼前的一个幻觉,一下子都不复存在了,他喃喃着自说自问着不知是怎么从小招待所里退出来的,他认为军区的张政委来一定于他的事有关。他知道63军军部提出过一个处理意见,他的事是军里研究,然后报北京军区批,但北京军区没同意。那么,北京军区会把他怎么样?

余洪信的这一天,过得混乱而又漫长。一个人,身在这样漫长的一天,身心仿佛已被从前的事情给蚀空了。

差不多在余洪信为他的作风问题将会给他带来不可预知的后果绝望并且烦恼不已时,基辛格正坐在他的办公室里,对采访他的女记者奥里亚娜·法拉奇为自己的"风流成性"做着洒脱的解释:女人只是一种娱乐,一种业余消遣,谁也不会对业余消遣花过多的时间……

余洪信跟基辛格当然没有什么可比性。作为一个有妻室的军队高官,余洪信或许遗恨过自己不是单身,一件事,发生在两个国家不同的两个人身上,一个可以用"风流"这个字眼调侃,一个就落一个"流氓"和"奸污妇女"的罪名!而更重要的是,余洪信事情做了,但他还没有"宁在花下死,做鬼也风流"的气魄。也就是说,在夜晚来临之前,余洪信一点也没想过为了女人的事把命搭进去。所以,那天晚上,部队文工团在军部大院里演文艺节目,因为没事干,他便跟他老婆一道去看文艺节目以打发郁闷的生活和日子。

那一晚演的是《白毛女》。

事实上,并不是他跟着他的老婆一块去看,而是他的老婆跟着他,在处理结果没有下来之前,他还是一个"自由身",也就是组织上不能采取监视监禁或是限制他的自由种种,因为最终会怎么样,余洪信个人不得而知,谁都不得而知。但是,余洪信作为"问题人"被从前指撤回到军部,被放空的这个阶段,组织上不可能对他放心,如果在处理结果没下来之前余洪信出了任何事情组织上都有不可推卸的责任。而派战士跟着或是监视,白天还行,晚上总不能人家睡觉你也派岗哨守着吧,引起余洪信的反感他由此做出什么决绝的事情也是组织不希望的。权益再三,觉得还是让他的老婆看着他为宜。他的老婆虽说知道他的那些烂事儿,可是,还是一个屋檐下的夫和妻,找他的老婆谈话,让他的老婆看住他并不是什么难办到的事儿,事儿就这么做下来。

作为余洪信的老婆,她看不看着余洪信都得跟他这么过着,嫁鸡随鸡,嫁狗随狗,好着过,坏着也得过,吃喝拉撒,日子就是这么一天一天挨过着。

她看《白毛女》,是自顾自地看,她不知坐在她身边的余洪信在想什么,她也没理会他这一天情绪上的变化和波动,她看大春,一个英雄正直的人物,不由得就想起了她嫁的余洪信,余洪信也是苦孩子出身,从前走的道儿挺正的,可是,后来,他真是忘本了,干了那么多见不得人的事,弄得人不人鬼不鬼的,连带着她跟女儿在人前都抬不起头。戏看到一半,她越想越生气,越生气就越讨厌坐在她旁边的余洪信,本来是让她看着余洪信的,她一生气就把自己的另一重身份和职责给忘了,她干脆把余洪信扔那儿一个人气嘟嘟地回家去了。甭管出多大的事儿,身边还有个老婆陪着,就好像并不那么势单力孤。而落了单的余洪信,一个人坐在那儿立刻就觉得有余光不停地扫在他身上,他要多不自在有多不自在,如芒刺在背。所以他的老婆前脚没走多久,他就跟着回去了。

他的老婆和女儿都在家。没人理他。他落落地就想睡觉。睡着了万事皆可不去想,醒来已是另一天,另一天再说另一天的事儿。那一晚,如果他顺利地睡下了,顺利地睡着了,也许历史上的余洪信事件会改写,会是另一个版本。可是,他的老婆不让他睡。他的老婆怎么能容忍他竟然像没事儿人似的倒头就睡呢,她还在气头上。她睡不着,她也不让他好睡。

被撵赶着起来的余洪信,可能心里觉得,在外面发生天大的事儿,还有一个家可以退守,可是,看着唯一尚能容一下身的家也不能安稳地容身了,他真的绝望至极了。明天,一切都还未卜,他不知等着他的明天到底会是什么,他心中还有一个解不开的结儿,那就是,北京军区的张政委到底为什么来?会对他怎么样?

余洪信惆怅烦闷地走出了家门。

这个时候,他的老婆本来应该一起跟出去的,可是女人仍沉在自己的气愤里,她任他出去胡逛去,她眼不见他心不烦。他离开家之后都去了哪里?夜色里他都想了些什么?成长的风云,战场的风烟虽已成昨天,但却又是那么近身地围裹着他,他喜欢那样的一种围裹,那是他的荣耀,可是,他回不到荣耀的从前了。而他往前走,看不见黑暗中的路,他每迈一步就好像是到天涯了,他的脚就踏在天边一般巨大的废墟上,他无力回身,他也拦不住他的沉沦和陷落,这个时候,如果有一个人搭一把手拉他一下,唤他一声,他可能就回过身来了,可是没有人跟他站在同样的黑里。那些迷离的灯花都是从别人家的窗帘后边散出来的,他看不见自己拥有过的任何一盏明亮,他在最后的陷落和沉沦之前,想象那一盏一盏的灯花灭了散了,跟他一同陷进黑。这

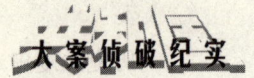

想象令他疯狂。

当他再次推门回到家里时,她的老婆发现了他表情的异样,然后,就看见了他手里的那把枪。她有些没有弄明白他怎么提了一把枪回来了呢?她诧异地问,你的枪不是被收回了吗?你怎么又有枪了?你这是怎么回事?他的女儿警醒得比他的老婆快,他什么都没回答就朝着他老婆开枪了,但因为他的女儿抢先一步拦了他一下,子弹没打中他老婆。他喜欢他的这个小女儿,所以也就没有朝女儿再开枪。

或许他也并不想真的把他的老婆打死,因为以他的枪法,在那样的距离里,他完全可以要了他老婆的命。他也没有再补枪,那么他回到家,放这一枪,或许就算是他以这样一种特殊的方式跟他的亲人作最后的告别?

也或许,他离开战场已经很久了,他不知他还能不能像从前一样开枪?最重要的是,从前都是朝敌人开枪,现在,今晚,他要朝着自己人开枪,他们跟他一起征战过、一起工作、一起相熟、一起共事,他不知他是否下得了手,他要回家试一试,能开第一枪,就能开第二枪第三枪,第一枪开了,就像是他的杀戒开了。

杀戒一开,他的眼睛就红了。射出的子弹是收不回枪里了。他的生命体好像已由不得他本人控制,而是另有一个困兽夺取了控制权,困兽命令他从军部大院里最大的官开始下手,最大的官就是军长了。所以先去军长家。

他就提着枪去了军长家。

他敲军长家的门。里边没人应,没人开灯,也没人开门。他在军长家的门外站立了一会儿,等着有人给他开门,谁给他开门,谁就将是他枪下的第一个鬼。子弹就在膛上。军长家人是睡熟了,还是有警觉?抑或是这样的敲门根本就不合军长家的规矩,大半夜的,不可能任是谁敲门都给开:而没给夜半敲门的余洪信开门实在是军长家的幸中之大幸。

余洪信并无在军长家死磕死打的意念。他转身就往政委家走。因为在自己的家中已经首开了第一枪,他知道他不能在军长家的门外恋战,也不能在军长家的这一棵树前把自己吊死,过不了多长时间,军部大院就会乱起来，就是他的老婆和女儿不张扬着把他的事闹出来，也一定有很多人听到了枪声。军部大院里的人，军人出身，对枪声当然是最敏感的。他很快就会被发现，在被发现之前，他要做点什么，他一定要让自己做点什么，他握枪的手已经难耐头脑里那一股又一股无法令自己安定安宁的热浪了，那热浪海啸一般将一个人冲顶到昏天昏地之中。

政委家也黑着灯。他敲门。屋里的灯亮了，余洪信在暗处，透过敞开着的窗子，看见是政委的老婆开的灯，他等不及政委的老婆走到门口给他开开门再开枪，透过敞着的窗子，他从窗外就朝里打了几枪，把政委的老婆打死了。

这时的余洪信已经拔腿往副政委家那儿去了，杨副政委一听见枪声就出来了，可是杨副政委高度近视，黑暗中，他根本看不清提着枪的余洪信，而余洪信看见杨副政委就开枪了，一枪就把杨副政委就给打趴下了。好在黑暗中子弹是从杨副政委的背部的皮肤底下穿过去的，杨副政委只是受了伤，生命无虞。余洪信撂倒了杨副政委好像就大功告成了，他就从首长住的小院往外走，这时候，负责首长小院保卫的保卫干部听见枪响正一路循着枪声跑过来，他一看迎着他的面过来了一个人就赶紧问，谁啊？他的话到，子弹也到了，余洪信举手就朝着那保卫干部开了枪，把保卫干士给打伤了。这个保卫干部，是最后一个看见余洪信的人，自此，余洪信就在人们的视线里消失不见了。余洪信跑了。

三

案子罕见，乌国庆被抽到专案组后，中央要求是活着见人，死了要见尸。全国通缉余洪信，有重要线索乌国庆他们都要赶去查实，后来，到处都是线索，就好像余洪信随时随地出现在全国各个地方，哪儿都报说发现了余洪信!

真是风声鹤唳，草木皆兵。到处都有人民的眼睛，而且，人民的眼睛真

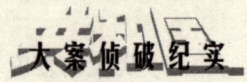

是雪亮的。

一个叫大漠老哥的老兵从团部返回乌不浪口。路过德令山东边的三岔路口时，被两个左臂上戴着红箍，背着步枪的民兵把车拦下，说要检查。

"检查什么？"

民兵说："查余洪信"。

"余洪信是谁？"

"巴盟前指总指挥"。

"你们认识吗？"

"不认识"。

"有照片吗？"

"有通缉令，上边印着余洪信的像哪。"

回到乌不浪口，他发现在公路的三岔路口处部队已经设了卡，有三个当兵的在检查来往车辆，其中两个拿着半自动步枪，一个腰间挎着手枪，像是个带班的。凡是开往后山的车辆都是重点检查对象。

一辆军用北京吉普从五原方向疾驰而来，从车牌上看是巴盟前指的车。站岗的士兵举起手中的小红旗，示意停车检查。没想到北京吉普不但未减速，反而加大油门想冲过去。带班的见情况不好，迅速拔出手枪朝着天上"啪啪"就是两枪。吉普车一个急刹车，停在了岗哨前。停车后吉普车司机往对面山梁上望去，立刻吓出了一身冷汗：就见山梁上架着一挺轻机枪，两个当兵的爬在机枪后边，瞄准了这辆汽车。如果再不停车，肯定就是一梭子。

当然，车上并没有余洪信。

类似事件在潮格旗（现乌拉特后旗）也发生过。

在潮格旗有一个空军的雷达站。雷达站的一辆汽车修理后在荒滩上试车。负责追捕余洪信的解放军战士从望远镜里发现一辆军车走走停停，怀疑是余洪信要越界逃跑，就向上级作了汇报。上级指示，必要时可将其击毙。解放军战士埋伏在汽车前方，待汽车离近后，一梭子冲锋枪子弹打了过去。

军车被打懵了,停在原地动也不动。战士们围过去才发现是空军的车子。幸好子弹没有打着人,只是把车身打成了筛子眼。

兵团的女兵王红所在的连也不知从哪儿得到的消息说,余洪信逃到了她们连前面的沙漠,于是全连齐出动,折腾了半宿,一无所获。

跟王红在一个兵团一起半夜去抓余洪信的海兰兰多少年以后生儿子,万没想到给她剖腹产时主刀的医生居然是余洪信的女儿,真叫人暗叹人世间怎么还有如此的机缘凑巧。

铁道兵沙亮参加单位利用假日组织的去文水县云周西村刘胡兰纪念馆参观的活动,一大早他们就登上大客车出发了。

去文水的路上,他注意到坐在他旁边的一个人首长模样,五大三粗的个头,还戴了副墨镜。每到一处哨卡,那人就要被执勤的军警叫下车去审查,可能他长得太像余洪信了吧。

有一个叫叨叨的男孩和窕子的女孩同在一个学校,学校里开动员大会说军队里出了一个叫余洪信的叛匪,中央动员全国人民撒开大网通缉。叨叨特兴奋,成天有事没事去逛街,以便瞅准了机会好为国立功。一天,叨叨见一人身高一米八,穿军装,脑后还有一块疤,和传达描述的一模一样。叨叨忙叫上窕子去跟踪。走街串巷,"叛匪"在前面大步流星,叨叨和窕子在后面躲躲闪闪,一路小跑,很兴奋,还使用地下工作者的很多技巧。比如"叛匪"稍有回头,叨叨和窕子便迅速躲到商店里或树后面去,要是来不及,就在街边装跳房子,玩游戏。什么时候有干这样大事的机会? 可"叛匪"不停,走得忒带劲,二人越跑越没了主意,学校传达时可没说跟踪到"叛匪"后怎么办。如一人去报告,跟踪的那人肯定势单力薄,万一被"叛匪"发现,弄不好会鸡飞蛋打,还有生命危险,传达时还说"叛匪"身上有支"54"式……

就在叨叨和窕子十分为难时,"叛匪"突然主动停了下来。"叛匪"碰到了一个人,正和那人打招呼,那人便是窕子妈。真正让叨叨和窕子彻头彻尾失败的是她们清楚地听到"余叛匪"对窕子妈说:后边那个是你的女儿吧? 长得真像你……

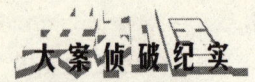

叨叨和宛子晕。

这一天,又有报,黄河老牛湾那个地方,漂着一具尸体,头上有疤,很像余洪信。乌国庆和北京市公安局还有北京军区的人一起,申请了一架直升机,直奔老牛湾现场。

那是乌国庆有生以来第一次坐上飞机。

飞机降落到一个叫偏关县的地方。当地老百姓没见过飞机,这个稀罕啊,什么都不干了,纷纷从田间地头和家里往落飞机的那块地界跑,不一会就把乌国庆他们连同飞机都围上了。

下了飞机乌国庆他们才知道这偏关县离所报的现场不是十里八里那么远,他们接上武装部的人,又让偏关县找了辆天津破吉普,一行人不敢耽搁就往现场奔。离开县城没多远就进到了沙漠里,车子在沙漠里走不了,乌国庆他们只好下来推,可是,那车子在沙漠里推也推不动,退也退不出来了,没辙儿,他们只好带上勘查检验现场必备的工具和照相器材,身背肩扛着,在沙漠里走啊走,整整走了一个晚上,带路的人说离现场还远着呢。一行人一听几近崩溃,这时才觉出又困又饿来了,他们就寻到一个老乡家,买人家的米、面、鸡蛋,央老乡帮着给做着吃了,然后放倒了身子睡了一觉,再走,到了中午十二点,终于走到了现场。那儿的确横陈着一具尸体,已经很腐败了。一检验,乌国庆说,这个人不是余洪信。余洪信打仗时脑袋受过枪伤,弹皮留在了头皮里,这个人虽然头皮上也有疤,但头皮里没有弹皮。再有,余洪信的阑尾不在了,经解剖尸体,这个人有阑尾。这个人,不是余洪信。

证明这个人不是余洪信没用多少时间,可是这来去之间遭遇的惊险却让乌国庆永生难忘。那时候电话不好打,好不容易打过去了,直升机也过来接上了他们,等他们快降落的时候,离地没多高的距离了,驾驶员才看见下边的电话线,飞机要是落到电话线上或是电话线要是缠到飞机上,那可就全完了,驾驶员赶紧关油门,惊魂未定中飞机就掉下去了⋯⋯

好在飞机没有炸,暖壶水瓶就碎在四周,他们侥幸受了点轻伤,其实他们都心知他们那是侥幸地逃过一次死。

乌国庆他们只能等着救援的飞机来。

救援的飞机降落时没有通知给当地。

当时,全军总动员,发了通知通报,全力缉拿余洪信,当地驻军窃以为是余洪信驾的飞机呢,因为社会上把余洪信传得很神,又会开车又会打枪还会驾机,看着在空中盘旋来又盘旋去好半天的飞机就以为是余洪信来了,等飞机一落,部队就把飞机包围了,机上的人赶紧跟部队说明情况,说是来接中央派来的办案子的同志。一说老牛湾,战士们说那远了,飞过了几十公里了。

重新起飞。这一回看见乌国庆他们几个人了,飞机在他们头顶的上空转了半天,最终把他们带到了一个实验机场。机场那儿有部队把他们往县城送,沿路看见到处都在设卡,跟他们在一个车上的北京军区的两个人,其中一个姓时的战士,长得有点胖,过卡下车接受检查时,人家就把他给按住了,说他长得像余洪信。乌国庆他们就跟部队的人说,我们就是抓余洪信的。

四

榆次。乌国庆看见了那片麦田,麦子倒伏。

一个人,就躺在一片麦子的倒伏里。

这个人,到底是不是余洪信?从中央到地方,直至这一片麦田四周站满的人群,远的近的,看得见的看不见的,一层一层的人都等着乌国庆看后给出一个结果。

两支枪在。是被搬动过的那两支枪。那两个报案的后生头都不敢抬,生怕他们因动过那两支枪从此牵累到他们。

乌国庆仔细查枪号,余洪信的两把枪是从警卫连拿走的。枪号正是63军军部警卫连的。此人应该是余洪信。但这并不能足以就证明该人就是余洪信。

乌国庆又看那人头上的帽子,帽子上有余洪信的名字。

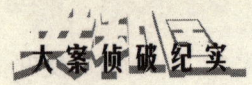

那人身上还有钥匙。紧急派人送军部,一串钥匙,有能打开他家门的,也有能打开他办公室门的。

血型。和余洪信原来档案里的血型一致。

这个人的头部有疤,头皮里有弹片。跟余洪信的特征一致。

再有,尸体腐败的程度,与余洪信逃出的时间吻合。

另外,让他的老婆孩子们看,他的老婆说,毛衣是我给他织的,鞋垫是他在内蒙时,那些野女人给他纳的。他的孩子看了,也说是。

乌国庆认定该人就是余洪信确定无疑了。

那么,接下来的关键就是余洪信是怎么死的,自杀还是他杀?

乌国庆鉴定为自杀。

死者的头部同时各有接触射击的射入口和射出口,说明余洪信是用两支枪同时发射的。开枪射击时有气浪在一个人的生命、麦子和泥土间开出喧嚣的花。

乌国庆看见:一切的喧嚣,都有落定的时候。

图书在版编目（CIP）数据

共和国大案侦破纪实/李动主编.—上海：文汇出版社，2010.9
ISBN 978-7-80741-968-6

Ⅰ.①共… Ⅱ.①李… Ⅲ.①纪实文学—中国—当代 Ⅳ.①I25

中国版本图书馆CIP数据核字（2010）第167520号

共和国大案侦破纪实

主　　编 / 李动
责任编辑 / 张衍
装帧设计 / 张晋

出 版 人 / 桂国强
出版发行 / 文汇出版社
　　　　　上海市威海路755号
　　　　　（邮政编码200041）
经　　销 / 全国新华书店
照　　排 / 南京展望文化发展有限公司
印刷装订 / 上海译文印刷厂
版　　次 / 2010年9月第1版
印　　次 / 2010年9月第1次印刷
开　　本 / 640×960　1/16
字　　数 / 270千
印　　张 / 19.5

ISBN 978-7-80741-968-6
定　　价 / 30.00元